IONTAS 2

CÚRSA GAEILGE DON TEASTAS SÓISEARACH GNÁTHLEIBHÉAL

YVONNE O'TOOLE ★ ELIZABETH WADE

An Comhlacht Oideachais

An Chéad Chló 2013
An Comhlacht Oideachais
Bóthar Bhaile an Aird
Baile Uailcín
Baile Átha Cliath 12
www.edco.ie

Ball den Smurfit Kappa ctp

© 2013 Yvonne O'Toole, Elizabeth Wade

Gach ceart ar cosaint. Ní ceadmhach aon chuid den fhoilseachán seo a atáirgeadh, a stóráil i gcóras aisghabhála ná a tharchur ar aon mhodh nó slí, bíodh sin leictreonach, meicniúil, bunaithe ar fhótachóipeáil, ar thaifeadadh nó eile gan cead a fháil roimh ré ón bhFoilsitheoir nó ceadúnas a cheadaíonn cóipeáil shrianta in Éirinn arna eisiúint ag Gníomhaireacht um Cheadúnú Cóipchirt na hÉireann, 25 Lána Denzille, Baile Átha Cliath 2.

ISBN 978-1-84536-573-8

Tháinig an páipéar a úsáideach sa leabhar seo ó fhoraoisí rialaithe i dtuaisceart na hEorpa. In aghaidh gach crann a leagtar, cuirtear crann amháin eile ar a laghad.

Clúdach:	Graham Thew
Grianghraf clúdaigh:	Shutterstock
Dearadh agus clóchur:	Outburst Design
Eagarthóir:	Antoinette Walker
Léitheoir profaí:	Dorothy Ní Uigín
Obair ealaíne:	Moreno Chiacchiera, Stephen Hall, Roger Fereday, Helmut Kollars, Maria Murray, Graham Ross, Simon Smith
Grianghraif:	Alamy, Getty, Imagefile, iStock, Photocall, RTÉ Stills Library, Shutterstock, Sportsfile
Cainteoirí:	Con Ó Tuama, Caoimhe Ní Áinle, Ciarán Ó Fearraigh, Marcus Lamb, Moya Uí Mhaonaile, Saffron Rosenstock, Tristan Rosenstock, Nessa Ní Thuama
Stiúideo Taifeadta:	Trend Digital Media

Cóipcheart

Gabhaimid buíochas leo seo a leanas a thug cead dúinn ábhar dá gcuid a úsáid sa leabhar seo:
Cló Iar-Chonnachta as 'Na Blátha Craige'.

Rinne na foilsitheoirí a ndícheall teacht ar úinéirí cóipchirt; beidh siad sásta na gnáthshocruithe a dhéanamh le haon duine eile acu a dhéanann teagmháil leo.

Réamhrá

Is téacsleabhar úrnua, bríomhar, spreagúil agus nua-aimseartha é 'Iontas 2' atá dírithe ar dhaltaí a bheidh ag tabhairt faoin Teastas Sóisearach, Gnáthleibhéal. Dírítear ar gach gné den teanga – an éisteacht, an tuiscint, an labhairt agus an scríbhneoireacht.

Múintear do na daltaí conas **litir, blag, alt** agus **scéal** a scríobh. Tugtar stór fairsing focal, nathanna cainte agus seanfhocail chun muinín an dalta a fhorbairt i labhairt agus i scríobh na teanga. Ullmhóidh 'Iontas 2' daltaí a bheidh ag tabhairt faoin **scrúdú cainte roghnach** mar chuid den Teastas Sóisearach, le béim ar leith ar labhairt na teanga.

Tá **aonad cluastuisceana** agus **aonad labhartha** sa leabhar freisin. Díríonn an leabhar ar chúrsaí litearthachta ach go háirithe, ag cabhrú leis na daltaí a scileanna litearthachta a fheabhsú. Baineann an leabhar úsáid as na modhanna cumarsáide nua-aimseartha. Tá **aonad gramadaí** ar leith sa leabhar chomh maith le crostagairtí do phointí gramadaí tríd an leabhar ar fad, le neart samplaí agus cleachtaí. Tá leathanaigh athbhreithnithe i ngach aonad a chabhróidh leis na daltaí an méid atá foghlamtha acu a threisiú.

Tá súil againn go mbainfidh sibh go léir idir thairbhe agus thaitneamh as 'Iontas 2' agus go gcuirfidh sé le bhur ngrá don Ghaeilge.

Yvonne O'Toole agus Elizabeth Wade

Na Siombailí

- Ag Ullmhú don Scrúdú
- Cabhair! 
- Le foghlaim! 
- Cuimhnigh! 
- Labhair amach … labhair os ard! 
- Cleachtadh ag scríobh 
- Féach/Abair/Clúdaigh/Scríobh/Seiceáil 
- Léamhthuiscint 
- Éist agus scríobh 
- An Chluastuiscint 
- An Bhéaltriail 
- Cúinne na Gramadaí 
- Sampla 
- Cárta poist 
- Litir 
- Fógra 
- Meaitseáil 
- Cluiche 
- Craic sa rang! 
- Obair ealaíne 
- Súil siar

Clár

Aonad a hAon:	Mé Féin, Mo Chlann agus Mo Chairde	1
Aonad a Dó:	Mo Shaol Scoile	27
Aonad a Trí:	Mo Theach	51
Aonad a Ceathair:	Mo Cheantar	75
Aonad a Cúig:	Laethanta Saoire agus na Séasúir	98
Aonad a Sé:	Sláinte	124
Aonad a Seacht:	Caithimh Aimsire	144
Aonad a hOcht:	Spórt	168
Aonad a Naoi:	An Bhéaltriail (An Scrúdú Cainte)	187
Aonad a Deich:	Gramadach	230
Aonad a hAon Déag:	An Chluastuiscint	302
Aonad a Dó Dhéag:	Filíocht agus Prós	318

Aonad a hAon

Mé Féin, Mo Chlann agus Mo Chairde

Léamhthuiscint	Giotaí gearra	2
Déan cur síos ort féin	Súil siar ar *Iontas 1*	4
Cúinne na Gramadaí	Na Forainmneacha Réamhfhoclacha	5
An teaghlach		7
Rugadh mé ar an ...	Aois, uimhreacha pearsanta agus dáta breithe	10
Léamhthuiscint	Síofra Ní Dhálaigh	12
Cúinne na Gramadaí	An Aidiacht Shealbhach	13
Cleachtadh ag scríobh	Slite beatha	15
Léamhthuiscint	Mo chairde	16
Meaitseáil	Ag Ullmhú don Scrúdú	17
Fógra	Ag Ullmhú don Scrúdú	18
Cuntas/Blag	Ag Ullmhú don Scrúdú	19
Léamhthuiscint	Ag Ullmhú don Scrúdú	21
Cárta poist	Ag Ullmhú don Scrúdú	23
An Bhéaltriail	Ag Ullmhú don Scrúdú	24
An Chluastuiscint	Ag Ullmhú don Scrúdú	25
Súil siar ar Aonad a hAon		26

Ar scáth a chéile a mhaireann na daoine.

Iontas 2

Léamhthuiscint ghearr Maidhc

Léigh an t-alt seo a leanas agus freagair na ceisteanna a ghabhann leis.

Is mise Maidhc! Tá cónaí orm i gCill Chainnigh le mo theaghlach. Tá gruaig ghearr dhonn orm agus tá súile glasa agam. Tá mé ceithre bliana déag d'aois. Is buachaill cainteach, cairdiúil mé. Taitníonn spórt go mór liom. Táim ar fhoireann peile na scoile. Is maith liom cluichí ríomhaire freisin.

Maidhc

1. Cén aois é Maidhc?
2. Cén dath atá ar a shúile?
3. Ainmnigh caitheamh aimsire amháin atá ag Maidhc.
4. Cén spórt a imríonn sé ar fhoireann na scoile?

Cuimhnigh!

Cén aois?	What age?
Cén dath?	What colour?
Cén spórt?	What sport?
Ainmnigh	Name

Léamhthuiscint ghearr Lísa

Féach ar an ngrianghraf agus freagair na ceisteanna thíos.

1. Cén dath atá ar ghruaig Lísa?
2. Cén dath atá ar a súile?
3. Cén aois í Lísa? (i do thuairim)
   a) Aon bhliain déag d'aois
   b) Naoi mbliana déag d'aois
   c) Cúig bliana déag d'aois
4. Cén spórt a imríonn Lísa?
5. Déan cur síos ar an gcailín seo os ard sa rang.

Lísa

www Féach ar na pictiúir ar shuíomh idirlín edco.ie/iontas2 agus déan cur síos orthu sa rang.
Tabhair isteach grianghraf agus déan cur síos ar an bpictiúr don rang.

Aonad 1 Mé Féin, Mo Chlann agus Mo Chairde

Léamhthuiscint ghearr Úna

Léigh an t-alt seo a leanas agus freagair na ceisteanna a ghabhann leis.

Haigh! Úna anseo. Tá an-tuirse orm inniu. Bhí mé ag féachaint ar an teilifís déanach aréir le mo dhearthaireacha. Tá beirt deartháireacha agam, Eoin agus Oisín. Is mise an páiste is sine sa teaghlach. Tá mé trí bliana déag d'aois. Is é Eoin an páiste is óige sa teaghlach. Tá sé ocht mbliana d'aois. Tá Oisín i lár na clainne. Tá sé deich mbliana d'aois. Cabhraím le hOisín a chuid obair bhaile a dhéanamh gach tráthnóna.

Úna

❶ Céard a bhí á dhéanamh ag Úna aréir?
❷ Ainmnigh an páiste is sine sa teaghlach.
❸ Cén aois é Eoin?
❹ Ainmnigh an páiste i lár an clainne.
❺ Cathain a chabhraíonn Úna le hOisín?

Cuimhnigh!

| **Céard?** | What? |
| **Cathain?** | When? |

Cuir ceisteanna ar na daltaí sa rang ag baint úsáide as na foirmeacha ceisteacha thuas! Féach ar an ngrianghraf agus freagair na ceisteanna thíos.

	Fíor	nó	Bréagach
❶ Tá gruaig dhonn ar Mháirtín.	☐		☐
❷ Tá súile gorma aige.	☐		☐
❸ Tá mála scoile aige.	☐		☐
❹ Tá fón póca aige.	☐		☐
❺ Tá sé ag rothaíocht.	☐		☐
❻ Tá gruaig chatach air.	☐		☐

Máirtín

Cluiche sa rang!

Tabhair pictiúir ó irisí isteach sa rang. Téigh go barr an ranga agus déan cur síos ar an bpictiúr. Is féidir cluiche fíor nó bréagach a imirt leis na pictiúir. Bain taitneamh as!

Iontas 2

Féach/Abair/Clúdaigh/Scríobh/Seiceáil

Cuimhnigh!

Bain úsáid as an tábla thíos chun dul siar ar na nathanna a d'fhoghlaim tú anuraidh.

Féach/Abair/Clúdaigh	Scríobh	Seiceáil
Gruaig dhonn		
Gruaig fhionn		
Gruaig dhubh		
Gruaig liath		
Gruaig rua		
Gruaig ghearr		
Gruaig dhíreach		
Gruaig chatach		
Gruaig fhada		
Maol		

Labhair amach … labhair os ard!

Cuir an cheist thíos ar na daltaí sa rang.

Ceist:
Cén saghas gruaige atá ort?

Freagra:
Tá gruaig fhada orm.

Féach ar na pictiúir agus freagair na ceisteanna os ard sa rang.

❶ Cén saghas gruaige atá **air**?
Tá gruaig chatach ghearr air.

❷ Cén saghas gruaige atá **uirthi**?
Tá…

❸ Cén saghas gruaige atá **orthu**?
Tá…

Aonad 1 Mé Féin, Mo Chlann agus Mo Chairde

Cúinne na Gramadaí — Na Forainmneacha Réamhfhoclacha

Téigh chuig leathanach 292 chun níos mó oibre a dhéanamh ar na forainmneacha réamhfhoclacha.

orm	orainn
ort	oraibh
air	orthu
uirthi	

Líon na bearnaí thíos.

1. Bhí fearg _____ nuair a thug an múinteoir a lán obair bhaile dom.
2. Bhí brón _____ nuair a fuair a chat bás.
3. Bhí áthas _____ nuair a fuair sí fón póca nua dá breithlá.
4. Bhí díomá _____ nuair a theip orthu sa scrúdú.
5. Bhí ocras _____ inné mar d'fhág mé mo lón sa bhaile.
6. Bhí áthas _____ nuair a bhuaigh sé an cluiche.

Téigh chuig suíomh idirlín edco.ie/iontas2 chun níos mó oibre a dhéanamh ar na forainmneacha réamhfhochlacha.

Meaitseáil — Le foghlaim!

Meaitseáil na focail agus na dathanna thíos.

Dáth	Litir
Bán	
Bándearg	
Buí	
Corcra	
Dearg	
Donn	
Dubh	
Glas	
Gorm	
Liath	
Dúghorm	

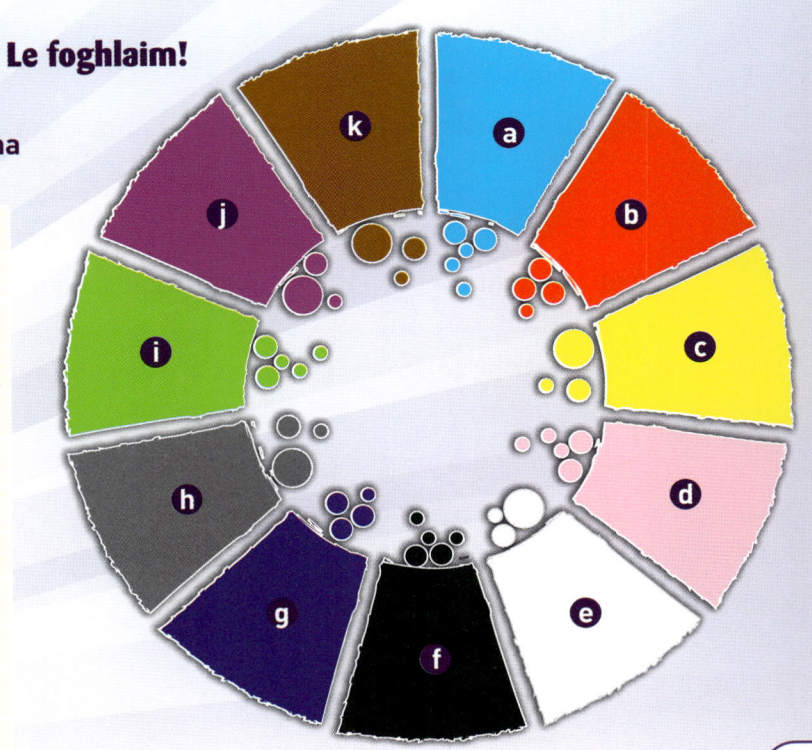

Iontas 2

Labhair amach … labhair os ard!
Cuir na ceisteanna thíos ar na daltaí sa rang.

Ceist:
Cén dath atá ar do shúile?

Freagra:
Tá dath donn ar mo shúile.
Tá súile donna agam.

Ceist:
Cén dath is fearr leat?

Freagra:
An dath is fearr liom ná gorm.

Ceist:
Céard iad na dathanna is fearr leat?

Freagra:
Is iad na dathanna is fearr liom ná bán agus dearg.

Cúinne na Gramadaí

agam	againn
agat	agaibh
aige	acu
aici	

1 Líon na bearnaí thíos.

a) Tá deasc _____ ina sheomra leapa agus déanann **sé** a chuid obair bhaile ann.

b) Tá dhá thicéad _____ do cheolchoirm One Direction agus tá áthas an domhain **uirthi**.

c) Beidh **orainn** a lán ama a chaitheamh ag staidéar anocht mar tá a lán obair bhaile _____.

d) Bhí cóisir mhór _____ nuair a bhuaigh **siad** an cluiche cispheile.

e) Bhí leathlá _____ inné agus bhí áthas an domhain **orainn**.

2 Freagair na ceisteanna thíos os ard sa rang agus ansin scríobh na freagraí i do chóipleabhar.

a) An bhfuil a lán obair bhaile **agat** anocht?

b) An raibh cóisir breithlae **agat** anuraidh?

c) An mbíonn leathlá **agaibh** gach Céadaoin?

d) An bhfuil ceapairí **agat** don lón inniu?

e) An bhfuil fón póca **agat**?

Aonad 1 Mé Féin, Mo Chlann agus Mo Chairde

An teaghlach

Féach/Abair/Clúdaigh/Scríobh/Seiceáil

Bain úsáid as an tábla thíos chun dul siar ar na nathanna a d'fhoghlaim tú anuraidh.

Cuimhnigh!

Féach/Abair/Clúdaigh	Scríobh	Seiceáil
deartháir		
deirfiúr		
tuismitheoir		
páiste aonair		
mac		
iníon		
uncail		
aintín		
an páiste is sine		
an páiste is óige		

Éist agus scríobh

Éist leis an múinteoir ag léamh an ailt thíos agus ansin scríobh an t-alt i do chóipleabhar. Nuair a chríochnaíonn tú ag scríobh oscail do leabhar agus ceartaigh do chuid oibre!

Clíona is ainm dom. Is tuismitheoir mé. Tá mac agus iníon agam. Tá mé pósta le Cormac agus tá cónaí orainn i gCorcaigh. Gruaig fhada fhionn atá orm agus tá súile gorma agam. Is bean fhoighneach, chainteach, spórtúil mé.
Is aoibhinn liom an deireadh seachtaine. Oíche Aoine féachaim ar an teilifís mar bíonn tuirse orm. Ar an Satharn téim isteach sa chathair ag siopadóireacht. Tá mé ag obair san ospidéal áitiúil. Is dochtúir mé.

Cleachtadh ag scríobh

Líon na bearnaí sa ghiota thíos.

Cormac Ó Ceallaigh is _____ dom. Tá mé ceithre bliana déag d'aois. Is páiste _____ mé. Tá cónaí orm le mo thuismitheoirí faoin tuath. Bhí mo bhreithlá ann an tseachtain seo caite. Cheannaigh mo _____ fón nua dom. Bhí _____ an domhain orm. Fuair mé cárta breithlae ó mo Mhamó. Bhí fiche _____ sa chárta. Beidh mé ag dul chuig an mbaile mór ag _____ an Satharn seo chugainn.

euro, ainm, thuismitheoirí, siopadóireacht, áthas, aonair

Iontas 2

Le foghlaim!
Cén aois thú?

aon **bhliain** (déag) d'aois	trí **bliana** (déag) d'aois	seacht **mbliana** (déag) d'aois
dhá **bhliain** (déag) d'aois	ceithre **bliana** (déag) d'aois	ocht **mbliana** (déag) d'aois
	cúig **bliana** (déag) d'aois	naoi **mbliana** (déag) d'aois
	sé **bliana** (déag) d'aois	deich **mbliana** d'aois

Léamhthuiscint Peadar Ó Máille

Léigh an sliocht seo a leanas agus freagair na ceisteanna a ghabhann leis.

Haigh! Peadar Ó Máille anseo. Tá cónaí orm le mo theaghlach i nGort, Co. na Gaillimhe. Tá cúigear againn sa teaghlach: mé féin, mo dhearthair Eoin, mo dheirfiúr Niamh agus mo thuismitheoirí Áine agus Tomás.

Is mise an duine is sine sa teaghlach. Tá mé cúig bliana déag d'aois.
Is é Eoin an páiste is óige sa teaghlach; tá sé ocht mbliana d'aois agus tá sé i rang a trí sa bhunscoil. Tá mo dheirfiúr Niamh i lár na clainne. Is cailín spórtúil, cairdiúil í. Tá sí sa chéad bhliain sa mheánscoil i mbliana.

Is í Áine mo Mham. Éiríonn sí mífhoighneach liom nuair a bhím leisciúil ar scoil. Oibríonn mo Mham in oifig an dochtúra i lár an bhaile. Is rúnaí í. Is aoibhinn léi a post ach bíonn an-tuirse uirthi nuair a thagann sí abhaile.

Réitím go maith le mo Dhaid. Cabhraíonn sé liom le mo chuid obair bhaile go minic. Is múinteoir Béarla agus Fraincise é sa mheánscoil áitiúil. Is aoibhinn leis an samhradh. Caitheann sé a lán ama ag imirt gailf lena chairde!

Peadar

1. Cá bhfuil cónaí ar Pheadar?
2. Cén aois é Peadar?
3. Ainmnigh an páiste is óige sa teaghlach.
4. Cathain a éiríonn Mam mífhoighneach le Peadar?
5. Cén post atá ag Daid?
6. Céard a dhéanann Daid sa samhradh?

Cabhair!

cairdiúil	friendly
mífhoighneach	impatient

Cleachtadh ag scríobh

Scríobh an t-alt thuas sa triú pearsa i do chóipleabhar.

Tá cónaí air lena theaghlach i nGort…

Aonad 1 Mé Féin, Mo Chlann agus Mo Chairde

Roghnaigh an pictiúr ceart

Féach ar na pictiúir thíos. Léifidh an múinteoir an giota thíos. Roghnaigh an pictiúr ceart.

Sam an t-ainm atá orm. Is buachaill cainteach, cairdiúil mé. Tá mé ard agus tá gruaig fhada dhonn orm. Tá súile donna agam freisin. Tá mé cúig bliana déag d'aois. Is aoibhinn liom spórt. Imrím rugbaí agus iománaíocht ar scoil agus taitníonn leadóg liom freisin. Caithim léine bhán agus bríste dubh ar scoil. Is fuath liom an éide scoile. Sa phictiúr seo, tá mála scoile i mo lámh agam agus tá caipín ar mo cheann. Rothaím ar scoil gach lá le mo chairde Jeaic agus Máirtín. Bíonn an-chraic againn le chéile.

Cleachtadh ag scríobh

Oisín an t-ainm atá ar an mbuachaill seo. Bain úsáid as na focail sa bhosca thíos chun alt a scríobh faoi.

gruaig ghearr dhubh	ceithre bliana déag d'aois	súile donna	sa dara bliain
ard	cainteach	spórtúil	páiste aonair
peil	cispheil	an phictiúrlann	tuismitheoirí: Áine agus Pól
is aoibhinn leis	is maith leis	ní maith leis	téann sé chuig
go minic	gach seachtain	imríonn sé	is buachaill cairdiúil é

Rugadh mé ar an …

Míonna na bliana

Éist leis an múinteoir ag léamh mhíonna na bliana amach agus ansin léigh amach iad ina d(h)iaidh.

1 Mí Eanáir	5 Mí na Bealtaine	9 Mí Mheán Fómhair
2 Mí Feabhra	6 Mí an Mheithimh	10 Mí Dheireadh Fómhair
3 Mí an Mhárta	7 Mí Iúil	11 Mí na Samhna
4 Mí Aibreáin	8 Mí Lúnasa	12 Mí na Nollag

Dátaí breithe

Éist leis an múinteoir ag léamh na ndátaí breithe seo amach agus ansin léigh amach iad ina d(h)iaidh.

Rugadh mé ar an gcéad lá d'Eanáir.
Rugadh tú ar an dara lá (déag) d'Fheabhra.
Rugadh é ar an tríú lá (déag) de Mhárta.
Rugadh í ar an gceathrú lá (déag) d'Aibreán.
Rugadh sinn ar an gcúigiú lá (déag) de Bhealtaine.
Rugadh sibh ar an séú lá (déag) de Mheitheamh.
Rugadh iad ar an seachtú lá (déag) d'Iúil.
Rugadh Úna ar an ochtú lá (déag) de Lúnasa.
Rugadh Pádraig ar an naoú lá (déag) de Mheán Fómhair.
Rugadh mo mháthair ar an deichiú lá de Dheireadh Fómhair.
Rugadh m'athair ar an aonú lá déag de mhí na Samhna.
Rugadh an cúpla ar an bhfichiú lá de mhí na Nollag.
Rugadh mo dheirfiúr ar an aonú lá is fiche d'Eanáir.
Rugadh mo dheartháir ar an dara lá is fiche d'Fheabhra.
Rugadh mo chara ar an tríochadú lá de Mhárta.
Rugadh mo Mhamó ar an aonú lá is tríocha d'Aibreán.

Cleachtadh ag scríobh

Scríobh na dátaí thíos i do chóipleabhar.

1. 2 Feabhra
2. 20 Iúil
3. 10 Eanáir
4. 15 Meán Fómhar
5. 17 Samhain

Aonad 1 Mé Féin, Mo Chlann agus Mo Chairde

Cluiche – 90 soicind!

Tá 90 soicind agat chun míonna na bliana a scríobh síos.
Iarr ar do chara é a cheartú!

Cleachtadh ag scríobh

Scríobh na dátaí breithe thíos i do chóipleabhar.

1. Rugadh mé ar an 2 Feabhra.
2. Rugadh mé ar an 13 Deireadh Fómhair.
3. Rugadh mé ar an 25 Nollaig.
4. Rugadh mé ar an 1 Eanáir.
5. Rugadh mé ar an 15 Lúnasa.
6. Rugadh mé ar an 20 Meán Fómhair.
7. Rugadh mé ar an 5 Meitheamh.
8. Rugadh mé ar an 11 Samhain.
9. Rugadh mé ar an 15 Iúil.

Labhair amach ... labhair os ard!

1. **Cuir an cheist thíos ar na daltaí.**
   Cén dáta breithe atá agat?

2. **Scríobh dátaí breithe do theaghlaigh agus do chairde anois.**

Iontas 2

Cé mhéad duine atá sa teaghlach?

Le foghlaim!

Bain úsáid as an tábla thíos chun dul siar ar na nathanna a d'fhoghlaim tú anuraidh.

duine	triúr	cúigear	seachtar	naonúr
beirt	ceathrar	seisear	ochtar	deichniúr

Léamhthuiscint Síofra Ní Dhálaigh

Léigh an sliocht seo a leanas agus freagair na ceisteanna a ghabhann leis.

Síofra Ní Dhálaigh is ainm dom. Rugadh mé ar an dara lá de Bhealtaine míle naoi gcéad nócha naoi. Gruaig dhubh dhíreach atá orm agus tá súile donna agam. Cónaím i gCorcaigh le mo dheartháir Seán agus mo bheirt tuismitheoirí Pól agus Deirdre.

Tá cúigear cairde agam ach is í Aoife an cara is fearr atá agam. Siúlaimid ar scoil le chéile. Nuair a bhíonn mo chuid obair bhaile ródheacair, tagann Aoife chuig mo theach agus cabhraíonn sí liom.

Is aoibhinn liom spórt de gach saghas. Anuraidh d'imir mé peil ar fhoireann na scoile. Bhuamar an cluiche ceannais agus bhí áthas an domhain orainn go léir. Níor thug an múinteoir Gaeilge aon obair bhaile dúinn an oíche sin.

An samhradh seo caite chaith mé tamall sa Ghaeltacht le mo bheirt chairde Máiréad agus Iseult. Bhí saoire iontach againn.

Síofra

❶ Cathain a rugadh Síofra?
❷ Cén dath atá ar a súile?
❸ Cé mhéad duine atá sa teaghlach?
❹ Cathain a thagann Aoife chuig an teach?
❺ Céard a bhuaigh an fhoireann peile anuraidh?
❻ Cé mhéad cailín a chaith saoire sa Ghaeltacht anuraidh?

Cabhair!

ródheacair	too difficult
saoire	holiday

Aonad 1 Mé Féin, Mo Chlann agus Mo Chairde

Cúinne na Gramadaí

An Aidiacht Shealbhach 1 – le consain

Le foghlaim!

mo **th**eaghlach	mo **th**uismitheoirí	mo **dh**eirfiúr
do **th**eaghlach	do **th**uismitheoirí	do **dh**eirfiúr
a **th**eaghlach *(his)*	a **th**uismitheoirí *(his)*	a **dh**eirfiúr *(his)*
a teaghlach	a tuismitheoirí	a deirfiúr
ár **d**teaghlach	ár **d**tuismitheoirí	ár **n**deirfiúr
bhur **d**teaghlach	bhur **d**tuismitheoirí	bhur **n**deirfiúr
a **d**teaghlach	a **d**tuismitheoirí	a **n**deirfiúr

Cleachtadh ag scríobh

1 Athscríobh an t-alt thíos i do chóipleabhar agus ceartaigh na botúin atá ann. Ansin léigh amach an giota os ard sa rang.

Ag an deireadh seachtaine dúisíonn mo Daid go luath. Ar a deich a chlog tagann a deartháir ar cuairt. Tar éis bricfeasta tugann mo Daid agus a deartháir cuairt ar mo Mamó. Ina dhiaidh sin feiceann siad a cairde sa chlub leadóige agus imríonn siad cluiche leo. Ar a haon a chlog tagann siad ar ais chuig mo teach agus bíonn lón acu. Ní bhíonn mo Mam sa bhaile ar an Satharn. Oibríonn sí sa chathair agus tugann mo deirfiúr cuairt uirthi ag am lóin.

2 Líon na bearnaí thíos.
a) Bhí (mo thuismitheoirí) _____ sa Spáinn ar saoire.
b) Bhuaigh (a cara) _____ an cluiche leadóige agus bhí an-áthas uirthi.
c) Chonaiceamar (ár príomhoide) _____ sa phictiúrlann aréir.
d) An ndeachaigh (do teach) _____ trí thine riamh?
e) Thug mé cuairt ar (mo daideo) _____ aréir.

Éist agus scríobh

Éist leis an múinteoir ag léamh an ailt thíos agus ansin scríobh an t-alt i do chóipleabhar. Nuair a chríochnaíonn tú ag scríobh, oscail do leabhar agus ceartaigh do chuid oibre!

Tá mo dheartháir Leo imithe ar thuras scoile. Tá a chairde agus a mhúinteoirí in éineacht leis. Thug mé mo mhála droma dó agus chuir sé a bhosca lóin ann. Chaill sé a fhón póca agus ní raibh mo thuismitheoirí róshásta leis. Bhí áthas ar mo Mham nuair a chonaic sí mo dheartháir lena chairde scoile. Bhí turas scoile iontach ag mo dheartháir. Bhí mo thuismitheoirí ag geata na scoile nuair a tháinig sé abhaile.

Cúinne na Gramadaí

An Aidiacht Shealbhach 2 – le gutaí

Le foghlaim!

Léigh na liostaí thíos os ard sa rang. Smaoinigh ar shamplaí eile agus abair iad os ard sa rang.

m'aintín	m'athair	m'uncail
d'aintín	d'athair	d'uncail
a aintín *(his)*	a athair *(his)*	a uncail *(his)*
a **h**aintín	a **h**athair	a **h**uncail
ár **n**-aintín	ár **n**-athair	ár **n**-uncail
bhur **n**-aintín	bhur **n**-athair	bhur **n**-uncail
a **n**-aintín	a **n**-athair	a **n**-uncail

> Téigh chuig leathanach 281 chun níos mó oibre a dhéanamh ar an aidiacht shealbhach.

Líon na bearnaí thíos.

1. Tháinig (ár aintín) _____ ar cuairt agus bhí áthas an domhain orainn.
2. Tá (mo aintín) _____ ina cónaí i Nua-Eabhrac.
3. An bhfuil (bhur uncail) _____ ag obair mar gharda?
4. Tháinig (a athair) _____ chun síob abhaile a thabhairt dóibh ón dioscó.
5. Thug (a uncail) _____ geansaí nua di dá breithlá.
6. Thug mé brontannas deas do (mo athair) _____ an Nollaig seo caite.

Le foghlaim!

tiománaí	driver	altra	nurse
meicneoir	mechanic	dlíodóir	lawyer
feirmeoir	farmer	tréidlia	vet
gruagaire	hairdresser	múinteoir	teacher
tógálaí	builder	siúinéir	carpenter
innealtóir	engineer	fiaclóir	dentist

Aonad 1 Mé Féin, Mo Chlann agus Mo Chairde

Cleachtadh ag scríobh Slite beatha

Ainmnigh na slite beatha thíos.

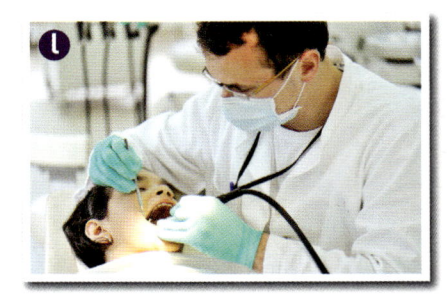

a b c

d e f

g h i

j k l

Cluiche sa rang

Imir cluiche searáidí sa rang bunaithe ar na slite beatha thuas.

Iontas 2

Ag déanamh cur síos ar dhaoine Aidiachtaí

Léamhthuiscint Mo chairde

Léigh an sliocht seo a leanas agus freagair na ceisteanna a ghabhann leis.

Is mise Jeaic. Féach ar mo chairde sa ghrianghraf thall. Is é Rónán an cara is fearr atá agam. Tá sé craiceáilte! Gruaig dhubh chatach atá air. Bíonn sé i gcónaí ag pleidhcíocht sa rang tíreolaíochta.

Tá mé an-chairdiúil le Muiris freisin. Is buachaill beomhar, cainteach é. Téann an triúr againn chuig an phictiúrlann nuair a bhíonn an t-airgead againn. Tá gruaig ghearr fhionn ar Mhuiris agus tá dath gorm ar a shúile. Tagann sé chuig mo theach gach maidin agus faighimid an bus scoile le chéile.

Tar éis scoile buailimid le chéile sa chlub spóirt. Imrímid peil nó leadóg agus ansin rothaímid abhaile. Ag an deireadh seachtaine téimid chuig an gclub peile agus buailimid lenár gcairde scoile.

An samhradh seo caite chuamar chuig an nGaeltacht le chéile. Bhí an-spórt againn ann.

1. Ainmnigh an cara is fearr atá ag Jeaic.
2. Cá mbíonn sé ag pleidhcíocht?
3. Céard a fhaigheann Muiris agus Jeaic gach maidin?
4. Cá dtéann na buachaillí tar éis na scoile?
5. Cá ndeachaigh na buachaillí an samhradh seo caite?

Cabhair!

grianghraf	photo
pleidhcíocht	messing

Le foghlaim!

cainteach	chatty	cineálta	kind
spórtúil	sporty	cancrach	cranky
cabhrach	helpful	cróga	brave
beomhar	lively	dílis	loyal
foighneach	patient	fuinniúil	energetic

Cleachtadh ag scríobh

Déan cur síos ort féin ag baint úsáide as na haidiachtaí thuas.
Roghnaigh cúig aidiachtaí agus scríobh abairtí leo i do chóipleabhar.

Aonad 1 Mé Féin, Mo Chlann agus Mo Chairde

Meaitseáil — Ag Ullmhú don Scrúdú

Meaitseáil na pictiúir leis na fógraí/comharthaí sna boscaí thíos agus scríobh na litreacha is fearr a fhreagraíonn do na huimhreacha, dar leat, sna spásanna cuí ar an ngreille.

1	**Bláthanna ar díol** 
2	**Rabhadh!** Sreanga beo 
3	**Ciúnas sa leabharlann** 
4	**Féile Cheoil** Trá Lí, 2–5 Meitheamh 
5	**Madra dubh caillte** Cuir glao ar Áine 086 293 8497 
6	**Seachtain na Gaeilge** Clár ama in oifig an rúnaí 
7	**Siopa Bróg Uí Néill** Sladmhargadh! Bróga ar leathphraghas  
8	**Cosán dúnta** 2 Iúil – 1 Lúnasa 
9	**Comórtas Leadóige** Satharn 9–2 
10	**Oifig an Phríomhoide** Cruinniú ar siúl 

Le foghlaim!

caillte	lost
ciúnas	silence
cruinniú ar siúl	meeting taking place
sladmhargadh	sale
cosán dúnta	path closed
comórtas	competition
féile cheoil	music festival
rabhadh!	warning!
clár ama	timetable
ar díol	for sale

Uimhir	Litir
1	
2	
3	
4	
5	
6	
7	
8	
9	
10	

Iontas 2

Fógra — Ag Ullmhú don Scrúdú

Léigh an fógra seo a leanas agus freagair na ceisteanna a ghabhann leis.

DEIREADH SEACHTAINE TEAGHLAIGH

Iúil 15–17

Páirc Naomh Áine
Rath Éanna
Baile Átha Cliath

Dé hAoine
- **6.00** Oscailt oifigiúil le hUachtarán na hÉireann Mícheál D. Ó hUiginn
- **7.00** Ceolchoirm sa pháirc le The Coronas
- **9.00** Beárbaiciú don teaghlach ar fad €10

Dé Sathairn
- **3.00** Comórtas peile do dhéagóirí ar na páirceanna imeartha
- **5.00** Seó draíochta do pháistí óga san Ionad Ealaíne
- **7.00** Céilí le Sharon Shannon

Dé Domhnaigh
- **4.00** Picnic sa pháirc
- **6.00** Ceolchoirm le Bressie
- **7.00** Taispeántas ealaíne san Ionad Ealaíne

Ticéid don teaghlach don deireadh seachtaine €25.
Tuilleadh eolais ó Mháire 087 391 0982 nó ar an suíomh idirlín ag **paircnaomhaine@iom.ie**

---

1. Cathain a bheidh an deireadh seachtaine teaghlaigh ag tosú?
2. Cé a osclóidh an deireadh seachtaine seo?
3. Cén t-am a thosóidh an comórtas peile do dhéagóirí?
4. Céard a bheidh ar siúl ar a seacht a chlog Dé hAoine?
5. Cén lá a bheidh ceolchoirm Bressie ar siúl?
6. Cé mhéad atá ar na ticéid don teaghlach don deireadh seachtaine?
7. Conas is féidir tuilleadh eolais a fháil?

Obair bhreise

1. Ag obair i ngrúpaí cum ceisteanna breise bunaithe ar an bhfógra thuas. Cuir na ceisteanna ar na daltaí eile sa rang.
2. Dún do leabhar agus éist leis na ceisteanna bunaithe ar an bhfógra.
3. Déan fógra faoi ócáid a bheidh ar siúl i do cheantar. Croch na fógraí ar an mballa sa seomra ranga. Mínigh na fograí os comhair an ranga.

Aonad 1 Mé Féin, Mo Chlann agus Mo Chairde

Cuntas/Blag samplach   Ag Ullmhú don Scrúdú

Is tusa Tara nó Máirtín sna pictiúir thíos. Scríobh cuntas/blag faoi na rudaí a tharla sna Pictiúir 1–3.

Pictiúr 1
An t-aerfort

Pictiúr 2
Tara agus Máirtín sa chistin

Pictiúr 3
Cuairt ó Mhamó agus ó Dhaideo

Pictiúr 4
Cuntas/Blag

Luaigh sa chuntas/sa bhlag:
- Cén fáth a raibh tú ag an aerfort
- Cad a tharla ansin
- Cuntas ar na rudaí a rinne tú an lá sin.

Mo Bhlag — Cuairt m'aintín ar an teach

Tháinig m'aintín ar cuairt chuig mo theach an mhí seo caite. Bhí sceitimíní an domhain orm nuair a chuala mé go raibh sí ag teacht. D'éiríomar go luath an mhaidin sin agus shroicheamar an t-aerfort ar a leathuair tar éis a hocht. Nuair a tháinig m'aintín amach bhí áthas an domhain orainn go léir agus rug mé barróg uirthi.

D'fhilleamar abhaile agus bhí lón blasta againn ansin. Bhíomar ag caint ar feadh tamaill agus ansin thug m'aintín bronntanas iontach dúinn. iPod nua. Bhíomar an-sásta ansin.

Thug mo Mhamó agus mo Dhaideo cuairt ar an teach chun m'aintín a fheiceáil an tráthnóna sin. Shuíomar sa seomra suí agus bhíomar ag caint le chéile go dtí a naoi a chlog. Bhí an-tuirse ar m'aintín an oíche sin.

Léigh an cuntas/blag samplach agus freagair na ceisteanna thíos.

❶ Cathain a tháinig an cuairteoir chuig teach Thara agus Mháirtín?
❷ Cén t-am a shroich siad an t-aerfort?
❸ Céard a rinne siad nuair a d'fhill siad abhaile?
❹ Cén bronntanas a fuair na páistí?
❺ Cé a thug cuairt orthu an tráthnóna sin?

Cuntas/Blag — Ag Ullmhú don Scrúdú

Is tusa Siobhán nó Cormac sna pictiúir thíos. Scríobh cuntas/blag faoi na rudaí a tharla sna Pictiúir 1–3.

Pictiúr 1 Cuireadh dul chuig cóisir

Pictiúr 2 Glacadh leis an gcuireadh

Pictiúr 3 An chóisir

Pictiúr 4 Cuntas/Blag

Luaigh sa chuntas/sa bhlag:
- Cá raibh Siobhán agus Cormac
- Cad a tharla ansin
- Déan cur síos ar an gcóisir.

Le foghlaim!

Bain úsáid as na nótaí thíos chun blag/cuntas a scríobh faoin mbreithlá.

Cabhair!

Chuala mé cnag ag an doras	I heard a knock on the door
D'oscail mé an doras	I opened the door
Chonaic mé mo chara Cormac ina sheasamh ag an doras	I saw my friend Cormac standing at the door
Thug Cormac cuireadh dom dul chuig a chóisir breithlae	Cormac gave me an invitation to go to his birthday party
Bhí áthas an domhain orm	I was delighted
Ghlac mé leis an gcuireadh	I accepted the invitation
Bhí ár gcairde go léir ag an gcóisir	All our friends were at the party
Bhíomar ag damhsa agus ag canadh	We were dancing and singing
Bhaineamar an-taitneamh as an gcóisir	We really enjoyed the party
D'itheamar píotsa agus d'ólamar sú oráiste	We ate pizza and we drank orange juice
Chanamar 'breithlá sona duit'	We sang 'happy birthday to you'
Ba chóisir iontach í	It was a great party

Labhair amach … labhair os ard!

Léigh an cuntas/blag os ard sa rang. Inis don rang céard a rinne tú ar do bhreithlá.

Aonad 1 Mé Féin, Mo Chlann agus Mo Chairde

Ag Ullmhú don Scrúdú

Léamhthuiscint Roald Dahl

Léigh an sliocht seo a leanas agus freagair na ceisteanna a ghabhann leis.

Tá clú agus cáil ar fud an domhain ar Roald Dahl. Is beag duine nach bhfuil leabhar éigin a scríobh sé léite aige nó aici – *Charlie and the Chocolate Factory*, *Matilda* agus *James and the Giant Peach*. Rugadh é sa Bhreatain Bheag ar an 13 Méan Fómhair 1916 agus ba as An Iorua a thuismitheoirí. Níor scríobh sé scéalta do pháistí go dtí go raibh páistí aige féin. Bhí cúigear páistí aige. Scríobh sé na scéalta i seid bheag ag bun an ghairdín. D'úsáid sé páipéar buí agus peann luaidhe i gcónaí.

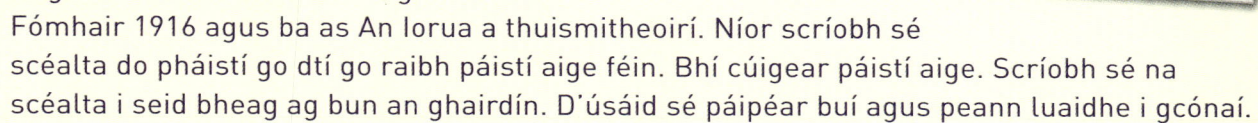

Fear an-ard ab ea é, 1.96 méadar ar airde. B'aoibhinn leis seacláid a ithe ach níor thaitin cáca seacláide leis ná uachtar reoite seacláide ach an oiread. D'fhreastail sé ar scoil chónaithe. B'fhuath leis an scoil chónaithe. Scríobh sé litir abhaile gach seachtain ach ní raibh sé in ann gearán a dhéanamh. Bhí uaigneas air. Choimeád a mháthair na litreacha go léir go cúramach. Tá cur síos ar na laethanta seo sa leabhar *Boy*. Bhí an-suim aige i gcúrsaí spóirt agus bhuaigh sé coirn ag imirt peile agus rugbaí.

Scríobh Roald Dahl seacht leabhar déag do pháistí, trí leabhar filíochta do pháistí, dhá leabhar do dhaoine fásta, gearrscéalta agus script scannáin. Ní haon ionadh go bhfuil clú agus cáil air ar fud an domhain.

❶ Ainmnigh leabhar amháin a scríobh Roald Dahl.
❷ Cathain a rugadh Roald Dahl?
❸ Cén fáth nár thaitin an scoil chónaithe go mór leis?
❹ Céard a bhuaigh Roald ag imirt peile agus rugbaí?
❺ Cé mhéad leabhar a scríobh sé do dhaoine fásta?

Labhair amach … labhair os ard!

❶ Cén leabhar le Roald Dahl is fearr leat?
❷ Ainmnigh na leabhair le Roald Dahl a léigh tú.
❸ Cathain a léigh tú leabhair Roald Dahl?
❹ Cén fáth ar thaitin na leabhair leat?

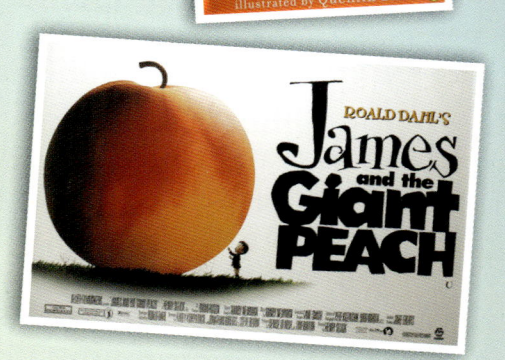

Cárta poist — Cárta poist samplach

Tá tú ag fanacht i dteach d'aintín ar feadh cúpla lá. Scríobh cárta poist chuig do chara. Luaigh na pointí seo a leanas ar an gcárta:

- D'aintín ag fanacht leat ag an stáisiún traenach
- Do chol ceathracha (*your cousins*)
- Céard a dhéanann tú gach lá
- Cathain a fhillfidh tú abhaile.

Beannú: A Phóil, a chara

Úna anseo! Beannachtaí ó Co. Chiarraí. Tá mé ag fanacht i dteach m'aintín agus m'uncail ar feadh cúpla lá.

Lár: Shroich mé stáisiún Trá Lí ar a dó a chlog ar an Aoine seo caite agus bhí m'aintín ag fanacht liom. Bhí lón againn sa bhaile mór agus ansin chuamar chuig teach m'aintín.

Bhí mo chol ceathracha sa teach. Áine, Dónall agus Naoise is ainm dóibh. Bhí an-áthas orthu mé a fheiceáil agus chaitheamar tamall ag caint le chéile.

Gach lá téim chuig oifig m'uncail agus cabhraím leis san oifig. Is dlíodóir é. Nuair a thagaim abhaile téim amach le mo chol ceathracha. Uaireanta tar éis dinnéir téimid chuig an bpictiúrlann.

Fillfidh mé abhaile an Satharn seo chugainn.

Críoch: Slán go fóill,
Úna

Seoladh:
Pól Ó Nuallain
22 Radharc na Mara
Na Clocha Liatha
Co. Cill Mhantáin

1. Cá bhfuil Úna ar saoire?
2. Ainmnigh a col ceathracha.
3. Cá dtéann Úna gach lá?
4. Cathain a théann siad chuig an bpictiúrlann?
5. Cathain a fhillfidh Úna abhaile?

Labhair amach ... labhair os ard!

1. Ar chaith tú saoire i dteach d'aintín nó d'uncail riamh?
2. Ar thaitin an tsaoire leat?
3. Céard a rinne tú gach lá?
4. Cé mhéad ama a chaith tú leo?

Cabhair!

dlíodóir	lawyer
uaireanta	sometimes

Aonad 1 Mé Féin, Mo Chlann agus Mo Chairde

Cárta poist   Ag Ullmhú don Scrúdú

1 Tá tú ar saoire le do chairde ón gclub óige. Scríobh cárta poist chuig do Mham nó do Dhaid sa bhaile.

Luaigh na pointí seo a leanas ar an gcárta:
- Cá bhfuil tú ag fanacht
- Cé atá in éineacht leat
- Na rudaí a dhéanann sibh i rith an lae
- Na rudaí a dhéanann sibh san oíche
- Cathain a fhillfidh sibh abhaile.

Ná déan dearmad seoladh, beannú, tús agus críoch a chur leis an gcárta poist. Scríobh an cárta poist i do chóipleabhar. Tá cabhair ar fáil sa bhosca thíos.

Cabhair!

A Mham agus a Dhaid	Dear Mam and Dad
Seán anseo i dTrá Lí	Seán here in Tralee
Táimid ag fanacht i mbrú óige	We are staying in a youth hostel
Tá Cormac, Ruairí agus Brian anseo	Cormac, Ruairí and Brian are here
Tá na buachaillí craiceáilte!	The boys are mad!
Gach lá téimid chuig an trá	Every day we go to the beach
Bíonn lón againn sa sráidbhaile	We have lunch in the village
Caithimid a lán ama ag snámh san fharraige	We spend a lot of time swimming in the sea
Bíonn dioscó ar siúl gach oíche	There is a disco every night
Bíonn beárbaiciú againn go minic	We often have a barbecue
Fillfimid abhaile an Domhnach seo chugainn	We will return home next Sunday

2 Tá tú ar mhalartán scoile (*school exchange*) sa Fhrainc nó sa Spáinn. Scríobh cárta poist chuig do chara sa bhaile.

Luaigh na pointí seo a leanas ar an gcárta:
- Cá bhfuil tú ag fanacht
- Déan cur síos ar an teaghlach
- An bhfuil tú ag baint taitnimh as an tsaoire
- Cathain a fhillfidh tú abhaile.

Iontas 2

An Bhéaltriail CD 1 Rian 2–4

**❶ Éist leis na samplaí thíos ar an dlúthdhiosca, Rian 2–3.
Ullmhaigh píosa eolais fút féin. Léigh na samplaí thíos.**

> Is mise Becky. Tá mé trí bliana déag d'aois anois. Rugadh mé ar an dara lá de Mhárta. Tá gruaig fhada dhonn orm agus tá dath donn ar mo shúile.
> Tá ceathrar i mo theaghlach. Is mise an páiste is sine sa teaghlach. Tá deartháir amháin agam. Dara an t-ainm atá air. Tá Dara deich mbliana d'aois. Réitím go maith leis.
> Is duine cainteach, cairdiúil mé.

Becky

> Is mise Tomás. Tá mé ceithre bliana déag d'aois. Tá cónaí orm i Rath Cairn le mo theaghlach. Rugadh mé ar an ochtú lá de mhí na Nollag.
> Tá dath dubh ar mo chuid gruaige agus tá súile donna agam. Is páiste aonair mé. Réitím go maith le mo thuismitheoirí. Is buachaill spórtúil mé.

Tomás

❷ Labhair na samplaí amach os comhair an ranga agus déan cur síos ort féin.

❸ Freagair na ceisteanna thíos. Éist leis na freagraí samplacha ar an dlúthdhiosca, Rian 4.

a) Cén t-ainm atá ort? _____
b) Cén dáta breithe atá agat? _____
c) Céard a rinne tú ar do bhreithlá? _____
d) Cén aois thú? _____
e) Cén saghas duine tú? _____
f) Cé mhéad duine atá sa teaghlach? _____
g) An bhfuil deartháir nó deirfiúr agat? _____
h) Ainmnigh an duine is sine sa teaghlach. _____
i) Ainmnigh an páiste is óige sa teaghlach. _____
j) An réitíonn tú go maith le gach duine sa teaghlach? _____

Aonad 1 Mé Féin, Mo Chlann agus Mo Chairde

An Chluastuiscint CD 1 Rian 33–38

Cuid A: An Chéad Chainteoir

Cloisfidh tú giota cainte ó dhuine óg sa chuid seo. Cloisfidh tú an giota **faoi dhó**.
Éist go cúramach leis agus líon isteach an t-eolas atá á lorg sna greillí thíos.

Ainm	Aoibheann Ní Choigligh
Cá raibh Aoibheann aréir?	
Cén aois í Aoibheann?	
Céard a dhéanfaidh sí ar a breithlá?	

Cuid B: Fógra

Cloisfidh tú fógra anois. Cloisfidh tú é **faoi dhó**. Éist go cúramach leis.

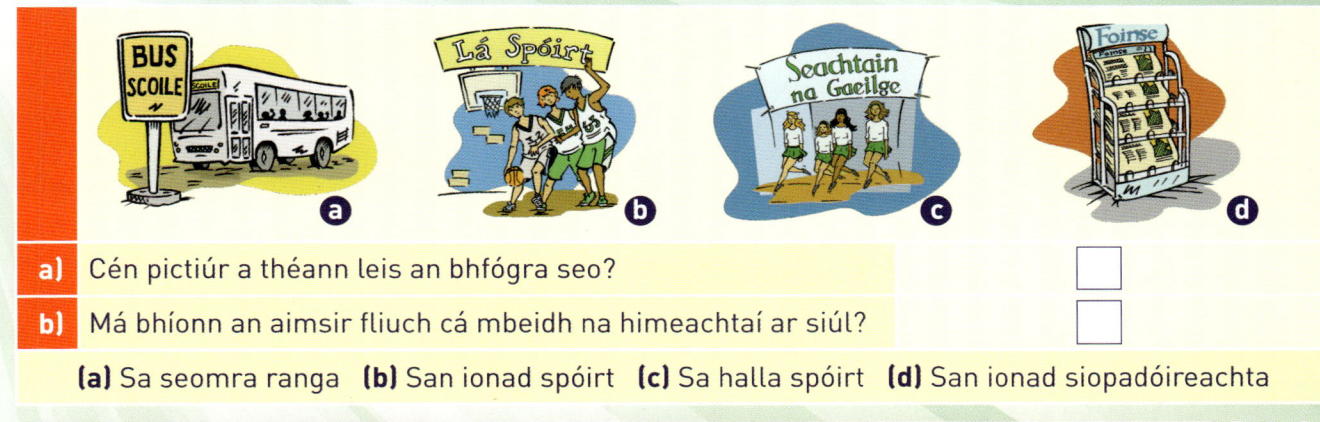

a) Cén pictiúr a théann leis an bhfógra seo? ☐
b) Má bhíonn an aimsir fliuch cá mbeidh na himeachtaí ar siúl? ☐

    (a) Sa seomra ranga   **(b)** San ionad spóirt   **(c)** Sa halla spóirt   **(d)** San ionad siopadóireachta

Cuid C: Comhrá

Cloisfidh tú comhrá anois. Cloisfidh tú é **faoi dhó**. Éist go cúramach leis.

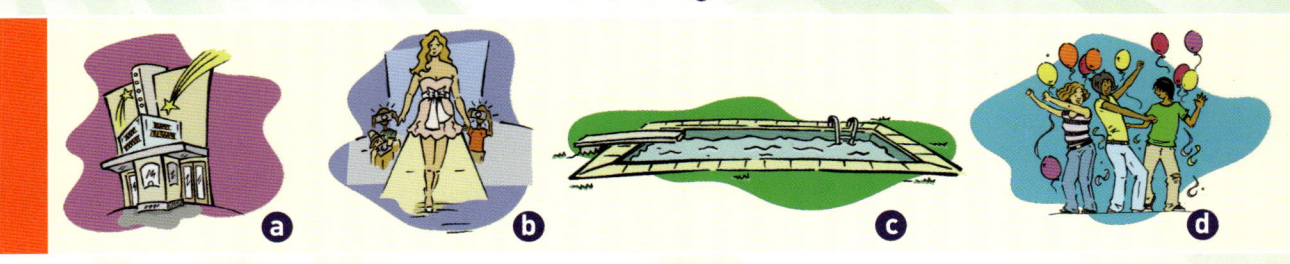

An Chéad Mhír

a) Cá raibh Áine an Satharn seo caite? ☐

An Dara Mír

b) Luaigh dhá rud a fuair Seán dá bhreithlá: ☐

    (a) Fón póca agus leabhar   **(b)** Geansaí spraoi agus dlúthdhiosca
    (c) Rothar agus veidhlín   **(d)** Dlúthdhiosca agus fiche euro

Iontas 2

Súil siar ar Aonad a hAon

Léamhthuiscint

Léigh an t-alt seo a leanas agus freagair na ceisteanna a ghabhann leis.

Dara Ó Nualláin is ainm dom. Tá mé trí bliana déag d'aois. Cónaím i mbungaló le mo thuismitheoirí agus mo bheirt deartháireacha Dónall agus Seoirse. Is mise an páiste is óige sa teaghlach. Tá mo dheartháir Dónall cúig bliana déag d'aois. Is buachaill cairdiúil, spórtúil é. Imríonn sé peil gach lá tar éis na scoile. Is é Seoirse an buachaill is sine sa teach. Tá sé fiche bliain d'aois. Is Garda é. Téim chuig Páirc an Chrócaigh le mo dheartháireacha go minic. Is aoibhinn linn peil Ghaelach. Coldplay an banna ceoil is fearr liom.

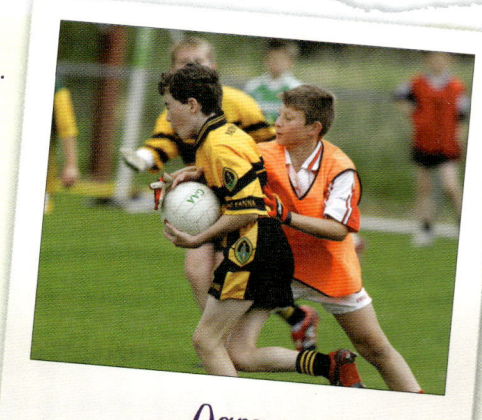

Dara

❶ Freagair na ceisteanna thíos.
a) Cé mhéad deartháir atá ag Dara?
b) Cén aois é Dónall?
c) Ainmnigh an buachaill is sine sa teaghlach.
d) Cén tslí beatha atá ag Seoirse?
e) Cá dtéann siad go minic?
f) Ainmnigh an banna ceoil is fearr leis.

❷ Líon na bearnaí thíos.
Is mise Caoimhe. Tá mé (14 bliain) _____.
Tá (5) _____ i mo theaghlach. Is mise an páiste is (óg) _____ sa teaghlach. Rugadh mé ar an (2 Eanáir) _____. Tá (2 deartháir) _____ agam. Niall agus Pádraig is ainm dóibh. Tá (gruaig gearr dubh) _____ ar Niall agus is buachaill spórtúil é. Tá (gruaig catach gearr) _____ ar Phádraig agus is aoibhinn leis cluichí ríomhaire. Tá súile (donn) _____ acu. Réitímid go maith le chéile.

❸ Líon na bearnaí thíos.
a) Tháinig (a aintín) _____ ar cuairt agus thug sí bronntanas di.
b) Chuir sé (a mála) _____ sa chófra nuair a tháinig sé abhaile ón scoil.
c) Tháinig (ár athair) _____ chuig an bpictiúrlann agus thug sé síob dúinn.
d) Chuaigh (ár club óige) _____ trí thine agus bhí brón an domhain orainn.
e) Bhí (mo mhúinteoir) _____ as láthair agus ní bhfuaireamar aon obair bhaile.
f) D'ith an buachaill (a oráiste) _____ ag am lóin.

Aonad a Dó
Mo Shaol Scoile

Léamhthuiscint	Séamus Ó Laoi	28
An Aimsir Láithreach 1	An Chéad Réimniú	30
Ábhair scoile		31
Aidiachtaí		33
Léamhthuiscint	Éadaoin Ní Chuinn	34
An t-am		34
An seomra ranga		36
Léamhthuiscint	Coláiste Phádraig	37
Tuairisc scoile		38
An Aimsir Láithreach 2	An Dara Réimniú	39
Áiseanna na scoile		40
Léamhthuiscint	An Máistir Ó Sé	41
Meaitseáil	Ag Ullmhú don Scrúdú	42
Cárta poist	Ag Ullmhú don Scrúdú	44
Alt/Cuntas	Ag Ullmhú don Scrúdú	45
Léamhthuiscint	Ag Ullmhú don Scrúdú	46
An Bhéaltriail	Ag Ullmhú don Scrúdú	47
An Chluastuiscint	Ag Ullmhú don Scrúdú	48
Súil siar ar Aonad a Dó		49

Is aoibhinn beatha an scoláire.

Iontas 2

Léamhthuiscint Séamus Ó Laoi

Léigh an sliocht seo a leanas agus freagair na ceisteanna a ghabhann leis.

Séamus Ó Laoi anseo. Tá mé ag freastal ar Phobalscoil Íde anseo in Áth Luain. Is scoil mhór í Pobalscoil Íde. Tá níos mó ná ocht gcéad dalta ag freastal ar an scoil. Tá an t-ádh linn sa scoil seo mar tá áiseanna iontacha nua-aimseartha againn. Tógadh an scoil aon bhliain déag ó shin agus cuireadh síneadh leis an scoil trí bliana ó shin.

Ar an gcéad urlár tá na seomraí ranga chomh maith le seomra ealaíne, seomra ceoil agus seomra tíreolaíochta. Ar an dara hurlár tá dhá shaotharlann, seomra ríomhaire, leabharlann agus cistin. Tá oifig an phríomhoide, oifig an leas-phríomhoide agus oifig an rúnaí in aice an dorais.

Itheann na daltaí a lón sa bhialann ar an dara hurlár. Bíonn an-chraic againn sa bhialann ag am lóin. Nuair a bhíonn an aimsir grianmhar téann na daltaí amach ar na páirceanna imeartha agus imríonn siad peil.

Séamus

1. Cé mhéad dalta atá ag freastal ar Phobalscoil Íde?
2. Cá bhfuil na seomraí ranga?
3. Ainmnigh dhá sheomra atá ar an dara hurlár.
4. Cá bhfuil oifig an rúnaí?
5. Cá dtéann na daltaí chun a lón a ithe?
6. Céard a imríonn na daltaí nuair a bhíonn an aimsir grianmhar?

Cabhair!

pobalscoil	community school
ag freastal	attending
tá an t-ádh linn	we are lucky
áiseanna iontacha	wonderful facilities
nua-aimseartha	modern
síneadh	extension

Craic sa rang! Céard atá ar eolas agat?

Ag obair i ngrúpaí léigh an sliocht os ard. Dún na leabhair. Céard atá ar eolas agat faoi Shéamus Ó Laoi? Scríobh an t-eolas ar an gclár bán.

	Fíor	nó	Bréagach
1. Tá Pobalscoil Íde i mBaile Átha Cliath.	☐		☐
2. Tá níos mó ná seacht gcéad dalta ag freastal ar an scoil.	☐		☐
3. Ar an dara hurlár tá dhá shaotharlann, seomra ríomhaire, leabharlann agus cistin.	☐		☐
4. Itheann na daltaí a lón sa seomra ranga ar an dara hurlár.	☐		☐
5. Nuair a bhíonn an aimsir grianmhar téann na daltaí amach ar na páirceanna imeartha agus imríonn siad cispheil.	☐		☐

Aonad 2 Mo Shaol Scoile

Féach/Abair/Clúdaigh/Scríobh/Seiceáil

Cuimhnigh!

Bain úsáid as an tábla thíos chun dul siar ar na nathanna a d'fhoghlaim tú anuraidh.

Féach/Abair/Clúdaigh	Béarla	Scríobh	Seiceáil
pobalscoil	community school		
meánscoil	secondary school		
ollscoil	university		
scoil chónaithe	boarding school		
coláiste	college		
scoil chuimsitheach	comprehensive school		
bunscoil	primary school		

Labhair amach … labhair os ard!

Cuir na ceisteanna ar na daltaí sa rang. Tá cabhair ar fáil sa bhosca thíos.

Cá bhfuil tú ag dul ar scoil?
Cé mhéad dalta a fhreastalaíonn ar an scoil?
An scoil mhór í?
Cén saghas atmaisféir atá sa scoil?

Cleachtadh ag scríobh

Le foghlaim!

Scríobh alt gearr i do chóipleabhar faoi do scoil. Tá cabhair sa bhosca thíos.

Freastalaím ar Phobalscoil Íosa.	I attend Pobalscoil Íosa.
Tá sé chéad dalta ag freastal ar an scoil.	There are 600 students attending the school.
Tá seacht gcéad dalta ag freastal ar an scoil.	There are 700 students attending the school.
Tá míle dalta ag freastal ar an scoil.	There are 1,000 students attending the school.
Is scoil mhór í / Is scoil bheag í.	It is a big/small school.
Tá atmaisféar deas cairdiúil sa scoil.	There is a lovely, friendly atmosphere in the school.
Tá na háiseanna sa scoil go hiontach/go huafásach.	The facilities in the school are wonderful/terrible.
Tá a lán áiseanna sa scoil.	There are a lot of facilities in the school.

Éist agus scríobh

Éist leis an múinteoir ag léamh an ailt thíos agus ansin scríobh an t-alt i do chóipleabhar. Nuair a chríochnaíonn tú ag scríobh oscail do leabhar agus ceartaigh do chuid oibre!

Scoil Phádraig an t-ainm atá ar an scoil seo. Is meánscoil do bhuachaillí í. Tá seacht gcéad buachaill ag freastal ar an scoil. Is scoil mhór í. Is aoibhinn liom an scoil. Tá a lán áiseanna inti. Tá atmaisféar cairdiúil inti. Tá mo chara Seán ag freastal ar an scoil freisin.

Iontas 2

Cúinne na Gramadaí

Briathra san Aimsir Láithreach 1

Cleachtadh ag scríobh

Céard a dhéanann tú gach maidin?

Féach ar na briathra thíos. Léigh os ard sa rang iad. Scríobh abairtí leo i do chóipleabhar.

siúlaim ar scoil	I walk to school	**scuabaim** mo chuid fiacla	I wash my teeth
cíoraim mo chuid gruaige	I comb my hair	**rithim** síos staighre	I run downstairs
ólaim sú oráiste	I drink orange juice	**ithim** tósta	I eat toast
fágaim an teach	I leave the house	**fanaim** le mo dheartháir	I wait for my brother
cuirim mo leabhair i mo mhála	I put my books in my bag	**buailim** le mo chara	I meet my friend
éistim le m'iPod	I listen to my iPod	**múineann** an múinteoir an rang	the teacher teaches the class

An Aimsir Láithreach – rialacha le foghlaim

An fhoirm cheisteach	an + urú
An fhoirm dhiúltach	ní + séimhiú

Ní chuireann tú aon rud leis na gutaí.

Labhair amach ... labhair os ard!

Freagair na ceisteanna thíos os ard i dtosach agus ansin scríobh na freagraí i do chóipleabhar.

1. **An bhfágann** tú an teach ar a hocht a chlóg ar maidin? *Fágaim ... nó Ní fhágaim ...*
2. **An ólann** tú bainne gach maidin?
3. **An mbuaileann** tú le do chara ag stad an bhus?
4. **An éisteann** tú leis an raidió ar maidin?
5. **An gcuireann** tú do lón i do mhála ar maidin?

Aonad 2 Mo Shaol Scoile

Ag comhaireamh – ábhair scoile
Cé mhéad ábhar atá á ndéanamh agat?

Riail le foghlaim!

> 1–6 + séimhiú
> 7–10 + urú

Comhairigh na hábhair os ard sa rang.

aon ábhar	one subject	dhá ábhar	two subjects
trí ábhar	three subjects	ceithre ábhar	four subjects
cúig ábhar	five subjects	sé ábhar	six subjects
seacht **n-**ábhar	seven subjects	ocht **n-**ábhar	eight subjects
naoi **n-**ábhar	nine subjects	deich **n-**ábhar	ten subjects
aon ábhar déag	eleven subjects	dhá ábhar déag	twelve subjects

Ceist:
Cé mhéad ábhar atá á ndéanamh agat?

Freagra:
*Tá **deich n-ábhar** á ndéanamh agam.*

Cé mhéad cóipleabhar atá agat i do mhála scoile?
Cé mhéad peann atá agat i do chás peann luaidhe?

Líon na bearnaí thíos.

1. Tá (3 ceapaire) _____ agam don lón inniu.
2. Déanaim (7 ábhar) _____ gach lá.
3. Tá (4 peann) _____ ag mo chara.
4. Bíonn (6 rang) _____ againn roimh lón agus (3 rang) _____ againn tar éis lóin.
5. Caithim (2 uair) _____ an chloig ar mo chuid obair bhaile gach tráthnóna.
6. Déanann mo chara (10 ábhar) _____.
7. Tá (12 cóipleabhar) _____ agam i mo mhála scoile.

Iontas 2

Ábhair scoile 1

Meaitseáil
Meaitseáil na focail agus na pictiúir thíos.

Cuimhnigh!

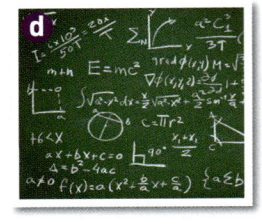

1	2	3	4	5	6	7	8	9	10

| 1 tíos | 2 staidéar clasaiceach | 3 corpoideachas | 4 Spáinnis | 5 Béarla |
| 6 ceol | 7 tíreolaíocht | 8 adhmadóireacht | 9 Fraincis | 10 matamaitic |

Cleachtadh ag scríobh
Líon na bearnaí san alt thíos agus ansin freagair na ceisteanna a ghabhann leis.

Cormac is ainm dom. Tá mé ceithre bliana déag d'aois. Tá mé sa dara bliain sa _____ áitiúil. Tá ocht _____ á ndéanamh agam i mbliana. Déanaim Béarla, Gaeilge agus matamaitic gach lá agus bíonn Fraincis, eolaíocht agus _____ agam dhá uair sa tseachtain. Is iad na hábhair is _____ liom ná stair agus staidéar gnó. Faighim a lán obair _____ i mbliana. Déanaim mo chuid obair bhaile i mo sheomra _____. Tá deasc agus lampa agam. Go minic tagann mo chara Maidhc go dtí an teach agus déanaimid ár gcuid obair bhaile le _____.

tíreolaíocht, bhaile, mheánscoil, chéile, fearr, n-ábhar, leapa

1. Cén aois é Cormac?
2. Cé mhéad ábhar atá á ndéanamh aige i mbliana?
3. Cá ndéanann Cormac a chuid obair bhaile?
4. Ainmnigh rud amháin atá ina sheomra leapa.
5. Cé a thagann chuig an teach?

Téigh chuig suíomh idirlín edco.ie/iontas2 chun níos mó oibre a dhéanamh ar na hábhair scoile.

Aonad 2 Mo Shaol Scoile

Ábhair scoile 2

Meaitseáil

Meaitseáil na focail agus na pictiúir thíos.

Cuimhnigh!

a, b, c, d, e, f, g, h, i, j

1	2	3	4	5	6	7	8	9	10

| 1 stair | 2 Laidin | 3 eolaíocht | 4 miotalóireacht | 5 Gaeilge |
| 6 ealaín | 7 staidéar gnó | 8 Gearmáinis | 9 creideamh | 10 Iodáilis |

Aidiachtaí – mo thuairim faoi na hábhair scoile atá á ndéanamh agam

Labhair amach … labhair os ard!

Cleachtadh ag scríobh

Freagair na ceisteanna thíos os ard agus ansin scríobh alt gearr i do chóipleabhar faoi na hábhair scoile a dhéanann tú. Tá cabhair ar fáil sa bhosca thíos.

1. Cén t-ábhar is fearr leat?
2. An bhfuil aon ábhar ann nach maith leat?
3. Céard iad na teangacha a fhoghlaimíonn tú?
4. Céard iad na hábhair atá deacair duit?
5. Céard iad na hábhair atá éasca duit?
6. Cé mhéad ábhar atá á ndéanamh agat?

Téigh chuig suíomh idirlín edco.ie/iontas2 chun níos mó oibre a dhéanamh.

Le foghlaim!

éasca	easy	deacair	difficult	suimiúil	interesting
leadránach	boring	tuisceanach	understanding	foighneach	patient
mífhoighneach	impatient	taitneamhach	pleasant	cabhrach	helpful
beomhar	lively	corraitheach	exciting	spreagúil	encouraging

Iontas 2

Léamhthuiscint — Éadaoin Ní Chuinn

Léigh an sliocht seo a leanas agus freagair na ceisteanna a ghabhann leis.

Éadaoin Ní Chuinn is ainm dom. Tá an-tuirse orm inniu. Bhí scrúdú mata agam ar scoil agus bhí mé ag staidéar go dian aréir. Is é mata an t-ábhar is fearr liom. Tá mo mhúinteoir cairdiúil agus spreagúil. Ní thugann sé an iomarca obair bhaile dúinn. Bíonn scrúdú gearr againn sa rang uair sa mhí.

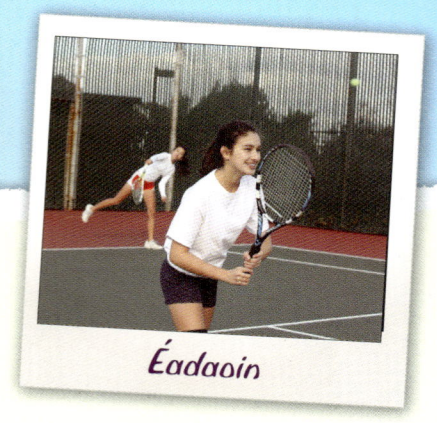

Is í Nóirín an cara is fearr atá agam ar scoil. Is fuath le Nóirín mata agus eolaíocht. Nuair a bhíonn fadhb (*problem*) aici lena cuid obair bhaile, téim chuig a teach agus cabhraím léi. Bhí an-díomá uirthi an Aoine seo caite nuair a theip uirthi sa scrúdú mata. Bíonn an múinteoir foighneach agus cabhrach léi i gcónaí.

Tar éis na scoile buailimid le chéile ag geata na scoile agus siúlaimid chuig an gclub leadóige. Is aoibhinn linn spórt agus imrímid cluiche nó dhó gach tráthnóna. Nuair a bhíonn an aimsir fliuch faighimid an bus scoile abhaile.

Nuair a bhíonn saoire againn ón scoil téimid chuig an gclub óige. Uaireanta téimid ag snámh nó chuig an trá. Is aoibhinn linn ag snámh san fharraige.

Éadaoin

1. Cén scrúdú a bhí ag Éadaoin ar scoil?
2. Ainmnigh an t-ábhar is fearr léi.
3. Cén saghas duine é an múinteoir mata?
4. Céard a tharla an Dé hAoine seo caite?
5. Céard a dhéanann siad nuair a bhíonn an aimsir fliuch?
6. Luaigh spórt amháin a imríonn Éadaoin.

Cabhair!

go dian	very hard
spreagúil	encouraging
foighneach	patient
uaireanta	sometimes

Cuimhnigh! An t-am

Meaitseáil

Meaitseáil na focail leis na pictiúir thíos.

a. deich tar éis a cúig
b. fiche tar éis a deich
c. leathuair tar éis a dó
d. cúig tar éis a haon
e. ceathrú tar éis a naoi
f. a dó dhéag a chlog
g. fiche cúig tar éis a trí

1	2	3	4	5	6	7

Cleachtadh don scrúdú

❶ Amchlár – oscail do dhialann scoile agus freagair na ceisteanna thíos.

a) Cén t-am a thosaíonn na ranganna ar maidin i do scoil?
b) Cén t-am a bhíonn Gaeilge agaibh ar an Luan?
c) Cén t-am a bhíonn matamaitic agaibh ar an Aoine?
d) Cén t-am a thosaíonn an lón?
e) Cén t-am a chríochnaíonn an lón?
f) Cén t-am a bhíonn Béarla agaibh ar an gCéadaoin?

Téigh chuig suíomh edco.ie/iontas2 chun níos mó oibre a dhéanamh.

❷ Scríobh an t-am i bhfocail i do chóipleabhar.

| 4.45 | 2.05 | 11.10 | 3.00 | 7.15 |
| 9.25 | 1.30 | 6.55 | 8.25 | 10.00 |

❸ Léigh blag Sheáin thíos agus freagair na ceisteanna a ghabhann leis.

Mo Bhlag Blag Sheáin

Seán anseo! Bhí mé i dtrioblóid ar scoil inniu mar rinne mé dearmad mo chuid obair bhaile Bhéarla a dhéanamh. Ní róshásta a bhí an múinteoir Béarla liom. Scríobh sí nóta i mo dhialann scoile agus thug sí obair bhaile bhreise dom.
Ag deireadh an ranga shiúil mé leis an múinteoir chuig oifig an phríomhoide.
Bhí orm fanacht ar feadh fiche nóiméad taobh amuigh d'oifig an phríomhoide. Chuir an príomhoide glao ar mo thuismitheoirí.
Ní dhéanfaidh mé dearmad mo chuid obair bhaile Bhéarla a dhéanamh as seo amach.

a) Cén fáth nach raibh an múinteoir Béarla sásta le Seán?
b) Céard a scríobh an múinteoir i ndialann Sheáin?
c) Cathain a shiúil Seán leis an múinteoir chuig oifig an phríomhoide?
d) Cé mhéad ama a chaith Seán taobh amuigh d'oifig an phríomhoide?
e) Céard a rinne an príomhoide?

Scríobh blag faoi lá a tháinig tú déanach ar scoil.

Iontas 2

An seomra ranga
Féach/Abair/Clúdaigh/Scríobh/Seiceáil

Cuimhnigh!

Bain úsáid as an tábla thíos chun dul siar ar na nathanna a d'fhoghlaim tú anuraidh.

Féach/Abair/Clúdaigh	Scríobh	Seiceáil
clár bán		
léarscáil		
deasc		
cathaoir		
ríomhaire		
fógra		
bord an mhúinteora		
seilfeanna		

Cluiche sa rang

Tá nócha soicind agat chun gach rud a fheiceann tú sa seomra an ranga a scríobh i do chóipleabhar. Ansin scríobh na focail go léir ar an gclár bán.

Rialacha na scoile

Léigh an fógra thíos le rialacha Scoil Eoin agus freagair na ceisteanna a ghabhann leis.

Scoil Eoin
Rialacha na Scoile

1. Bí in am do gach rang gach lá.
2. Déan do chuid obair bhaile i gcónaí.
3. Níl cead agat fón póca a úsáid.
4. Níl cead agat an scoil a fhágáil.
5. Má bhíonn tú as láthair tabhair nóta isteach.
6. Bí cineálta leis na daltaí eile.
7. Ná scríobh ar na ballaí.

1. An bhfuil cead ag na daltaí fón póca a úsáid ar scoil?
2. Céard a bhíonn ar dhaltaí a dhéanamh má bhíonn siad as láthair?
3. Scríobh amach riail a seacht.
4. An bhfuil cead ag na daltaí an scoil a fhágáil?
5. Céard a deir an riail faoi obair bhaile?

Ar an gclár bán

Le cabhair an mhúinteora scríobh rialacha na scoile ar an gclár bán. Ansin scríobh na rialacha i do chóipleabhar. Léigh amach na rialacha os ard sa rang.

Léamhthuiscint Coláiste Phádraig

Léigh an sliocht seo a leanas agus freagair na ceisteanna a ghabhann leis.

Is mise Seosamh. Éist leis na rialacha atá againn i gColáiste Phádraig. Níl cead againn fón póca a úsáid sa rang. Níl cead againn a bheith déanach ar scoil. Caithimid nóta a thabhairt isteach má bhímid déanach ag teacht ar scoil agus má bhímid as láthair. Caithimid ár gcuid obair bhaile a dhéanamh agus ár ndícheall a dhéanamh i gcónaí.

Tá atmaisféar deas i gColáiste Phádraig. Tá meas ag na daltaí ar na múinteoirí agus ní bhíonn na múinteoirí ródhian ar na daltaí. Ní fhaighimid an iomarca obair bhaile agus bíonn lá spraoi againn ar scoil gach mí. Is aoibhinn liom an scoil seo.

Tá mo dheartháir Niall ag freastal ar an scoil freisin. Tá Niall sa chéad bhliain i mbliana. Bíonn sé i gcónaí déanach ar maidin. Siúlann sé ar scoil lena chairde Cormac agus Maidhc. Ní bhíonn na múinteoirí róshásta leo. Faigheann siad breis obair bhaile go minic.

Gach samhradh bíonn cluiche peile idir na múinteoirí agus na daltaí agus baineann gach duine an-taitneamh as. De ghnáth buann na daltaí agus bíonn náire ar na múinteoirí.

An Máistir Ó Luanaigh an t-ainm atá ar an bpríomhoide. Is fear foighneach, cabhrach é. Iníon de Staic an t-ainm atá ar an leas-phríomhoide. Is bean chairdiúil í.

Cabhair!

caithimid ár ndícheall a dhéanamh	we have to do our best
tá atmaisféar deas	there is a pleasant atmosphere
meas	respect
lá spraoi	fun day

1. Luaigh dhá riail atá i gColáiste Phádraig.
2. Cathain a bhíonn lá spraoi ag na daltaí?
3. Conas a théann Niall ar scoil gach lá?
4. Cé a bhíonn in éineacht leis?
5. Cad a tharlaíonn nuair a bhíonn Niall déanach ar scoil?
6. Cén t-ainm atá ar an leas-phríomhoide?

Céard iad na rialacha i do scoil?

Labhair amach … labhair os ard!

Léigh an freagra samplach thíos agus ansin freagair an cheist os ard sa rang.

Tá a lán rialacha i mo scoil. Níl cead againn a bheith déanach don scoil agus caithimid ár gcuid obair bhaile a dhéanamh i gcónaí. Níl cead againn peil a imirt sa seomra ranga agus níl cead againn ár lón a ithe sa seomra ranga. Caithimid dul chuig an mbialann. Caithimid ár gcótaí a chur i seomra na gcótaí agus níl cead againn iPod a thabhairt ar scoil.

Iontas 2

Tuairisc scoile

Léigh an tuairisc scoile a fuair Éilís Ní Riain agus freagair na ceisteanna a ghabhann léi.

Tuairisc Scoile
Coláiste Naomh Peadar
Loch Garman

Ainm: Éilís Ní Riain
Rang: 2B
Scrúdú: Scrúdú an tsamhraidh

Ábhar	Grád	Cuntas	Múinteoir
Béarla	C	Caithfidh Éilís a bheith cúramach lena cuid scríbhneoireachta.	Ó. Ní Laoi
Gaeilge	A	Rinne Éilís a dícheall sa rang i mbliana. Cailín iontach!	B. Ó Luanaigh
Matamaitic	C	Caithfidh Éilís níos mó ama a chaitheamh ar a cuid obair bhaile.	Á. de Búrca
Fraincis	A	Tá mé an-sásta lena cuid oibre i mbliana.	N. de Staic
Eolaíocht	D	Ní dhearna Éilís a dícheall sa rang eolaíochta i mbliana.	Á. Ní Chléirigh
Stair	B	Níor chríochnaigh Éilís an scrúdú samhraidh. Is dalta maith í.	M. de Spáinn
Tíreolaíocht	D	Ní dhearna Éilís a cuid obair bhaile tíreolaíochta go minic.	T. Ó Tuama
Ceol	A	Is cailín an-cheolmhar í Éilís. Rinne sí scrúdú iontach.	M. Ó Maonaigh
Ealaín	E	Is dalta leisciúil í Éilís. Caithfidh sí níos mó oibre a dhéanamh an bhliain seo chugainn.	B. Ní Liodáin

Labhair amach … labhair os ard!

Pléigh an tuairisc scoile thuas sa rang agus léigh amach na cuntais os ard.

Cabhair!

cúramach	careful
rinne sí a dícheall	she did her best
is dalta leisciúil í	she is a lazy student
ceolmhar	musical
caithfidh sí níos mó oibre a dhéanamh	she has to do more work

Cleachtadh ag scríobh

Léigh an tuairisc scoile agus freagair na ceisteanna thíos.

1. Céard a scríobh an múinteoir tíreolaíochta faoi Éilís?
2. Cén grád a fuair Éilís sa Ghaeilge?
3. Céard a scríobh an múinteoir ceoil faoin scrúdú ceoil a rinne Éilís?
4. Cén grád a fuair Éilís sa Bhéarla?
5. Cá bhfuil Coláiste Naomh Peadar?

Scríobh tuairisc scoile anois i do chóipleabhar.

Cúinne na Gramadaí — Briathra san Aimsir Láithreach 2

Léigh na briathra thíos os ard sa rang. Déan liosta ar an gclár bán de bhriathra eile cosúil leis na cinn thíos.

ceartaigh *(to correct)*	**brostaigh** *(to hurry)*	**bailigh** *(to collect)*
ceart**aím**	brost**aím**	bail**ím**
ceart**aíonn** tú	brost**aíonn** tú	bail**íonn** tú
ceart**aíonn** sé/sí	brost**aíonn** sé/sí	bail**íonn** sé/sí
ceart**aímid**	brost**aímid**	bail**ímid**
ceart**aíonn** sibh	brost**aíonn** sibh	bail**íonn** sibh
ceart**aíonn** siad	brost**aíonn** siad	bail**íonn** siad
an **g**ceart**aíonn** tú?	an **m**brost**aíonn** tú?	an **m**bail**íonn** tú?
ní **ch**eart**aím**	ní **bh**rost**aím**	ní **bh**ail**ím**

Líon na bearnaí thíos.

1. (Ceartaigh) _____ an múinteoir Gaeilge an obair bhaile sa rang gach lá.
2. (Ní brostaigh mé) _____ ar scoil gach maidin.
3. (Bailigh mé) _____ na cóipleabhair don mhúinteoir gach maidin.
4. (An tosaigh) _____ na ranganna ar a naoi gach maidin?
5. (Ní dúisigh mé) _____ in am go minic agus ní bhíonn na múinteoirí róshásta liom.
6. (Ceistigh) _____ an múinteoir na daltaí gach lá.

Labhair amach … labhair os ard!

Cuir na ceisteanna thíos ar na daltaí sa rang. Scríobh na freagraí i do chóipleabhar.

1. **An gcuidíonn** tú le do thuismitheoirí an teach a ghlanadh go minic?
2. **An gceartaíonn** an múinteoir matamaitice an obair bhaile gach lá?
3. **An ndúisíonn** tú ar a hocht a chlog ar maidin?
4. **An oibríonn** tú sa siopa nuachtán ag an deireadh seachtaine?
5. **An imíonn** tú chuig an halla spóirt ag am lóin?

Téigh chuig leathanach 232 chun níos mó oibre a dhéanamh ar an Aimsir Láithreach.

Le foghlaim!

cuidigh	help
oibrigh	work
imigh	go
ceartaigh	correct
ceistigh	question
tosaigh	start

Iontas 2

Áiseanna na scoile

Meaitseáil

Meaitseáil na focail leis na pictiúir thíos.

Cuimhnigh!

oifig an phríomhoide	halla spóirt	seomra ríomhaire
cistin	seomra miotalóireachta	seomra na gcótaí
seomra tíreolaíochta	seomra ranga	oifig an rúnaí
seomra na múinteoirí	seomra ceoil	seomra adhmadóireachta
bialann	saotharlann	
seomra folctha	leabharlann	

Téigh chuig suíomh edco.ie/iontas2 chun níos mó oibre a dhéanamh.

Cluiche

Tá 90 soicind agat chun na háiseanna thuas a fhoghlaim agus ansin iad a scríobh i do chóipleabhar. Ceartaigh iad! Déan liosta i do chóipleabhar nó ar an gclár bán de na seomraí atá i do scoil.

Aonad 2 Mo Shaol Scoile

Léamhthuiscint An Máistir Ó Sé

Léigh an sliocht seo a leanas agus freagair na ceisteanna a ghabhann leis.

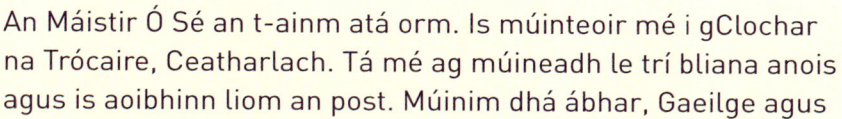

An Máistir Ó Sé an t-ainm atá orm. Is múinteoir mé i gClochar na Trócaire, Ceatharlach. Tá mé ag múineadh le trí bliana anois agus is aoibhinn liom an post. Múinim dhá ábhar, Gaeilge agus Fraincis, ach is í an Ghaeilge an t-ábhar is fearr liom. Réitím go maith leis na daltaí sa scoil seo. Tá an-suim acu sa Ghaeilge agus bíonn an-chraic againn sa rang. Uair sa mhí féachaimid ar TG4 sa rang agus bíonn tráth na gceist againn sa rang gach Aoine.

Thug mé cuairt ar an nGaeltacht le daltaí na hidirbhliana anuraidh. Chaitheamar trí lá i Ros a' Mhíl i gColáiste Chamuis. Bhí an-spraoi againn. Bhí na mná tí go hálainn agus d'ullmhaigh siad béilí blasta dúinn.

Chaitheamar na laethanta sa choláiste ag foghlaim amhrán agus dánta agus ina dhiaidh sin chuamar ar thurais timpeall na háite. Bhí an t-ádh linn mar bhí an aimsir grianmhar an t-am ar fad. Lá amháin thugamar cuairt ar Mhainistir na Coille Móire. Shiúlamar timpeall an tseantí agus chonaiceamar na gairdíní áille.

Ba thurais iontach é agus bhain na múinteoirí agus na daltaí an-taitneamh as.

1. Ainmnigh na hábhair a mhúineann an Máistir Ó Sé.
2. An maith leis an Máistir Ó Sé a phost mar mhúinteoir?
3. Cathain a bhíonn tráth na gceist ag na daltaí sa rang?
4. Cá ndeachaigh an Máistir Ó Sé le daltaí na hidirbhliana anuraidh?
5. Céard a d'ullmhaigh na mná tí dóibh?
6. Conas mar a bhí an aimsir?

Cabhair!

daltaí na hidirbhliana	transition year students
Mainistir na Coille Móire	Kylemore Abbey

Labhair amach ... labhair os ard!

Pléigh an cheist thíos sa rang.

Ceist:
Ar chaith tú saoire sa Ghaeltacht?

Freagra:
Chaith mé saoire sa Ghaeltacht anuraidh.

Chaith mé saoire le mo chairde i gColáiste Chamuis an samhradh seo caite. D'fhan mé i dtigh Áine Bean Uí Thuathail. Bhí ranganna againn ar maidin agus d'imríomar cluichí tar éis lóin. Bhí céilí nó dioscó againn sa choláiste istoíche (at night). Bhí saoire iontach againn.

Iontas 2

Meaitseáil — Ag Ullmhú don Scrúdú

Meaitseáil na pictiúir leis na fógraí/comharthaí sna boscaí thíos agus scríobh na litreacha is fearr a fhreagraíonn do na huimhreacha, dar leat, sna spásanna cuí ar an ngreille.

Uimhir	Litir
1	
2	
3	
4	
5	
6	
7	
8	
9	
10	

1. Faighte — iPod dubh

2. Ciúnas cruinniú foirne ar siúl

3. Teorainn luais 30 msu

4. Aire! Urlár sleamhain

5. An Siopa Leabhar — Lacáiste 50% Dé Luain

6. Cosc ar pheil a imirt sa halla

7. Geamaireacht na Nollag — Halla na scoile 7.00

8. Taispeántas Ealaíne — Halla na scoile 8.00

9. Tráth na gCeist Boird — Scoil Bhríde

10. Ag Teastáil — Rothar do dhéagóir — Fón 094 593 827

Le foghlaim!

aire	attention
ag teastáil	wanted
taispeántas	exhibition
cruinniú foirne	staff meeting
geamaireacht na Nollag	Christmas pantomime
tráth na gceist boird	table quiz
cosc ar	ban on
faighte	found
teorainn luais	speed limit
lacáiste	discount

Aonad 2 Mo Shaol Scoile

Cárta poist Cárta poist samplach

Nuair atá tú as baile seolann tú cárta poist chuig do chairde nó do ghaolta. Tá tú ar thuras scoile faoin tuath le do rang Gaeilge. Luaigh na pointí seo a leanas ar an gcárta:

- An turas
- Cá bhfuil tú ag fanacht
- Rud éigin a thaitníonn leat faoin turas
- Cathain a fhillfidh tú abhaile.

A Lorcáin, a chara, *(Beannú)*

Máire anseo ag scríobh chugat ón Daingean, Co. Chiarraí. Tá mé anseo le trí lá anois. Bhí an turas ar an mbus an-fhada ar fad. Stopamar i Luimneach ar feadh uair go leith agus bhí lón againn ansin. Nuair a shroicheamar an Daingean bhí an-tuirse orainn go léir. *(Lár)*

Tá mé ag fanacht sa choláiste. Tá seomra leapa agam le Sadhbh agus Treasa. Bíonn an-chraic againn le chéile. Tá na béilí an-bhlasta ar fad.

Taitníonn an coláiste go mór liom. Tá na múinteoirí deas cairdiúil linn agus tá feabhas mór tagtha ar mo chuid Gaeilge. Bhí céilí ar siúl sa halla mór aréir agus bhí an-spraoi againn.

Beidh mé ag filleadh abhaile Dé Luain seo chugainn. Cuirfidh mé glao ort ansin.

Slán go fóill, *(Críoch)*
Máire

(Seoladh)
Lorcán Ó Tuathail
55 Bóthar na Cille
An Clochán
Co. na Gaillimhe

---

1. Cá bhfuil Máire?
2. Cén fáth ar stop an bus i Luimneach?
3. Céard a deir Máire faoi na béilí?
4. Cá raibh an céilí mór ar siúl?
5. Cathain a fhillfidh sí abhaile?

Labhair amach … labhair os ard!

1. An ndeachaigh tú ar thuras scoile riamh?
2. Ar thaitin an turas leat?
3. Céard a rinne tú gach lá?
4. Conas mar a bhí an aimsir?

Inis scéal Mháire i d'fhocail féin. Scríobh na sonraí ar an gclár bán.

Iontas 2

Cárta poist — Ag Ullmhú don Scrúdú

1 Tá tú sa Ghaeltacht ar chúrsa samhraidh. Scríobh cárta poist chuig do thuismitheoirí sa bhaile.

Luaigh na pointí seo a leanas ar an gcárta:
- Cá bhfuil tú ag fanacht
- Cé atá in éineacht leat
- Na rudaí a dhéanann sibh i rith an lae
- Na rudaí a dhéanann sibh san oíche
- Cathain a fhillfidh sibh abhaile.

Ná déan dearmad seoladh, beannú, tús agus críoch a chur leis an gcárta poist. Scríobh an cárta poist i do chóipleabhar. Tá cabhair ar fáil sa bhosca thíos.

Cabhair!

A Mham agus a Dhaid	Dear Mam and Dad
Pól anseo i Rath Cairn	Pól here in Rath Cairn
Táimid ag fanacht i dteach álainn	We are staying in a lovely house
Tá Niall, Ruairí agus Seosamh in éineacht liom	Niall, Ruairí and Seosamh are here with me
Bíonn ranganna Gaeilge againn ar maidin	We have Irish classes in the morning
Imrímid cluichí sa tráthnóna	We play games in the afternoon
Bíonn dioscó nó céilí ar siúl istoíche	There is a disco or a céilí on at night
Bhí tráth na gceist boird ar siúl aréir	There was a quiz on last night
Fillfidh mé abhaile an tseachtain seo chugainn	I will return home next week

2 Tá tú le do chara ag tabhairt cuairte ar Ghaelscoil sa Ghaeltacht. Scríobh cárta poist chuig do chara sa bhaile.

Luaigh na pointí seo a leanas ar an gcárta:
- Na hábhair nua atá á ndéanamh agat
- Cairde nua atá agat ar scoil
- Rud amháin nach maith leat faoin scoil
- Cathain a fhillfidh tú abhaile.

Aonad 2 Mo Shaol Scoile

Alt/Cuntas   Ag Ullmhú don Scrúdú

Is tusa Liam nó Úna, duine de na daoine óga atá sna pictiúir thíos. Scríobh síos an scéal atá léirithe sa tsraith pictiúr (15 líne nó mar sin). Is tusa atá ag insint an scéil. Tá cabhair sa bhosca.

Le foghlaim!

Bhí mé i dtrioblóid ar scoil inniu!	I was in trouble at school today!
Níor tháinig an múinteoir Béarla chuig an rang ar a naoi a chlog agus thosaíomar ag pleidhcíocht.	The English teacher did not come to class at nine o'clock and we started messing.
Baineadh geit asam.	I got a terrible fright.
Ansin d'fhéach mé amach an doras agus chonaic mé an príomhoide ag féachaint i dtreo an ranga.	Then I looked out the door and I saw the principal looking in the direction of the class.
Chaith mé leabhar i dtreo na fuinneoige agus bhris an fhuinneog ina smidiríní.	I threw a book in the direction of the window and the window smashed into pieces.
Léim mé ó mo chathaoir agus rug mé greim ar an scuab.	I jumped from my chair and grabbed the brush.
Bhí a fhios agam go raibh mé i bponc.	I knew that I was in trouble.
Ghlan mé an seomra go tapa agus shuigh mé síos go ciúin ag feitheamh ar an bpríomhoide.	I cleaned the room quickly and I sat down waiting for the principal.
Scread an príomhoide in ard a chinn is a ghutha.	The principal screamed at the top of his voice.
Nuair a shiúil sé isteach sa rang ba léir go raibh sé ar buile liom.	When he walked into the class it was clear that he was very angry with me.
Ní mó ná sásta a bhí mo thuismitheoirí liom an oíche sin.	My parents were not very happy with me that night.
Thug an príomhoide obair bhaile bhreise dom agus bhí orm airgead a thabhairt isteach chun an fhuinneog a dheisiú.	The principal gave me extra homework and I had to bring in money to fix the window.

Iontas 2

Ag Ullmhú don Scrúdú

Léamhthuiscint Saoirse Ronan

Léigh an sliocht seo a leanas agus freagair na ceisteanna a ghabhann leis.

Cé gur rugadh Saoirse Úna Ní Rónáin (Saoirse Ronan) i Nua-Eabhrac sa bhliain 1994, tógadh í i gCo. Cheatharlach. D'fhill a tuismitheoirí ar Éirinn nuair a bhí sí trí bliana d'aois. Is páiste aonair í. Aisteoir is ea a hathair Pól agus nuair a bhí sí óg, chaith Saoirse a lán ama leis nuair a bhí sé ag obair ar scannáin éagsúla. Ní haon ionadh go raibh an-suim aici féin san aisteoireacht.

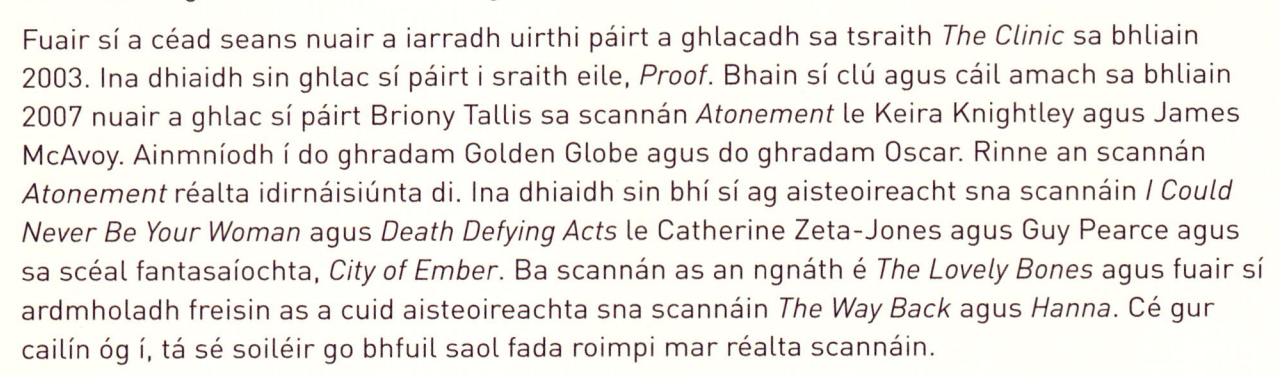

Fuair sí a céad seans nuair a iarradh uirthi páirt a ghlacadh sa tsraith *The Clinic* sa bhliain 2003. Ina dhiaidh sin ghlac sí páirt i sraith eile, *Proof*. Bhain sí clú agus cáil amach sa bhliain 2007 nuair a ghlac sí páirt Briony Tallis sa scannán *Atonement* le Keira Knightley agus James McAvoy. Ainmníodh í do ghradam Golden Globe agus do ghradam Oscar. Rinne an scannán *Atonement* réalta idirnáisiúnta di. Ina dhiaidh sin bhí sí ag aisteoireacht sna scannáin *I Could Never Be Your Woman* agus *Death Defying Acts* le Catherine Zeta-Jones agus Guy Pearce agus sa scéal fantasaíochta, *City of Ember*. Ba scannán as an ngnáth é *The Lovely Bones* agus fuair sí ardmholadh freisin as a cuid aisteoireachta sna scannáin *The Way Back* agus *Hanna*. Cé gur cailín óg í, tá sé soiléir go bhfuil saol fada roimpi mar réalta scannáin.

D'fhreastail Saoirse ar bhunscoil i gCo. Cheatharlach agus ina dhiaidh sin bhí sí mar dhalta meánscoile i gColáiste Chill Chainnigh. Bíonn múinteoir príobháideach aici nuair a bhíonn sí ag taisteal agus ag aisteoireacht.

Cabhair!

aisteoir	actor
ag obair ar scannáin éagsúla	working on various films
bhain sí clú agus cáil amach	she became famous
ainmníodh í don ghradam	she was nominated for the award
scéal fantasaíochta	fantasy story

❶ Cár rugadh Saoirse Ronan?
❷ Cén aois a bhí Saoirse nuair a d'fhill a tuismitheoirí ar Éirinn?
❸ Cén pháirt a ghlac Saoirse sa scannán *Atonement*?
❹ Cén scannán a bhfuair sí ardmholadh dó as a cuid aisteoireachta?
❺ Cá raibh Saoirse ina dalta meánscoile?

Obair ríomhaire

Déan liosta de na réaltaí scannáin is fearr leis na daltaí sa rang agus scríobh alt gearr fúthu i do chóipleabhar.

Aonad 2 Mo Shaol Scoile

An Bhéaltriail CD 1 Rian 6–8

❶ Éist leis na samplaí thíos ar an dlúthdhiosca, Rian 6–7. Ullmhaigh píosa eolais fút féin. Léigh na samplaí thíos.

Is mise Dáithí. Tá mé ag freastal ar Choláiste Eoin i nDroichead Átha. Tá naoi n-ábhar á ndéanamh agam i mbliana. Is aoibhinn liom matamaitic agus eolaíocht. Tá na múinteoirí sa scoil seo cairdiúil agus cabhrach. Ní thugann siad obair bhaile dúinn ag an deireadh seachtaine.

Dáithí

Is mise Rút. Is dalta mé i gClochar an Chreidimh Naofa. Táim sa dara bliain i mbliana. Tá ocht n-ábhar á ndéanamh agam. Is iad na hábhair is fearr liom ná Fraincis agus Gaeilge. Faighim a lán obair bhaile gach oíche. Ní maith liom tíreolaíocht. Tá sé an-deacair agus bíonn an múinteoir cancrach go minic.

Rút

❷ Labhair na samplaí amach os comhair an ranga agus déan cur síos ar do shaol scoile.

❸ Freagair na ceisteanna thíos. Éist leis na freagraí samplacha ar an dlúthdhiosca, Rian 8.

a) Cá bhfuil tú ag dul ar scoil? _____
b) Céard iad na háiseanna atá sa scoil seo? _____
c) Ainmnigh an príomhoide/an leas-phríomhoide. _____
d) Céard iad na hábhair a dhéanann tú? _____
e) Cén t-ábhar is fearr leat? _____
f) An bhfuil aon ábhar nach maith leat? _____
g) An bhfuil a lán rialacha sa scoil seo? _____
h) Cén t-am a thosaíonn na ranganna ar maidin? _____
i) Cén t-am a théann tú abhaile sa tráthnóna? _____
j) An bhfaigheann tú a lán obair bhaile gach lá? _____
k) Ar chaith tú saoire sa Ghaeltacht riamh? _____

Iontas 2

An Chluastuiscint CD 1 Rian 39–44

Cuid A: An Chéad Chainteoir

**Cloisfidh tú giota cainte ó dhuine óg sa chuid seo. Cloisfidh tú an giota faoi dhó.
Éist go cúramach leis agus líon isteach an t-eolas atá á lorg sna greillí thíos.**

Ainm	Seán Ó Murchú
Cén scrúdú a bheidh ag Seán inniu?	
Cén t-ábhar a thaitníonn lena chara Liam?	
Cén tslí bheatha ba mhaith le Liam?	

Cuid B: Píosa Nuachta

Cloisfidh tú píosa nuachta anois. Cloisfidh tú é faoi dhó. Éist go cúramach leis.

a) Cén pictiúr a théann leis an bpíosa nuachta seo? ☐

b) Céard a bhí á dhéanamh ag an tiománaí nuair a tharla an timpiste? ☐

(a) ag ithe a lóin **(b)** ag féachaint ar léarscáil **(c)** ag caint ar a fhón póca **(d)** ina chodladh

Cuid C: Comhrá

Cloisfidh tú comhrá anois. Cloisfidh tú é faoi dhó. Éist go cúramach leis.

An Chéad Mhír

a) Cén pictiúr a théann leis an gcomhrá seo? ☐

An Dara Mír

b) Cá rachaidh Naoise maidin amárach? ☐

(a) chuig teach Shíle **(b)** chuig teach Sheáin
(c) chuig an gclub spóirt **(d)** chuig an gclub óige

Aonad 2 Mo Shaol Scoile

Súil siar ar Aonad a Dó

Léamhthuiscint Aoife Ní Ruairc

❶ **Léigh an sliocht seo a leanas agus freagair na ceisteanna a ghabhann leis.**

Nuair a shroich mé an scoil ar maidin thug mé faoi deara gur fhág mé mo lón sa bhaile. Bhrostaigh mé chuig oifig an rúnaí agus fuair mé cead ón rúnaí glao a chur ar mo Mham sa bhaile. Ar an drochuair bhí mo Mham imithe chuig an oifig. D'fhreagair mo dheartháir an fón. Bhí sé ag fágáil an tí chun dul chuig an ollscoil. Bhí áthas an domhain orm nuair a gheall sé dom go bhfágfadh sé mo lón in oifig an rúnaí. Chuaigh mé ar ais chuig mo sheomra ranga agus ghlaoigh an rúnaí orm nuair a tháinig mo dheartháir. Bhí áthas orm mo lón a fháil.

D'ith mé mo lón, ceapaire cáise agus buidéal uisce, agus ansin chuaigh mé chuig an halla spóirt in éineacht le mo chairde. D'imríomar cluiche cispheile go dtí gur bhuail an clog agus ansin d'fhilleamar ar an seomra ranga.

a) Céard a thug Aoife faoi deara nuair a shroich sí an scoil? _____
b) Cá raibh Mam? _____
c) Cé a d'fhreagair an fón? _____
d) Céard a d'ith Aoife don lón? _____
e) Cén spórt a d'imir Aoife ag am lóin? _____

❷ **Líon na bearnaí thíos.**

_____ ar a seacht a chlog ar maidin. _____ go tapa as an leapa agus ním m'aghaidh, mo lámha agus mo chuid fiacla. Nuair _____ mo chuid éadaí scoile orm brostaím síos an staighre agus ullmhaím mo bhricfeasta. De ghnáth _____ tósta agus ólaim sú oráiste. Cuirim mo lón i mo mhala scoile agus fágaim slán ag mo thuismitheoirí. _____ le mo chairde ag stad an bhus agus fanaimid go foighneach ar an mbus scoile. Nuair a thagann an bus léimimid ar bord agus suímid ag bun an bhus. Bíonn an-chraic againn ar an mbus. _____ an bus geata na scoile timpeall a ceathrú chun a naoi agus brostaímid isteach sa seomra ranga. Nuair _____ an chéad mhúinteoir isteach bímid réidh don rang.

dúisím, sroicheann, a chuirim, buailim, ithim, a thagann, éirím

Iontas 2

Súil siar ar Aonad a Dó

3 Scríobh an t-am i bhfocail.

4 Scríobh alt i do chóipleabhar faoi do shaol ar scoil.

3 Aonad a Trí
Mo Theach

Cén saghas tí atá agat?		52
Seomraí an tí		53
Cúinne na Gramadaí	Céimeanna Comparáide na hAidiachta	54
Léamhthuiscint	Aoife Ní Cheallaigh	55
Cá bhfuil do theach suite?		57
Léamhthuiscint	Clár Ní Laoire	58
An seomra suí		60
An chistin		61
Cúinne na Gramadaí	Urú agus Uimhreacha	63
Céard a itheann tú?		65
An seomra leapa		66
Litir	Ag Ullmhú don Scrúdú	67
Léamhthuiscint	Ag Ullmhú don Scrúdú	69
Fógra	Ag Ullmhú don Scrúdú	70
Meaitseáil	Ag Ullmhú don Scrúdú	71
An Bhéaltriail	Ag Ullmhú don Scrúdú	72
An Chluastuiscint	Ag Ullmhú don Scrúdú	73
Súil siar ar Aonad a Trí		74

Níl aon tinteán mar do thinteán féin.

Iontas 2

Cén saghas tí atá agat?

Le foghlaim!

teach scoite	detached house	árasán	apartment
teach leathscoite	semi-detached house	teach sraithe	terraced house
bungaló	bungalow	teach dhá stór	two-storey house
sleamhnán	slide	teach trí stór	three-storey house

Cleachtadh ag scríobh

Déan cur síos ar an teach thíos. Roghnaigh na habairtí oiriúnacha ón mbosca agus scríobh alt i do chóipleabhar faoin bpictiúr.

Is teach leathscoite é an teach seo.
Is teach scoite dhá stór é an teach seo.
Tá cosán ag dul ón ngeata chuig an bpríomhdhoras.
Tá cosán ar thaobh an tí.
Tá garáiste scoite ar chúl an tí.
Tá garáiste os comhair an tí.
Tá an cúldoras ar chúl an tí.
Tá an cúldoras ar thaobh an tí.
Tá dhá rothar sa ghairdín tosaigh.
Tá seid agus sleamhnán ar thaobh an tí.
Tá seid agus sleamhnán ar chúl an tí.
Tá simléar ar an díon.
Tá geata an tí ar oscailt.
Tá geata an tí dúnta.
Dath dubh atá ar an bpríomhdhoras.
Dath dearg atá ar an bpríomhdhoras.
Tá dallóga ar na fuinneoga.
Tá cuirtíní ar na fuinneoga.

Labhair amach … labhair os ard!

Léigh na habairtí os ard sa rang.

Le foghlaim!

Déan cur síos ar an bpictiúr thuas sa rang agus ansin déan cur síos ar do theach.

ar chlé	to the left	ar dheis	to the right
os comhair an tí	in front of the house	in aice	beside
ar chúl an tí	at the back of the house	ildaite	multicoloured
cosán	path	geata	gate
príomhdhoras	main door	cúldoras	back door
ar thaobh an tí	at the side of the house	ar bharr	at the top of

Aonad 3 Mo Theach

Éist agus scríobh

Éist leis an múinteoir ag léamh an ailt thíos agus ansin scríobh an t-alt i do chóipleabhar. Nuair a chríochnaíonn tú ag scríobh oscail do leabhar agus ceartaigh do chuid oibre!

Séamus is ainm dom. Tá bungaló ag mo theaghlach faoin tuath. Tá an bungaló suite ar imeall an bhaile. Trí sheomra leapa atá againn. Tá cistin mhór sa teach chomh maith le seomra suí compordach. Is aoibhinn liom mo sheomra leapa. Tagann mo chairde chuig an teach agus éistimid le ceol ann agus féachaimid ar scannáin. Taitníonn an gairdín le mo thuismitheoirí agus caitheann siad a lán ama ann san earrach agus sa samhradh. Tá gairdín mór againn ar chúl an tí.

Labhair amach … labhair os ard!

Freagair na ceisteanna thíos sa rang.

1. Cén saghas tí atá agat?
2. An teach mór é?
3. Ainmnigh na seomraí atá sa teach.
4. Cén seomra is fearr leat sa teach?
5. An bhfuil gairdín agaibh ar chúl an tí?
6. An bhfuil gairdín agaibh os comhair an tí?

Sampla

Tá teach leathscoite againn. Is teach mór é an teach. Tá trí sheomra leapa thuas staighre chomh maith le seomra folctha. Is fearr liom an chistin. Tá gairdín againn ar chúl an tí agus os comhair an tí.

Seomraí an tí le foghlaim!

seomra leapa	bedroom	seomra bia	dining room
áiléar	attic	seomra áise	utility room
cistin	kitchen	grianán / seomra gréine	sunroom
seomra suí	sitting room	halla	hall
teach teilifíse	TV room	oifig	office

53

Iontas 2

Cúinne na Gramadaí — Céimeanna Comparáide na hAidiachta

mór	níos mó	is mó	beag	níos lú	is lú
deas	níos deise	is deise	sean	níos sine	is sine
álainn	níos áille	is áille	gearr	níos giorra	is giorra

Aimsigh na difríochtaí idir na pictiúir thíos.

Le foghlaim!

daor	expensive	níos daoire	is daoire
saor	inexpensive	níos saoire	is saoire
glan	clean	níos glaine	is glaine
maith	good	níos fearr	is fearr
geal	bright	níos gile	is gile
tapaidh	fast	níos tapúla	is tapúla

Léamhthuiscint Aoife Ní Cheallaigh

Léigh an sliocht seo a leanas agus freagair na ceisteanna a ghabhann leis.

Aoife Ní Cheallaigh is ainm domsa. Tá mé ag dul chuig teach mo charad ar cuairt an tseachtain seo chugainn. Tá cónaí ar mo chara Saoirse i dteach álainn faoin tuath. Is bungaló é an teach. Bhog mo chara agus a tuismitheoirí ann an bhliain seo caite. Is aoibhinn le mo chara an tuath. Tá dhá chapall aici agus téann sí ag marcaíocht gach maidin ar an trá. Tá gairdín an-mhór acu agus caitheann siad a lán ama sa ghairdín nuair a bhíonn an aimsir go maith.

Tá cúig sheomra leapa sa teach. Is aoibhinn le Saoirse a seomra leapa. Tá radharc iontach ón bhfuinneog ar an trá agus caitheann Saoirse a lán ama ag féachaint ar na tonnta móra. Tá seomra spraoi iontach ag mo chara Saoirse. Creid é nó ná creid ach tá bord snúcair i lár an tseomra. Is aoibhinn linn uair nó dhó a chaitheamh ag imirt cluiche snúcair ar an Satharn nó ar an Domhnach. Tá teilifís mhór sa seomra spraoi freisin. Féachaimid ar scannáin ann gach Satharn.

1. Cathain a bheidh Aoife ag dul chuig teach a carad?
2. Cén saghas tí atá acu?
3. Cathain a bhíonn siad sa ghairdín?
4. Cén radharc atá ag Saoirse óna seomra leapa?
5. Ainmnigh rud amháin atá sa seomra spraoi.
6. Cathain a fhéachann siad ar scannáin?

Cabhair!

teach mo charad	my friend's house
faoin tuath	in the countryside
ag marcaíocht	riding
radharc	view
tonnta móra	big waves

Cluiche sa rang

1. Léigh an t-alt thuas os ard sa rang. Cén t-eolas a thugatar dúinn faoi theach Shaoirse? Scríobh an t-eolas ar an gclár bán.

2. Cum ceisteanna ar na freagraí thíos. Léigh an sampla i dtosach.

Ceist	Freagra
Cén t-ainm atá ar an gcailín seo?	Aoife Ní Cheallaigh is ainm di.
_____	Saoirse is ainm di.
_____	Tá dhá chapall aici.
_____	Tá cúig sheomra leapa sa teach.
_____	Tá bord snúcair i lár an tseomra.

Iontas 2

Aimsigh na difríochtaí

Teach A

Teach B

Scríobh na habairtí a bhaineann le gach teach i do chóipleabhar.

Tá cloigín dorais ar chlé sa teach seo.
Dath gorm atá ar an bpríomhdhoras.
Dath dearg atá ar an bpríomhdhoras.
Tá dhá fhuinneog thuas staighre sa teach seo.
Is teach mór dhá stór é.
Tá áiléar sa teach seo.
Is bungaló é an teach seo.
Is teach scoite é an teach seo.
Tá gairdín mór ar chúl an tí.
Tá garáiste ar thaobh an tí sa teach seo.

Tá seid adhmaid ar chúl an ghairdín sa teach seo.
I lár an ghairdín tosaigh tá carr gorm.
Tá gairdín beag os comhair an tí.
Tá geata an tí ar oscailt.
Níl aon bhosca litreach ag an teach seo.
Tá an teach seo scoite.
Ar na fuinneoga tá cuirtíní.
Fásann a lán bláthanna sa ghairdín tosaigh.
Fásann a lán bláthanna sa chúlghairdín.
Ar an díon tá dhá shimléar.

Labhair amach … labhair os ard!

Léigh amach na habairtí os ard sa rang. Déan cur síos ar an teach gan féachaint ar na habairtí.

Cleachtadh ag scríobh

Scríobh alt faoi do theach i do chóipleabhar.

Téigh chuig edco.ie/iontas2 chun níos mó ceachtanna a dhéanamh ar an ábhar seo.

Aonad 3 Mo Theach

Cá bhfuil do theach suite?

Féach/Abair/Clúdaigh/Scríobh/Seiceáil

Cuimhnigh!

Bain úsáid as an tábla thíos chun dul siar ar na nathanna a d'fhoghlaim tú anuraidh.

Féach/Abair/Clúdaigh	Scríobh	Seiceáil
ar imeall an bhaile		
faoin tuath		
sa chathair		
ar imeall na cathrach		
in eastát tithíochta		
ar phríomhbhóthar		

Labhair amach … labhair os ard!

Cuir an cheist thíos ar na daltaí sa rang.

Ceist:
Cá bhfuil do theach suite?

Freagra:
Tá mo theach suite ar phríomhbhóthar.

Ceist:
An bhfaigheann tú an bus go minic?

Freagra:
_____

Ceist:
An dtéann tú ag siopadóireacht go minic?

Freagra:
_____

Éist agus scríobh

Éist leis an múinteoir ag léamh an ailt thíos agus ansin scríobh an t-alt i do chóipleabhar. Nuair a chríochnaíonn tú ag scríobh oscail do leabhar agus ceartaigh do chuid oibre!

Is aoibhinn liom an chathair. Tá saol na cathrach beomhar agus taitneamhach. Ag an deireadh seachtaine faighim an bus chuig lár na cathrach agus buailim le mo chairde Sinéad agus Órlaith. Is aoibhinn linn ag siopadóireacht agus caithimid a lán ama ag siúl timpeall na siopaí. Nuair a bhíonn an t-airgead againn ceannaímid éadaí. Bíonn an chathair plódaithe ag an deireadh seachtaine. Téann daoine isteach sa chathair ag siopadóireacht. Buaileann siad le cairde agus itheann siad lón.

Cabhair!

beomhar	lively
taitneamhach	pleasant
plódaithe	crowded

Iontas 2

Léamhthuiscint Clár Ní Laoire

Léigh an sliocht seo a leanas agus freagair na ceisteanna a ghabhann leis

Is mise Clár Ní Laoire. Tá cónaí orm in aice le Caisleán Chluain Tarbh i mBáile Átha Cliath. Is aoibhinn liom Cluain Tarbh. Tá na daoine cairdiúil agus tá na háiseanna do dhaoine óga go hiontach. Seanteach dhá stór atá againn a tógadh níos mó ná céad bliain ó shin. Thíos staighre sa teach tá cistin, seomra folctha, halla, seomra suí agus seomra teilifíse. Thuas staighre tá ceithre sheomra leapa agus dhá sheomra folctha.

An seomra teilifíse an seomra is fearr liom sa teach. Tá teilifís mhór againn ar crochadh ar an mballa. Tagann mo chairde ar cuairt oíche Aoine de ghnáth. Tá pianó againn sa seomra teilifíse freisin agus bím ag cleachtadh ar an bpianó i rith na seachtaine.

Is aoibhinn le mo thuismitheoirí an gairdín agus fásann bláthanna áille sa ghairdín os comhair an tí. Tá crainn mhóra ar fud an ghairdín tosaigh freisin. Ar chúl an tí tá gairdín mór. Tá dhá chrann úll ag bun an ghairdín agus piocaim na húlla ag deireadh an tsamhraidh. Tá sméara dubha ag fás sa ghairdín freisin agus cabhraím le mo Mham subh a dhéanamh nuair a bhíonn na sméartha aibí san fhómhar.

Nuair a bhíonn an aimsir tirim tagann mo chairde ar cuairt agus imrímid peil nó eitpheil sa ghairdín. Ullmhaíonn mo Dhaid bairbaiciú dúinn agus bainimid an-taitneamh as.

Cabhair!

na háiseanna	the facilities
ar crochadh	hanging
piocaim	I pick
sméara dubha	blackberries
subh	jam
aibí	ripe
eitpheil	volleyball
tirim	dry

1. Cén fáth ar maith le Clár Cluain Tarbh?
2. Cé mhéad seomra leapa atá sa teach?
3. Céard atá ar an mballa sa seomra teilifíse?
4. Céard a phiocann Clár ag deireadh an tsamhraidh?
5. Ainmnigh cluiche amháin a imríonn Clár lena cairde sa ghairdín.

Léigh an t-alt thuas os ard sa rang.

Labhair amach ... labhair os ard!

Roghnaigh deich bpíosa eolais ón alt thuas. Déan liosta i do chóipleabhar agus ansin léigh an liosta don rang. Aimsigh na haidiachtaí san alt thuas.

Mar shampla: *Cónaíonn Clár i gCluain Tarbh. Is aoibhinn léi Cluain Tarbh.*

Aonad 3 Mo Theach

Cleachtadh ag scríobh

❶ Líon na bearnaí san alt thíos.

Cormac Ó Laoire is ainm dom. Tá cónaí orm in _____ sa chathair le mo Mham agus mo dheartháir óg. Tá cistin, seomra suí agus dhá _____ san árasán. Roinnim seomra leapa le mo dheartháir. Ní réitím go maith leis ar chor ar bith. Tagann sé isteach san árasán lena chairde agus cuireann siad an _____ ar siúl nuair atá mé ag iarraidh mo chuid obair bhaile a dhéanamh. Bíonn fearg orm leo. Nuair a thagann mo Mham isteach bíonn air an teilifís a mhúchadh. Ullmhaíonn mo Mham an dinnéar sa _____. Is aoibhinn linn bia Iodálach. Is maith liom spaigití ach is fearr le mo dheartháir píotsa. Tá gach áis nua-aimseartha againn sa chistin. Fuaireamar _____ nua anuraidh agus bíonn orm é a líonadh gach tráthnóna. Is fuath liom an jab sin. Bíonn ar mo dheartháir an bord a leagadh don _____. Bíonn sé i gcónaí ag gearán.

miasniteoir, árasán, chistin, dinnéar, sheomra leapa, teilifís

Cabhair!

roinnim	I share
miasniteoir	dishwasher
ní réitím go maith leis	I don't get on well with him

❷ Scríobh na habairtí thíos sa tríú pearsa.

a) Cormac is ainm _____. (i) dó (ii) di (iii) dúinn
b) Tá cónaí _____ in árasán. (i) uirthi (ii) orainn (iii) air
c) Roinneann _____ seomra leapa lena dheartháir. (i) sé (ii) mé (iii) sí
d) Is maith _____ spaigití. (i) leis (ii) léi (iii) linn
e) Bíonn _____ an miasniteoir a líonadh. (i) air (ii) uirthi (iii) orthu

Labhair amach ... labhair os ard!

Freagair na ceisteanna thíos os ard sa rang. Scríobh na freagraí i do chóipleabhar.

❶ An roinneann tú seomra leapa le do dheartháir nó le do dheirfiúr?
❷ Cé a ullmhaíonn an dinnéar gach oíche?
❸ An maith leat bia Iodálach?
❹ An líonann tú an miasniteoir go minic?
❺ An leagann tú an bord don dinnéar go minic?
❻ An múchann (*switch off*) do Mham an teilifís go minic?

Iontas 2

An seomra suí

Cluiche sa rang

Aimsigh na difríochtaí idir an dá sheomra thíos.

Seomra A

Seomra B

Le foghlaim!

Léigh na habairtí os ard sa rang.

Tá tolg mór sa seomra seo.	Tá teilifís ar bhord in aice na tine.
Tá dhá fhuinneog ag bun an tseomra.	In aice an dorais tá leabhragán.
Tá dallóga ar na fuinneoga.	Tá tine gáis ann.
Tá cuirtíní ar na fuinneoga.	Tá scáthán ar an mballa os cionn an toilg.
Tá bord caife i lár an tseomra.	Tá ruga ar an urlár.
Tá pictiúr os cionn an mhatail.	Tá cathaoir uillinn in aice na fuinneoige.
Tá lampa ar bhord in aice na tine.	Tá tine móna ann.

Léifidh do mhúinteoir cuid de na habairtí thuas. Tarraing pictiúr ag déanamh cur síos ar na habairtí sin.

Labhair amach … labhair os ard!

1. Déan cur síos ar an seomra suí i do theach. Bain úsáid as na habairtí thuas.
2. Cén fáth ar maith leat an seomra suí i do theach?

Cleachtadh ag scríobh

Scríobh alt gearr i do chóipleabhar faoin seomra suí thuas. Bain úsáid as na nótaí.

Cluiche sa rang

Críochnaigh an abairt thíos. Téigh timpeall an ranga.

I mo sheomra suí tá tolg…
I mo sheomra suí tá tolg agus scáthán…
I mo sheomra suí…

Aonad 3 Mo Theach

An chistin
Léamhthuiscint Cistin Bhreandáin

Léigh an sliocht seo a leanas agus freagair na ceisteanna a ghabhann leis.

Is fuath liom an chistin i mo theach. Tá sí chomh sean leis na cnoic! Dath bándearg atá ar na ballaí. Tá na cófraí adhmaid ag titim as a chéile. Ceithre chathaoir atá timpeall an bhoird ach tá cosa na gcathaoireacha briste! Tá an t-oigheann briste agus tá soithí salacha sa mhiasniteoir.

Bíonn an doirteal i gcónaí lán le cupáin, sásair, corcáin agus friochtáin. Gach tráthnóna tar éis dinnéir ním na gréithe agus triomaíonn mo dheartháir iad. Scuabann mo dheirfiúr Máirín an t-urlár. Is minic a chaitheann mo dheartháir Maidhc a cheapairí ar an urlár nuair a thagann sé abhaile ón scoil. Bíonn fearg an domhain ar mo Mham leis.

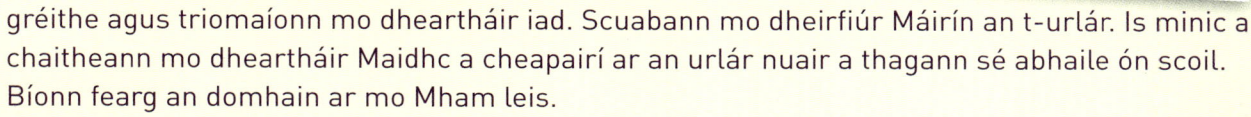

An bhliain seo chugainn tá mo thuismitheoirí chun cistin nua-aimseartha a cheannach. Táimid go léir ag tnúth go mór leis sin.

1. Cén fáth nach maith le Breandán an chistin?
2. Cén dath atá ar na ballaí?
3. Céard atá sa mhiasniteoir?
4. Ainmnigh dhá rud a bhíonn sa doirteal.
5. Céard a chaitheann Maidhc ar an urlár?
6. Cathain a cheannóidh tuismitheoirí Bhreandáin cistin nua-aimseartha?

Cabhair!

chomh sean leis na cnoic	as old as the hills
na cófraí adhmaid ag titim as a chéile	the wooden presses are falling apart
oigheann	oven
soithí	dishes
corcáin agus friochtáin	pots and frying pans
triomaíonn mo dheartháir iad	my brother dries them
nua-aimseartha	modern

Obair ghrúpa

Ag obair le do chara déan cur síos ar chistin Bhreandáin. Scríobh amach na pointí i do chóipleabhar. Scríobh an t-eolas go léir ar an gclár bán.

Iontas 2

Na háiseanna sa chistin

Le foghlaim!

meaisín níocháin	washing machine	**citeal**	kettle
cuisneoir	fridge	**doirteal agus sconna**	sink and taps
reoiteoir	freezer	**bruthaire**	cooker
corcáin	pots	**oigheann**	oven

Labhair amach … labhair os ard!

1. Ainmnigh na háiseanna nua-aimseartha atá sa chistin agaibh sa bhaile.
2. An leagann tú an bord don dinnéar go minic?
3. An scuabann tú an t-urlár go minic?
4. An níonn tú na gréithe nó an líonann tú an miasniteoir?

Cleachtadh ag scríobh

Scríobh na freagraí ar na ceisteanna thuas i do chóipleabhar.

Sampla

Tá cistin dheas againn sa bhaile. Is seomra mór grianmhar é. Tá gach áis nua-aimseartha inti. Cheannaigh mo thuismitheoirí cuisneoir agus reoiteoir nua anuraidh agus i mbliana cheannaigh siad miasniteoir agus oigheann nua. Gach tráthnóna leagaim an bord don dinnéar agus tar éis dinnéir líonann mo dheartháir Cormac an miasniteoir.

Soithí

Líon na bearnaí.

Nuair a thagann m'aintín ar cuairt bíonn _____ againn sa seomra bia. Leagaim an _____. Cuirim scian, _____, spúnóg, pláta agus babhla ar an mbord do gach duine. Tar éis dinnéir líonaim an taephota le _____ beirithe agus caithim isteach dhá mhála tae. Cuirim _____ sa chrúiscín agus bíonn cáca milis againn ansin.

bainne, dinnéar, bord, huisce, forc

Obair ealaíne

Tarraing pictiúr den chistin i do theach agus tarraing gach rud atá ann.

Aonad 3 Mo Theach

Cúinne na Gramadaí — Urú

Téigh chuig leathanach 286 chun níos mó oibre a dhéanamh ar an úrú.

ag an **b**pictiúrlann
leis an **g**cailín

thar an **n**geata

faoin **g**cathaoir

ar an **g**cathaoir

❶ Líon na bearnaí.

a) Bhí mé ag an (pictiúrlann) _____ le mo chara aréir.
b) Chuir mé mo mhála scoile faoin (bord) _____ sa chistin.
c) Chuir an múinteoir na cóipleabhair ar an (bord) _____ .
d) Rith na buachaillí amach ar an (páirc) _____ imeartha.

Uimhreacha arís! Ag comhaireamh sa chistin

Le foghlaim!

aon **ch**upán	ceithre **ch**upán	seacht **g**cupán	aon **bh**ord	ceithre **bh**ord	seacht **m**bord
dhá **ch**upán	cúig **ch**upán	ocht **g**cupán	dhá **bh**ord	cúig **bh**ord	ocht **m**bord
trí **ch**upán	sé **ch**upán	naoi **g**cupán	trí **bh**ord	sé **bh**ord	naoi **m**bord

❷ Líon na bearnaí.

a) Nuair a leag mé an bord chuir mé (ocht pláta) _____ amach.
b) Tá (dhá cruiscín) _____ againn sa chófra.
c) Tá (seacht cathaoir) _____ agus (dhá bord) _____ againn sa chistin.
d) Bhris mo dheartháir (trí cupán) _____ an tseachtain seo caite.
e) Nigh mé (seacht pláta) _____ agus (sé cupán) _____ tar éis dinnéir.

Iontas 2

Cluiche sa rang – Éist agus tarraing pictiúr

Oscail do chóipleabhar. Léigh na habairtí thíos agus tarraingt an pictiúr. Ná feach ar chóipleabhar do charad.

1. Ar chlé, tarraing dhá chófra ar an urlár. Tarraing cnaipí dubha ar na cófraí. Dún na cófraí.

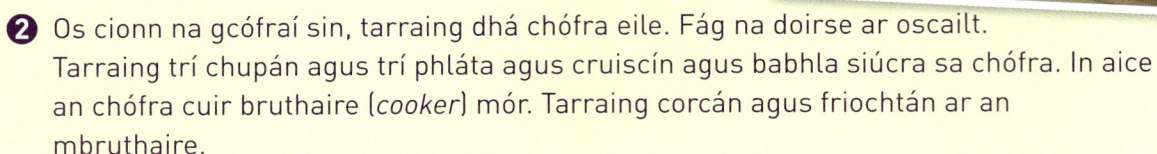

2. Os cionn na gcófraí sin, tarraing dhá chófra eile. Fág na doirse ar oscailt. Tarraing trí chupán agus trí phláta agus cruiscín agus babhla siúcra sa chófra. In aice an chófra cuir bruthaire (cooker) mór. Tarraing corcán agus friochtán ar an mbruthaire.

3. I lár an tseomra, tarraing bord mór le sé chathaoir. Ar an mbord cuir sé scian, sé fhorc, sé spúnóg, sé ghloine agus crúiscín lán le huisce.

4. Ar dheis, tarraing cófra le miasniteoir agus cófra eile le doirteal agus sconna. Líon an doirteal le huisce agus cuir soithí isteach sa doirteal.

5. Tarraing fuinneog mhór os do chomhair amach. I lár na fuinneoige tarraing doras mór. Fág an doras ar oscailt.

Anois féach ar phictiúir na ndaltaí. Téigh chuig leabhar an mhúinteora agus féach ar an bpictiúr ansin. Déan cur síos ar do chistin os ard sa rang. Scríobh alt i do chóipleabhar faoin gcistin.

Blag Thomáis

Léigh an blag thíos os ard sa rang agus ansin freagair na ceisteanna i do chóipleabhar.

Mo Bhlag Blag Thomáis

Tomás anseo. Tá mé ag tnúth go mór le mo chóisir breithlae amárach. Beidh mo chairde Leo, Pól agus Ciarán ag teacht chuig mo theach. Tá mo dheirfiúr Seóna chun píotsa a ullmhú dúinn agus ólfaimid oráiste agus líomanáid. Imreoimid peil sa pháirc agus ansin féachfaimid ar scannán sa seomra teilifíse. Tabharfaidh mo Dhaid síob abhaile do mo chairde thart ar a haon déag.

1. Cén fáth a mbeidh Leo, Pól agus Ciarán ag teacht chuig teach Thomáis?
2. Céard a ullmhóidh Seóna dóibh?
3. Céard a ólfaidh siad?
4. Cá n-imreoidh siad peil?
5. Cén t-am a rachaidh siad abhaile?

Ríomhphost

Seol ríomhphost chuig Tomás agus déan cur síos ar na rudaí a rinne tú ar do lá breithe.

Aonad 3 Mo Theach

Céard a itheann tú?

Torthaí le foghlaim!

Líon na bearnaí thíos.

Is minic a ithim _____ don bhricfeasta agus tógaim _____ liom ar scoil de ghnáth. Itheann mo chara _____ don lón. Nuair a théim abhaile ithim _____. Is aoibhinn liom é. Is aoibhinn le mo dheirfiúr óg _____. Ceannaíonn mo thuismitheoirí glasraí agus torthaí sa siopa glasraí gach seachtain. Is aoibhinn le mo Dhaid _____.

Cabhair!

caora fíniúna	grapes
úlla	apples
oráistí	oranges
piorraí	pears
sútha talún	strawberries
mealbhacán	melon
silíní	cherries

Meaitseáil

Meaitseáil na focail agus na pictiúir thíos.

prátaí	bainne	sicín	bachlóga Bhruiséile
trátaí	burgar	arán	cairéid
stéig	liamhás	iógart	cáis

Iontas 2

An seomra leapa
Léamhthuiscint Laoise

Léigh an sliocht seo a leanas agus freagair na ceisteanna a ghabhann leis.

Haigh! Laoise is ainm dom. Is aoibhinn liom mo sheomra leapa. Tagann mo chairde chuig an teach gach Aoine agus éistimid le ceol nó féachaimid ar scannáin ann. I rith na seachtaine caithim a lán ama sa seomra leapa ag déanamh mo chuid obair bhaile. Ní chuireann aon duine isteach orm nuair a bhím ag staidéar i mo sheomra leapa.

Is seomra geal nua-aimseartha é. Ar maidin nuair a osclaím na cuirtíní scairteann an ghrian isteach sa seomra. Tá madra agam. Millie is ainm di. Is aoibhinn léi dul a chodladh ar an leaba.

In aice na fuinneoige tá deasc agam. Is ann a chuirim mo chuid leabhar agus cóipleabhar. Tá vardrús mór in aice an dorais. Tá a lán éadaí agus bróg agam sa vardrús. Bíonn mo Mham ag gearán nuair a fhágaim mo chuid éadaigh ar an urlár!

Ar thaobh na leapa tá taisceadán. Tá clog aláraim agam agus fágaim m'fhón póca ar an taisceadán nuair a théim a chodladh. Codlaím go sámh i mo sheomra leapa.

Cabhair!

geal nua-aimseartha	bright modern
scairteann an ghrian isteach	the sun shines in
vardrús	wardrobe
taisceadán	locker

1. Cathain a thagann cairde Laoise chuig an teach?
2. Céard a dhéanann siad sa seomra leapa?
3. I rith na seachtaine céard a dhéanann Laoise sa seomra leapa?
4. Cá gcodlaíonn Millie?
5. Céard atá sa vardrús?
6. Ainmnigh rud amháin a fhágann Laoise ar an taisceadán.

Ainmsigh na briathra san alt thuas atá scríofa san Aimsir Láithreach.

Labhair amach … labhair os ard!

Déan cur síos ar do sheomra leapa.

Téigh chuig suíomh idirlín edco.ie/iontas2 chun níos mó ceachtanna a dhéanamh ar sheomraí an tí.

Aonad 3 Mo Theach

Litir — Ag Ullmhú don Scrúdú

Ellen Ní Chinnéide
An Abhainn Dhubh
Loch Garman

Séamus Ó Loinsigh
Bóthar Bhaile na hInse
Luimneach

Féach ar leagan amach na litreach thíos.

Seoladh

20 Radharc na Sléibhte Tiobraid Árann	1 Bóthar Bhríde Cill Chainnigh	9 Ascaill Cheann Chóra Corcaigh

Dáta

4 Lúnasa	2 Feabhra

Beannú

A Áine, a chara,	A Phádraig, a chara,	A Sheáin, a chara,	A Chaitríona, a chara,

Le foghlaim!

Eanáir	Feabhra	Márta	Aibreán	Bealtaine	Meitheamh
Iúil	Lúnasa	Meán Fómhair	Deireadh Fómhair	Samhain	Nollaig

Tús na litreach

Bhí an-áthas orm do litir a fháil ar maidin.
I was delighted to get your letter this morning.

Beatha agus sláinte ó Chontae Chiarraí.
Good health from County Kerry.

Críoch na litreach

Caithfidh mé imeacht anois, tá a lán obair bhaile le déanamh agam. I have to go now, I have a lot of homework to do.

Scríobh chugam go luath.
Write to me soon.

Do chara buan, Eoin	Slán go fóill, Niamh	Le grá, Dónall	Do chara dil, Aoife

Iontas 2

Litir shamplach

Bhí tú ag cóisir breithlae inné. Scríobh litir chuig cara leat.
Sa litir luaigh na pointí seo:

- An áit a raibh an chóisir ar siúl
- Cé a bhí in éineacht leat
- Bronntanas a fuair do chara
- Dhá rud a rinne sibh ag an gcóisir.

Seoladh: Bóthar an Chaisleáin
Port Láirge
Co. Phort Láirge

Dáta: 11 Aibreán

Beannú: A Pheadair, a chara,

Tús: Eoin anseo i nDún Dealgan. Tá súil agam go bhfuil tú ag baint taitnimh as laethanta saoire na Cásca. Fan go gcloisfidh tú an nuacht. Bhí mé ag cóisir i dteach Liam ar imeall an bhaile. Tá bungaló álainn ag Liam san eastát tithíochta nua. Tá gairdín mór acu ar chúl an tí.

Bhí Feargal, Naoise agus Seán ag an gcóisir freisin. Thug mo Dhaid síob dúinn chuig an gcóisir. Fuair Liam iPad óna thuismitheoirí agus bhí áthas an domhain air. Bhí am iontach againn ag damhsa agus ag imirt cluichí sa ghairdín. D'itheamar píotsa agus d'ólamar sú oráiste. Ba chóisir iontach í.

Críoch: Caithfidh mé imeacht anois. Feicfidh mé ar scoil thú an tseachtain seo chugainn.

Slán go fóill,

Eoin

Cleachtadh ag scríobh

Thug tú cuairt ar theach d'aintín le déanaí. Scríobh litir chuig cara leat. Sa litir luaigh na pointí seo:

- Cén saghas tí atá ag d'aintín
- Céard a rinne tú gach lá
- Cabhair a thug tú d'aintín
- Cathain a fhillfidh tú abhaile.

Aonad 3 Mo Theach

Ag Ullmhú don Scrúdú

Léamhthuiscint Mícheál D. Ó hUiginn

Léigh an sliocht seo a leanas agus freagair na ceisteanna a ghabhann leis.

Seo é Mícheál D. Ó hUiginn, Uachtarán na hÉireann. Rugadh i gCo. Luimnigh é agus tógadh i gCo. an Chláir é. Tar éis dó an scoil a fhágáil, d'oibrigh sé i monarcha agus in oifig. Bhain sé céim amach in Ollscoil na Gaillimhe agus chaith sé tamall sna Stáit Aontaithe ag obair mar léachtóir. Tá sé pósta le Sabina agus tá ceathrar páistí acu.

Is polaiteoir, file, údar agus craoltóir é. Bhí sé ina uachtarán ar Pháirtí an Lucht Oibre agus d'oibrigh sé go dian mar Aire Ealaíon, Cultúir agus Gaeltachta ó 1993 go 1997. Bhí sé ina Theachta Dála agus ina Sheanadóir.

Tá Gaeilge líofa ag Mícheál D. Ó hUiginn agus tá an-suim sa Ghaeilge aige. Scríobh sé trí leabhar filíochta freisin: *The Betrayal* (1990), *The Season of Fire* (1993) agus *An Arid Season* (2004).

Is breá leis cúrsaí spóirt. Gach samhradh caitheann se cúpla lá ag rásaí na gcapall i gCo. na Gaillimhe agus tá sé ina uachtarán ar Chumann Peile na Gaillimhe Aontaithe. Tá an-chion ag muintir na tíre air agus is aoibhinn leis casadh le daoine agus labhairt leo gach áit a dtéann sé.

1. Cár rugadh an tUachtarán?
2. Ainmnigh post amháin a bhí ag Mícheál D. Ó hUiginn tar éis dó an scoil a fhágáil.
3. Cé mhéad páiste atá ag Mícheál D. Ó hUiginn agus a bhean Sabina?
4. Ainmnigh na leabhair atá scríofa aige.
5. Cá dtéann sé gach samhradh?

Cabhair!

monarcha	factory	**Páirtí an Lucht Oibre**	The Labour Party
oifig	office	**Aire Ealaíon, Cultúir**	Minister for Arts,
bhain sé céim amach	he got a degree	**agus Gaeltachta**	Culture and the Gaeltacht
léachtóir	lecturer		
polaiteoir	politician	**Teachta Dála**	TD
file	poet	**seanadóir**	senator
údar	author	**casadh le daoine**	meeting people
craoltóir	broadcaster		

Cén t-eolas a thugtar dúinn faoin Uachtarán san alt thuas? Scríobh an t-eolas i do chóipleabhar.

Téigh ar an idirlíon agus scríobh próifíl pearsan cáiliúla. Déan cur síos ar an duine os ard sa rang.

Iontas 2

Fógra Ag Ullmhú don Scrúdú

Léigh an fógra seo a leanas agus freagair na ceisteanna a ghabhann leis.

Siopa Troscáin Uí Néill
98 Sráid na Siopaí, Dún Dealgan

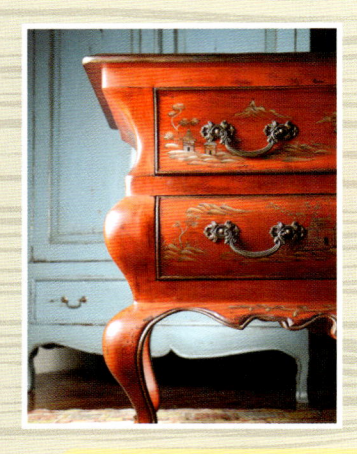

SLADMHARGADH

Sladmhargadh an tsamhraidh
10–17 Meitheamh
Dearbhán €50 má cheannaíonn tú leaba nua!
Dearbhán €25 má cheannaíonn tú leabhragán nua!

Ar fáil ar an 10 Meitheamh ar a 10.00 r.n.
Bord agus cathaoireacha   €499
Vardrúis   €199
Boird caife   €99
Cófraí cistine   €79

Tae agus caife saor in aisce do chustaiméirí i rith an lae i mbialann Uí Shé.
Lacáiste 10% má cheannaíonn tú troscán ar an suíomh idirlín **www.siopauineill.ie**

---

1. Cá bhfuil siopa troscáin Uí Néill?
2. Cén dáta a thosóidh sladmhargadh an tsamhraidh?
3. Céard a thabharfaidh an siopa duit má cheannaíonn tú leabhragán?
4. Cén costas a bheidh ar chófraí cistine?
5. Cén lacáiste a bheidh ar fáil do dhaoine a cheannaíonn troscán ar líne?

Cabhair!

sladmhargadh	sale
dearbhán	voucher
lacáiste	discount

Obair ghrúpa

Ag obair i ngrúpaí déan fógra do shladmhargadh. Ansin mínigh an fógra os comhair an ranga. Tabhair seans do na daltaí eile ceisteanna a chur ort faoin sladmhargadh.

Aonad 3 Mo Theach

Meaitseáil — Ag Ullmhú don Scrúdú

Meaitseáil na pictiúir leis na fógraí/comharthaí sna boscaí thíos agus scríobh na litreacha is fearr a fhreagraíonn do na huimhreacha, dar leat, sna spásanna cuí ar an ngreille.

1. Teach scoite ar díol — Ceithre sheomra leapa

2. Siopa Uí Cheallaigh — Sladmhargadh! Troscán ar leathphraghas

3. Aire! — Oibreacha bóthair

4. Cosc ar pháirceáil

5. Árasán ar cíos — €750 gach mí

6. Aire! — Bóthar sleamhain

7. Gairdíní Poiblí — Ná siúil ar an bhféar

8. Bóthar dúnta — An treo seo

9. Páistí ag trasnú — Tiomáin go mall

10. Scoil — Cosc ar rothaíocht

Uimhir	Litir
1	
2	
3	
4	
5	
6	
7	
8	
9	
10	

Le foghlaim!

cosc ar pháirceáil	no parking
tiomáin go mall	drive slowly
páistí ag trasnú	children crossing
aire! bóthar sleamhain	warning! road slippery
oibreacha bóthair	road works
bóthar dúnta	road closed
troscán	furniture
sladmhargadh	sale
ná siúil ar an bhféar	don't walk on the grass
árasán ar cíos	apartment for rent

Iontas 2

An Bhéaltriail CD 1 Rian 10–12

1 Éist leis na samplaí thíos ar an dlúthdhiosca, Rian 10–11. Ullmhaigh píosa eolais fút féin. Léigh na samplaí thíos.

Is mise Bróna. Tá mé i mo chónaí i dteach leathscoite. Tá an teach suite i mbruachbhaile ar imeall na cathrach. Thuas staighre tá ceithre sheomra leapa. Tá seomra leapa mór againn san áiléar. Codlaíonn mo dheartháir san áiléar. Tá trí sheomra leapa eile thuas staighre chomh maith le seomra folchta. Thíos staighre tá cistin bheag againn chomh maith le seomra suí agus seomra teilifíse. Tá oifig ag mo Dhaid ar thaobh an tí.

Bróna

Luke is anim dom. Is aoibhinn liom mo sheomra leapa. Is seomra mór compordach é. I lár an tseomra tá leaba mhór. Tá deasc agam in aice na fuinneoige agus is féidir liom an fharraige a fheiceáil ón bhfuinneog. Tá vardrús agus taisceadán agam sa seomra freisin. Tá cúpla póstaer ar an mballa. Nuair a thagann mo chairde chuig an teach féachaimid ar scannáin ann. Ní bhíonn cead ag mo dheartháir teacht isteach ann.

Luke

2 Labhair na samplaí amach os comhair an ranga agus déan cur síos ar do theach.

3 Freagair na ceisteanna thíos. Éist leis na freagraí samplacha ar an dlúthdhiosca, Rian 12.

a) Cá bhfuil tú i do chónaí? _____
b) Cén saghas tí atá agat? _____
c) An teach mór é? _____
d) Ainmnigh seomraí an tí. _____
e) Cén seomra is fearr leat sa teach? _____
f) Déan cur síos ar an seomra is fearr leat sa teach. _____
g) An gcaitheann tú a lán ama sa seomra teilifíse? _____
h) Déan cur síos ar an seomra suí. _____
i) Céard iad na háiseanna atá agaibh sa chistin? _____
j) Déan cur síos ar do sheomra leapa. _____

Aonad 3 Mo Theach

An Chluastuiscint CD 1 Rian 45–50

Cuid A: An Chéad Chainteoir

Cloisfidh tú giota cainte ó dhuine óg sa chuid seo. Cloisfidh tú an giota **faoi dhó**. Éist go cúramach leis agus líon isteach an t-eolas atá á lorg sna greillí thíos.

Ainm	Cormac Ó Ruairc
Cá bhfuil teach Chormaic suite?	
Cén seomra is fearr le Cormac?	
Cathain a thagann a chairde chuig an teach?	

Cuid B: Fógra

Cloisfidh tú fógra anois. Cloisfidh tú é **faoi dhó**. Éist go cúramach leis.

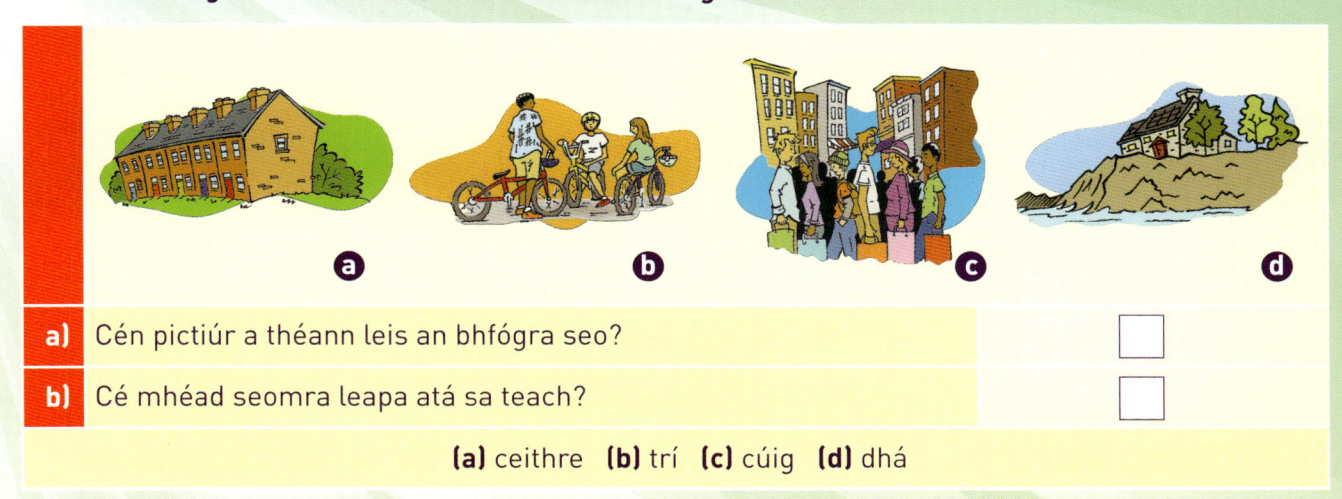

a   b   c   d

a)	Cén pictiúr a théann leis an bhfógra seo?	☐
b)	Cé mhéad seomra leapa atá sa teach?	☐

(a) ceithre   **(b)** trí   **(c)** cúig   **(d)** dhá

Cuid C: Comhrá

Cloisfidh tú comhrá anois. Cloisfidh tú é **faoi dhó**. Éist go cúramach leis.

a   b   c   d

An Chéad Mhír

a)	Cén pictiúr a théann leis an gcomhrá seo?	☐

An Dara Mír

b)	Cathain a bheidh Áine ag filleadh abhaile?	☐

(a) an mhí seo chugainn   **(b)** amárach
(c) an tseachtain seo chugainn   **(d)** an bhliain seo chugainn

Iontas 2

Súil siar ar Aonad a Trí

Léamhthuiscint

1 Léigh an sliocht seo a leanas agus freagair na ceisteanna a ghabhann leis.

Is mise Áine. Tá cónaí orm i dteach sraithe ar imeall na cathrach. Ní teach mór é ach is teach compordach é. Tá an teach suite ar an bpríomhbhóthar agus is minic a chloisimid na carranna agus na busanna amuigh ar an bpríomhbhóthar.

Taobh thiar den teach tá gairdín álainn. Sa samhradh caitheann mo Mham a lán ama sa ghairdín. Is fuath le mo Dhaid an gairdín; b'fhearr leis a bheith amuigh ar an ngalfchúrsa!

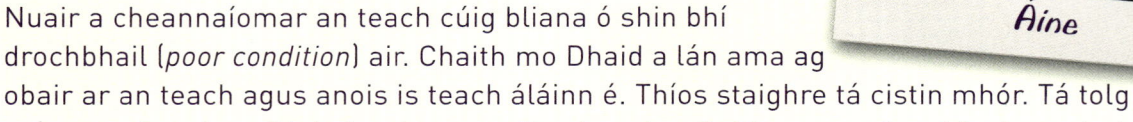

Nuair a cheannaíomar an teach cúig bliana ó shin bhí drochbhail (*poor condition*) air. Chaith mo Dhaid a lán ama ag obair ar an teach agus anois is teach áláinn é. Thíos staighre tá cistin mhór. Tá tolg mór ann chomh maith le bord agus cathaoireacha. Caitheann an teaghlach an chuid is mó den am ansin. In aice na cistine tá seomra suí. Nuair a thagann cuairteoirí chuig an teach suímid ann. Is aoibhinn le mo Mham an seomra suí agus ní bhíonn cead againn dul ann lenár gcairde.

An seomra is fearr liom sa teach ná mo sheomra leapa. Is seomra beag é ach tá ríomhaire agam ann agus déanaim mo chuid obair bhaile ann.

a) Cén saghas tí atá ag Áine?_____
b) Cá bhfuil an teach suite? _____
c) Cathain a chaitheann Mam a lán ama sa ghairdín? _____
d) Ainmnigh rud amháin atá sa chistin._____
e) Céard a dhéanann Áine sa seomra leapa? _____

2 Líon na bearnaí thíos.

a) Tá (2 teach) _____ agus (3 carr) _____ ag m'aintín.
b) Tá (5 seomra leapa) _____ i mo theach.
c) Tá an seomra suí (níos mór) _____ ná an seomra bia.
d) Tá mo sheomra leapa (níos beag) _____ ná seomra mo thuismitheoirí.
e) Tá (4 cathaoir) _____ againn timpeall an bhoird sa chistin.

3 Scríobh litir chuig do pheannchara agus déan cur síos ar do theach inti.

4 Aonad a Ceathair
Mo Cheantar

Na foirgnimh sa bhaile mór		76
Léamhthuiscint	Tara Ní Riain	78
An amharclann		79
Léamhthuiscint	Dara Ó Cinnéide	79
Ag siopadóireacht		80
Siopaí	Blag Sheáin	81
An siopa nuachtán		83
Ríomhphost		84
Bialann na Páirce	Biachlár	84
Léamhthuiscint	Clíodhna Ní Chearnaigh	86
Airgead	An siopa faisin	87
Teachtaireacht ríomhphoist	Ag Ullmhú don Scrúdú	88
Meaitseáil	Ag Ullmhú don Scrúdú	89
Fógra	Ag Ullmhú don Scrúdú	90
Léamhthuiscint	Ag Ullmhú don Scrúdú	91
Alt/Cuntas	Ag Ullmhú don Scrúdú	92
An Bhéaltriail	Ag Ullmhú don Scrúdú	94
An Chluastuiscint	Ag Ullmhú don Scrúdú	95
Súil siar ar Aonad a Ceathair		96

Tús maith leath na hoibre.

Iontas 2

Na foirginimh sa bhaile mór

Cleachtadh ag scríobh

Ainmnigh na foirginimh thíos.

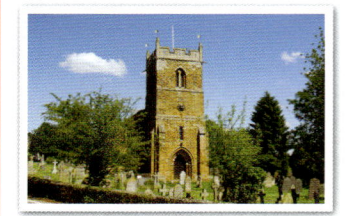

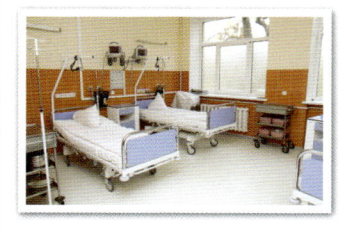

Cuimhnigh!

Téigh siar ar na focail thíos a d'fhoghlaim tú anuraidh.

amharclann	bialann	oifig an phoist	stáisiún traenach
séipéal	monarcha	oifigí	pictiúrlann
ospidéal	stáisiún dóiteáin	stáisiún na nGardaí	leabharlann

Cluiche

Céard iad na háiseanna atá i do cheantar? Tá 60 soicind agat na háiseanna a ghlao amach os ard sa rang.

Cleachtadh ag scríobh

Scríobh liosta de na háiseanna atá i do cheantar i do chóipleabhar.

Téigh chuig suíomh idirlín edco.ie/iontas2 chun níos mó oibre a dhéanamh ar an ábhar seo.

Aonad 4 Mo Cheantar

Cleachtadh ag scríobh

Líon na bearnaí san alt thíos agus ansin léigh an t-alt os ard sa rang.

Iseult is ainm dom. Cónaím in _____ sa chathair le mo bheirt deartháireacha agus mo thuismitheoirí. Taitníonn saol na _____ go mór liom. Tá na háiseanna go léir in aice láimhe. Tá _____ de gach saghas sa chathair. Tar éis mo dhinnéar a ithe siúlaim le mo dheartháireacha chuig an siopa _____ áitiúil chun uachtar reoite nó barra seacláide a cheannach. Is aoibhinn le mo dheartháireacha seacláid. Ag an deireadh seachtaine tugaimid cuairt ar ár Mamó faoin _____. Imríonn na buachaillí _____ sa ghairdín nó caitheann siad tamall ag spraoi leis an madra.

nuachtán, árasán, tuath, siopaí, peil, cathrach

Le foghlaim!

cónaím sa chathair	I live in the city
cónaím faoin tuath	I live in the country
cónaím ar imeall an bhaile	I live on the outskirts of town
cónaím in eastát tithíochta	I live in a housing estate
tá áiseanna iontacha do dhaoine óga ann	there are wonderful facilities for young people there

Labhair amach ... labhair os ard!

1. Cá gcónaíonn tú?
2. An maith leat an áit?
3. Céard iad na háiseanna atá sa cheantar do dhaoine óga?

Éist agus scríobh

Éist leis an múinteoir ag léamh an ailt thíos agus ansin scríobh an t-alt i do chóipleabhar. Nuair a chríochnaíonn tú ag scríobh oscail do leabhar agus ceartaigh do chuid oibre!

Tá cónaí orm ar imeall an bhaile. Is maith liom an baile. Tá na háiseanna go hiontach ann. Ar imeall an bhaile tá stáisiún traenach agus stáisiún na nGardaí. Faighim an traein nuair a théim chuig teach m'aintín. Tá cúpla bialann sa bhaile chomh maith le siopaí de gach saghas. Tá séipéal ann freisin agus in aice an tséipéil tá pictiúrlann agus siopa nuachtán.

Iontas 2

Léamhthuiscint Tara Ní Riain

Léigh an sliocht seo a leanas agus freagair na ceisteanna a ghabhann leis.

Haigh! Tara anseo. Cónaím ar imeall na cathrach. Tá áiseanna iontacha i mo cheantar. Gar do mo theach tá ionad spóirt, club leadóige agus club óige. Téim chuig an gclub óige ag an deireadh seachtaine le mo chairde.

Tá siopaí de gach saghas sa cheantar freisin. In aice linn tá siopa nuachtán, oifig an phoist, bialann, gruagaire, siopa faisin agus siopa poitigéara. Ar maidin siúlaim chuig an siopa nuachtán le mo chairde agus ceannaímid milseáin roimh an scoil.

Tá dhá bhunscoil, meánscoil agus pobalscoil sa cheantar freisin. Freastalaím ar an bpobalscoil áitiúil. Tá sé suite gar do mo theach agus tagaim abhaile ag am lóin. Siúlaim in éineacht le mo chairde.

Tá mo dheirfiúr ag obair san ollmhargadh áitiúil. Oibríonn sí gach Satharn óna naoi go dtí leathuair tar éis a ceathair. Is maith léi an post agus buaileann sí lenár gcomharsana san ollmhargadh go minic. Scuabann sí an t-urlár agus líonann sí na seilfeanna. Níl an obair róshuimiúil ach saothraíonn sí a lán airgid. Ba mhaith liomsa post a fháil san ollmhargadh nuair a bheidh mé san idirbhliain.

---

1. Ainmnigh club spóirt amháin atá gar do theach Thara.
2. Céard a cheannaíonn Tara sa siopa nuachtán?
3. Cé mhéad bunscoil atá sa cheantar?
4. Cá n-oibríonn deirfiúr Thara?
5. Céard iad na jabanna a dhéanann a deirfiúr san ollmhargadh?
6. Cathain ba mhaith le Tara post a fháil san ollmhargadh?

Fíor nó **Bréagach**

1. Tá club peile gar do theach Thara. ☐ ☐
2. Siúlann Tara chuig an ollmhargadh gach maidin. ☐ ☐
3. Tá trí mheánscoil sa cheantar. ☐ ☐
4. Tá Tara ag freastal ar phobalscoil. ☐ ☐
5. Oibríonn Tara san ollmhargadh áitiúil. ☐ ☐
6. Tagann Tara abhaile ag am lóin. ☐ ☐

Obair bhreise

Déan liosta de na siopaí/áiseanna spóirt atá i gceantar Thara.

Scríobh an liosta ar an gclár bán.
Léigh an t-alt thuas os ard sa rang.

Cabhair!

san ollmhargadh áitiúil	in the local supermarket
scuabann sí an t-urlár	she sweeps the floor
líonann sí na seilfeanna	she fills the shelves
níl an obair róshuimiúil	the work is not too interesting
saothraíonn sí	she earns
san idirbhliain	in transition year

Aonad 4 Mo Cheantar

An amharclann
Labhair amach … labhair os ard!

1. An bhfaca tú dráma san amharclann riamh? Cathain? Cén dráma?
2. Ar ghlac tú páirt i ndráma riamh? Cathain? Cén dráma?
3. Cén dráma a léigh tú sa rang Béarla?

Sampla
Léigh an sampla thíos os ard sa rang.

> Thug mé cuairt ar an amharclann sa chathair cúpla mí ó shin le mo rang Béarla. Chonaiceamar 'The Merchant of Venice' le William Shakespeare. Thaitin an dráma go mór liom. Bhí na haisteoirí ar fheabhas. Nuair a léigh mé an dráma arís sa rang bhí tuiscint iontach agam ar an bplota.

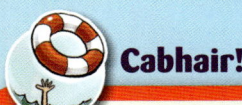

Cabhair!

ar fheabhas	excellent
tuiscint	understanding
plota	plot
ar a laghad	at least
na haisteoirí	the actors

Léamhthuiscint Dara Ó Cinnéide
Léigh an sliocht seo a leanas agus freagair na ceisteanna a ghabhann leis.

Is aoibhinn le mo thuismitheoirí dul chuig an amharclann. Téann siad ann ar a laghad uair sa mhí. Amharclann na Mainistreach an amharclann is fearr leo. Chuaigh mé chuig an amharclann le mo dheartháir Jeaic agus mo thuismitheoirí i Mí Feabhra agus chonaiceamar an dráma *Philadelphia, Here I Come!* le Brian Friel.

Is dráma iontach é faoi fhear óg agus tá air Éire a fhágáil chun dul go Meiriceá. Cé gur dráma brónach é thaitin sé go mór liom. Bhí na haisteoirí sármhaith agus bhí seans agam bualadh leo ag deireadh na hoíche. Fuair mé síniú na n-aisteoirí freisin. Bhí áthas an domhain orm.

Chonaic mé sa nuachtán go mbeadh *Romeo and Juliet* ar siúl in amharclann an Gheata i Mí Lúnasa. Tá sé ar intinn agam dul chun an dráma a fheiceáil in éineacht le mo chairde.

Dara

1. Cén amharclann is fearr le tuismitheoirí Dhara?
2. Cén dráma a chonaic Dara lena dheartháir agus a thuismitheoirí?
3. Cá bhfuil an fear óg sa dráma ag dul?
4. Céard a cheap Dara faoi na haisteoirí?
5. Cathain a bheidh *Romeo and Juliet* ar siúl san amharclann?

Iontas 2

Ag siopadóireacht

Cleachtadh ag scríobh
Ainmnigh na siopaí thíos.

Cuimhnigh!
Téigh siar ar na focail thíos a d'fhoghlaim tú anuraidh.

siopa spóirt	siopa bróg	ollmhargadh	siopa leabhar
siopa ceoil	gruagaire	siopa leictreach	siopa búistéara
siopa troscáin	siopa poitigéara	siopa nuachtán	siopa fón

Cleachtadh ag scríobh
Scríobh amach liosta de na siopaí atá i do cheantar i do chóipleabhar.

Cluiche
Céard iad na siopaí atá i do cheantar? Tá 60 soicind agat na siopaí a ghlao amach os ard sa rang.

Aonad 4 Mo Cheantar

Siopaí
Le foghlaim!

1. Ceannaíonn daoine bróga reatha i _____.
2. Ceannaíonn tú irisí agus nuachtáin i _____.
3. Ceannaíonn daoine leabhair i _____.
4. Ceannaíonn daoine éadaí i _____.
5. Ceannaíonn daoine bia san _____.
6. Téann daoine chuig _____ chun lón nó dinnéar a ithe.
7. Nuair a shuíonn daoine i mbialann tagann _____ chuig an mbord chun ordú a ghlacadh.
8. Díoltar _____ sa siopa fón.

fóin, siopa faisin, siopa spóirt, bialann, siopa nuachtán, freastalaí, siopa leabhar, ollmhargadh

Blag Sheáin
Léigh an blag thíos agus freagair na ceisteanna a ghabhann leis.

Mo Bhlag — Blag Sheáin

Seán anseo. Tá mo chara Niall ag teacht chuig mo theach inniu. Táimid ag dul isteach sa chathair ag siopadóireacht. Bhí mo bhreithlá ann an tseachtain seo caite. Thug mo chairde dearbhán (*voucher*) caoga euro dom agus ba mhaith liom éadaí nua a cheannach. Táimid chun bualadh lenár gcairde Breandán agus Séamus don lón. Ní maith leo siopadóireacht. B'fhearr leo a bheith san ionad spóirt ag snámh nó ag imirt leadóige. Anocht táimid ag dul chuig diosco sa chlub óige. Beidh oíche iontach againn.

1. Cá rachaidh Niall agus Seán?
2. Céard a thug cairde Sheáin dó dá bhreithlá?
3. Ainmnigh spórt amháin a thaitníonn le Breandán agus Séamus.
4. Cá bhfuil na buachaillí ag dul anocht?

Cleachtadh ag scríobh
Scríobh blag i do chóipleabhar faoi lá a chuaigh tú ag siopadóireacht.

Iontas 2

Meaitseáil

Meaitseáil na habairtí thíos.

1	Is aoibhinn liom an club óige mar	a)	téim chuig an siopa poitigéara.
2	Téim chuig an ollmhargadh chun	b)	ar an bpáirc imeartha gach Satharn.
3	Nuair a thugann an dochtúir oideas dom	c)	buailim le mo chairde ann.
4	Imrím peil le mo chairde	d)	bia na seachtaine a cheannach.
5	Fanaim ag stad an bhus	e)	sa siopa nuachtán.
6	Ceannaíonn mo Dhaid an nuachtán	f)	gach maidin sa bhialann áitiúil.
7	Ólann mo thuismitheoirí caife	g)	a fheiceáil san amharclann.
8	Is aoibhinn liom drámaí	h)	gach maidin don bhus scoile.

1	2	3	4	5	6	7	8

Saol an tiománaí bus

Cleachtadh ag scríobh

Líon na bearnaí thíos. Léigh an t-alt thíos os ard sa rang.

Is tiománaí _____ é mo Dhaid. Fágann sé an baile gach maidin ar a leathuair tar éis a _____ agus rothaíonn sé chuig an ngaráiste. Tosaíonn sé ag obair ar a seacht a chlog. Is minic a bhíonn sé ag gearán faoin _____ ar maidin agus bíonn fearg an domhain air nuair a thiomáineann daoine sa lána bus.

Is aoibhinn le mo Dhaid a phost. Buaileann sé le daoine cainteacha cairdiúila gach lá ach deir sé go mbíonn roinnt daoine _____ nuair a bhíonn an bus déanach, go háirithe nuair a bhíonn an aimsir _____.

Nuair a bhíonn mo Dhaid críochnaithe buaileann sé lena chairde agus téann sé chuig an halla _____ ar feadh tamaill. Is aoibhinn leis snúcar. Ansin rothaíonn sé abhaile agus cabhraíonn sé le mo Mham an _____ a ullmhú.

bus, snúcair, cancrach, sé, fliuch, dinnéar, trácht

Téigh chuig suíomh idirlín edco.ie/iontas2 chun níos mó oibre a dhéanamh ar an ábhar seo.

Aonad 4 Mo Cheantar

Siopa Nuachtán Uí Cheallaigh

An siopa nuachtán

Is tusa an cailín nó an buachaill sa siopa thuas. Ullmhaigh dráma sa rang bunaithe ar an bpictiúr. Mar shampla:

Tabhair dom…
dhá bharra seacláide   buidéal cóc   uachtar reoite

Labhair amach … labhair os ard!

1. Déan cur síos ar an bpictiúr thuas sa rang.
2. Céard a fheiceann tú ar chlé?
3. Céard a fheiceann tú ar dheis?
4. Cé atá sa siopa?
5. Ainmnigh na rudaí a fheiceann tú taobh thiar den gcuntar.
6. Cén saghas siopa é an siopa seo?

Cleachtadh ag scríobh

Líon na bearnaí thíos.

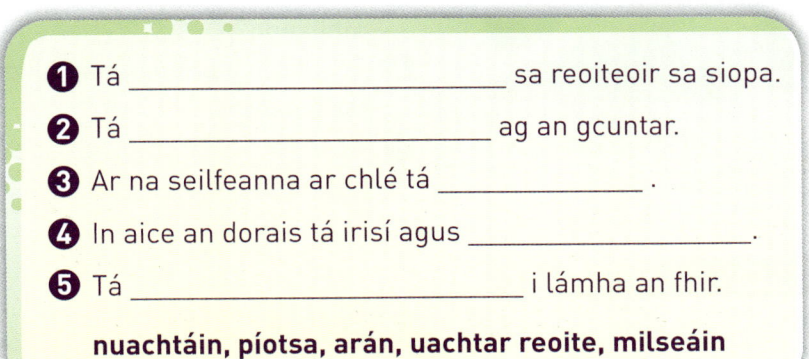

1. Tá _____ sa reoiteoir sa siopa.
2. Tá _____ ag an gcuntar.
3. Ar na seilfeanna ar chlé tá _____ .
4. In aice an dorais tá irisí agus _____.
5. Tá _____ i lámha an fhir.

nuachtáin, píotsa, arán, uachtar reoite, milseáin

Le foghlaim!

criospaí	crisps
seacláid	chocolate
milseáin	sweets
cóc	coke
píotsa	pizza
uachtar reoite	ice cream
cáca	cake
arán donn	brown bread

Obair ealaíne

Tarraing pictiúr de shiopa i do chóipleabhar. Scríobh cúig líne i do chóipleabhar faoin siopa. Déan cur síos ar an siopa thuas sa rang.

Iontas 2

Ríomhphost

Cleachtadh ag scríobh

Léigh ríomhphost Órlatha thíos agus freagair na ceisteanna a ghabhann leis.

A Chaitríona, a chara,

Órlaith anseo. Tá mé tinn sa leaba inniu. Bhí mé amuigh le mo thuismitheoirí aréir i mbialann Zara. Tá bialann Zara sa chathair. Bhí an áit plódaithe le daoine. Nuair a tháinig mé abhaile mhothaigh mé tinn. D'ith mé stéig agus prátaí rósta agus ní raibh sé róbhlasta. Chuaigh mo Mham chuig an siopa poitigéara agus fuair sí buidéal leighis dom. Tá súil agam go mbeidh biseach orm amárach. Buail trasna chuig mo theach más maith leat scannán a fheiceáil.

Slán go fóill,

Órlaith

1. Cá bhfuil Órlaith inniu?
2. Cá bhfuil bialann Zara?
3. Céard a d'ith sí sa bhialann?
4. Cén cuireadh a thugann Órlaith do Chaitríona?

Fógra

Léigh an fógra seo a leanas agus freagair na ceisteanna a ghabhann leis.

Bialann na Páirce
An Caisleán Nua

Ar oscailt Máirt–Satharn
Lón: 12.00–2.30
Dinnéar: 7.00–12.00

Biachlár

Réamhchúrsa	Príomhchúrsa	Milseog
Anraith glasraí agus arán donn	Sicín rósta le prátaí rósta agus cairéid	Sútha talún agus uachtar

Fón: 035 594 837   **Ríomphoist:** bialannnapairce@iol.ie

1. Cá bhfuil Bialann na Páirce?
2. Cén t-am a osclaíonn an bhialann don dinnéar?
3. Céard atá ar an mbiachlár don mhilseog?
4. Cén t-am a dhúnann an bhialann tar éis lóin?
5. Céard atá ar an mbiachlár don réamhchúrsa?

Téigh chuig suíomh idirlín edco.ie/iontas2 chun níos mó oibre a dhéanamh ar an ábhar seo.

Aonad 4 Mo Cheantar

Biachlár - comórtas sa rang

Obair ghrúpa

Ba mhaith leat na daltaí sa rang a mhealladh chuig do bhialann. Ag obair i ngrúpaí cum biachlár agus déan cur síos ar do bhialann os ard sa rang. Nuair a bheidh gach grúpa críochnaithe beidh seans ag na daltaí vótaí a chaitheamh leis an mbialann is fearr.

Biachlár

Réamhchúrsa
Anraith an lae

Príomhchúrsa
Stéig chaoldroma

Milseog
Cáca cáise

Cuimhnigh!

Bain úsáid as na nótaí thíos. Téigh siar ar na focail thíos a d'fhoghlaim tú anuraidh.

prátaí bruite	boiled potatoes	stéig	steak	caoldroma	sirloin
prátaí rósta	roast potatoes	burgar	burger	griscíní muiceola	pork chops
cairéid	carrots	liamhas	ham	sceallóga	chips
rís	rice	curaí	curry	spaigití	spaghetti
sútha talún	strawberries	uaineoil	lamb	mealbhacán	melon

Sampla   Le foghlaim!

Tar chuig Bialann na Mara	Come to Bialann na Mara
Gheobhaidh tú an bia is fearr agus is blasta ann	You will get the best, tastiest food there
Suíomh álainn in aice na farraige	A beautiful location beside the sea
Daoine cairdiúla cabhracha a bheidh ag freastal ort	Friendly, helpful people
Bia úr ón bhfeirm agus ón bhfarraige	Fresh food from the farm and the sea
Ar oscailt seacht lá sa tseachtain	Open seven days a week
Cuir glao orainn chun bord a chur in áirithe	Call us to book a table

Iontas 2

Léamhthuiscint Clíodhna Ní Chearnaigh

Léigh an sliocht seo a leanas agus freagair na ceisteanna a ghabhann leis.

Clíodhna Ní Chearnaigh is ainm dom. Is Garda mé i Loch Garman. Is aoibhinn liom mo shaol mar Gharda. Rinne mé cúrsa traenála i gColáiste an Teampaill Mhóir cúig bliana ó shin. Thaitin an cúrsa go mór liom agus anois tá post agam i stáisiún na nGardaí i Loch Garman. Is stáisiún gnóthach é. Tá cónaí orm i sráidbhaile beag ar imeall an bhaile. Is aoibhinn liom saol na tuaithe.

Is iomaí jab a bhíonn le déanamh agam i rith an lae. Tagann daoine isteach sa stáisiún nuair a bhíonn cabhair ag teastáil uathu. Bíonn orainn stampa an stáisiúin a chur ar phasanna agus glaonn daoine orainn tar éis timpistí bóthair nó nuair a bhíonn fadhb acu le gadaíocht.

I rith an lae téim amach sa charr patróil. Go minic bíonn orainn príosúnaigh a thabhairt chuig an gcúirt agus uaireanta eile tiomáinimid timpeall an bhaile. I rith an tsamhraidh tagann a lán cuairteoirí chuig an mbaile agus bíonn seans againn bualadh leo.

Is baile álainn é Loch Garman agus nuair a bhíonn an aimsir grianmhar i rith an tsamhraidh tagann daoine ó chian is ó chóngar chun cuairt a thabhairt ar an mbaile. Tá áiseanna den scoth sa bhaile do thurasóirí. Tá ionaid champála, óstáin agus tithe lóistín scaipthe ar imeall an bhaile agus tá gach saghas bialainne agus siopa i lár an bhaile.

Cabhair!

cúrsa traenála	training course
pasanna	passports
príosúnaigh	prisoners
ó chian is ó chóngar	from far and near
áiseanna den scoth	excellent facilities
turasóirí	tourists
scaipthe	scattered

1. Cathain a rinne Clíodhna cúrsa i gColáiste an Teampaill Mhóir?
2. Cá gcónaíonn Clíodhna?
3. Céard a chuireann na Gardaí ar phasanna?
4. Cá dtéann Clíodhna i rith an lae?
5. Céard iad na háiseanna atá i Loch Garman do thurasóirí?

Obair bhreise

1. Léigh an t-alt thuas os ard sa rang.
2. Ag obair le do chara sa rang scríobh cúig phointe eolais faoi shaol Chlíodhna Ní Chearnaigh.
3. Léigh amach na pointí os ard sa rang.
4. Cum ceisteanna breise faoin alt agus cuir na ceisteanna ar na daltaí sa rang. (Iarr orthu na leabhair a dhúnadh!)

Aonad 4 Mo Cheantar

Airgead An siopa faisin

Le foghlaim!

aon euro	aon euro d**h**éag	tríocha euro
dhá euro	dhá euro d**h**éag	daichead euro
trí euro	trí euro d**h**éag	caoga euro
ceithre euro	ceithre euro d**h**éag	seasca euro
cúig euro	cúig euro d**h**éag	seachtó euro
sé euro	sé euro d**h**éag	ochtó euro
seacht euro	seacht euro d**h**éag	nócha euro
ocht euro	ocht euro d**h**éag	céad euro
naoi euro	naoi euro d**h**éag	míle euro
deich euro	fiche euro	deich míle euro

Cleachtadh ag scríobh

1 Scríobh praghas na n-éadaí thíos i bhfocail i do chóipleabhar.

Léine	Bríste géine	Bróga	Geansaí spraoi	Gúna	T-léine
€25	€40	€30	€19	€59	€8

2 Líon na bearnaí thíos.

a) Chuaigh mé chuig an siopa leabhar agus chaith mé (€10) _____ ar leabhar Béarla.

b) Thug mé (€25) _____ don fhreastalaí sa bhialann.

c) Bhí (€75) _____ ag mo Mham nuair a chuaigh sí chuig an ollmhargadh.

d) Thug m'aintín (€50) _____ dom do mo bhreithlá.

e) Chaith mo dheartháir (€60) _____ ar fhón nua.

Teachtaireacht ríomhphoist Ag Ullmhú don Scrúdú

Is tusa Órlaith nó Peadar sna pictiúir thíos. Ba mhaith leat a rá le do thuismitheoirí go bhfuil tú ag dul amach ach níl aon duine sa bhaile. Cuir teachtaireacht ríomhphoist chuig d'athair nó do mháthair ag míniú an scéil dó/di.

Pictiúr 1	**Pictiúr 2**	**Pictiúr 3**	**Pictiúr 4**
Cuireadh chuig dioscó	Ag ullmhú don dioscó	Teachtaireacht ríomhphoist	Eolas faoin gcóisir

Luaigh sa teachtaireacht:

- Cár bhuail tú le do chairde (pictiúr a haon)
- Céard a rinne tú ansin (pictiúr a dó)
- Cá bhfuil sibh imithe agus cad atá ar siúl agaibh.

Bain úsáid as na nótaí thíos chun an ríomhphost a scríobh i do chóipleabhar.

chonaic mé	I saw
fuair mé cuireadh	I got an invitation
labhair mé le	I spoke with
ghlac mé le	I accepted
d'ullmhaigh mé	I prepared
cheannaigh mé	I bought
bhí an dioscó iontach	the disco was brilliant
ag am lóin	at lunchtime
shuíomar sa rang ag caint	we sat in class talking
bhí áthas an domhain orm	I was delighted
tháinig Áine agus Síle chuig an teach	Áine and Síle came around
tá mé imithe chuig an dioscó	I am gone to the disco
beidh sé ar siúl i halla an phobail	it will be on in the community hall
críochnóidh sé ar a haon déag	it will finish at 11
gheobhaidh mé an bus abhaile	I will get the bus home

Aonad 4 Mo Cheantar

Meaitseáil — Ag Ullmhú don Scrúdú

Meaitseáil na pictiúir leis na fógraí/comharthaí sna boscaí thíos agus scríobh na litreacha is fearr a fhreagraíonn do na huimhreacha, dar leat, sna spásanna cuí ar an ngreille.

Uimhir	Litir
1	
2	
3	
4	
5	
6	
7	
8	
9	
10	

1. Camchuairt na Cathrach €15
2. Bóthar casta romhat
3. Taispeántas Ealaíne sa Dánlann Náisiúnta
4. Julius Caesar Táille €10
5. Seomra Feistis na mBuachaillí
6. Cas ar dheis
7. Tairscint Speisialta Bróga reatha €29.99
8. Halla an Bhaile Díolacháin saothair
9. Sladmhargadh Ríomhairí ar leathphraghas
10. Teach ar cíos €990 gach mí

Le foghlaim!

díolachán saothair	sale of work
ar cíos	for rent
camchuairt	tour
tairscint speisialta	special offer
táille iontrála	entry fee
taispeántas	exhibition
seomra feistis	dressing room
cas ar dheis	turn right
bóthar casta romhat	winding road ahead
sladmhargadh	sale

Iontas 2

Fógra — Ag Ullmhú don Scrúdú

Léigh an fógra seo a leanas agus freagair na ceisteanna a ghabhann leis.

Campa Samhraidh

Ionad Pobail, Boithrín an Tobair, Co. Luimnigh
30ú Iúil – 18ú Lúnasa

Is cúrsa é seo do pháistí óga idir 7 mbliana d'aois agus 12 bhliain d'aois.

Tá rogha trí chúrsa ar fáil:

Cúrsa A: ón 30ú Iúil go dtí an 4ú lá de mhí Lúnasa   10.00–1.00 ranganna ealaíne
Cúrsa B: ón 6ú lá go dtí an 10ú lá de mhí Lúnasa   1.00–2.00 lón
Cúrsa C: ón 13ú lá go dtí an 18ú lá de mhí Lúnasa   2.00–4.00 ranganna spóirt

I measc na spórt a imrítear tá:

Cúrsa A:	Cúrsa B:	Cúrsa C:
peil	snúcar	sacar
cispheil	snámh	iománaíocht
haca	rothaíocht	camógaíocht
leadóg	badmantan	eitpheil

Tá costas 100 euro ar an gcúrsa. Má tá tuilleadh eolais uait cuir glao ar Sheán Ó Laoire ar 086 166 3252. Ríomhphoist: **campasamhraidh@iol.ie**

1. Cá mbeidh an campa samhraidh ar siúl?
2. Cathain a bheidh cúrsa B ag tosú?
3. Ainmnigh dhá spórt a dhéanfaidh na daltaí ar cúrsa A.
4. Cén t-am a chríochnóidh an cúrsa san iarnóin?
5. Cé mhéad a chosnóidh an cúrsa?

Obair ghrúpa

Ag obair i ngrúpaí beaga déan clár do champa samhraidh a bheadh oiriúnach do dhéagóirí. Déan cur síos ar an gcampa os ard sa rang. Iarr ar na daltaí an campa is fearr a roghnú!

Aonad 4 Mo Cheantar

Ag Ullmhú don Scrúdú

Léamhthuiscint Carly Rae Jepsen

Léigh an sliocht seo a leanas agus freagair na ceisteanna a ghabhann leis.

Rugadh Carly Rae Jepsen ar an 21ú lá de mhí na Samhna 1985. Tógadh i gCeanada í in iarthar na tíre. Sa bhliain 2007 bhain sí cáil amach sa chomórtas talainne *Canadian Idol*. Níor bhain sí ach an tríú háit amach sa chomórtas sin ach chabhraigh sé léi conradh a fháil le comhlacht mór ceoil. Sa bhliain 2008 d'eisigh sí a céad albam *Tug of War*. Trí bliana ina dhiaidh sin d'eisigh sí an t-amhrán 'Call Me Maybe'.

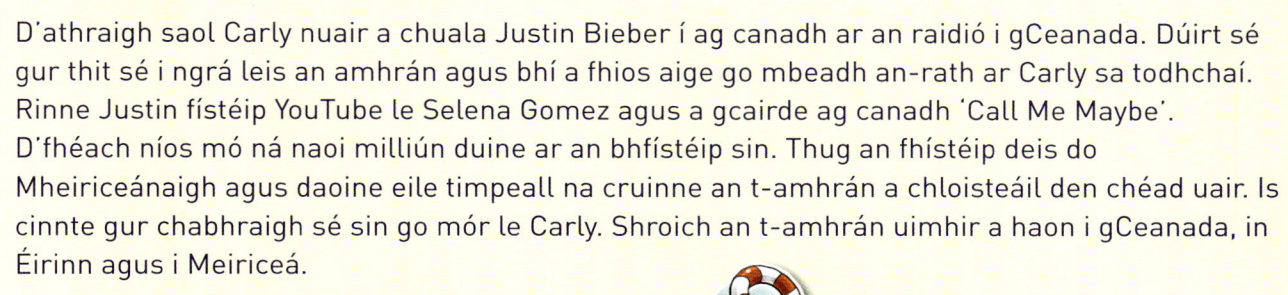

D'athraigh saol Carly nuair a chuala Justin Bieber í ag canadh ar an raidió i gCeanada. Dúirt sé gur thit sé i ngrá leis an amhrán agus bhí a fhios aige go mbeadh an-rath ar Carly sa todhchaí. Rinne Justin físteíp YouTube le Selena Gomez agus a gcairde ag canadh 'Call Me Maybe'. D'fhéach níos mó ná naoi milliún duine ar an bhfísteíp sin. Thug an fhísteíp deis do Mheiriceánaigh agus daoine eile timpeall na cruinne an t-amhrán a chloisteáil den chéad uair. Is cinnte gur chabhraigh sé sin go mór le Carly. Shroich an t-amhrán uimhir a haon i gCeanada, in Éirinn agus i Meiriceá.

D'iarr Bieber ar Carly a bheith páirteach ina lipéad Schoolboy Records. Tá sí thar a bheith cáiliúil anois timpeall an domhain agus tá níos mó ná milliún duine mar lucht leanúna aici ar Twitter. Tá scéal Carly dochreidte! Gan dabht tugann sé spreagadh do dhaoine óga timpeall an domhain ar fad ar mhaith leo a bheith ina réaltaí móra!

Cabhair!

conradh	contract
comhlacht mór ceoil	big music company
d'eisigh sí	she released
an-rath	great success
lucht leanúna	followers
spreagadh	encouragement

❶ Cathain a rugadh Carly Rae Jepsen?
❷ Conas a bhain sí cáil amach i dtosach?
❸ Cathain a d'athraigh saol Carly?
❹ Cén t-amhrán a chan Justin Bieber, Selena Gomez agus a gcairde ar YouTube?
❺ Cé mhéad duine atá mar lucht leanúna aici ar Twitter?

Iontas 2

Alt/Cuntas Ag Ullmhú don Scrúdú

Is tusa Tara nó Leo, duine de na daoine óga atá sna pictiúir thíos. Scríobh síos an scéal atá léirithe sa tsraith pictiúr (15 líne nó mar sin). Is tusa atá ag insint an scéil.

Cabhair!

Tá an scéal scríofa thíos. Cuir na habairtí san ord ceart. Scríobh an scéal i do chóipleabhar. Léigh amach na habairtí thíos os ard sa rang.

Sa siopa spóirt cheannaigh mé bróga reatha.	
Tar éis lóin thugamar aghaidh ar stad an bhus.	
Bhí an-áthas orm an cuireadh a fháil agus ghlac mé leis.	
Bhí an bhialann lán go doras.	
Nuair a shroicheamar an chathair chuamar chuig an siopa spóirt.	
Shuíomar ar an mbus agus bhí a lán málaí againn.	
Bhí mé ag féachaint ar an teilifís aréir.	1
Bhí tuirse an domhain orainn ag deireadh an lae.	
Ag am lóin chuamar chuig bialann agus cheannaíomar píotsa agus cóc.	
Chuir Leo glao orm agus thug sé cuireadh dom dul ag siopadóireacht leis.	
Bhuaileamar le chéile ag stad an bhus.	

Alt/Cuntas   Ag Ullmhú don Scrúdú

Is tusa Cormac nó Máiréad, duine de na daoine óga atá sna pictiúir thíos. Scríobh síos an scéal atá léirithe sa tsraith pictiúr (15 líne nó mar sin). Is tusa atá ag insint an scéil.

Bain úsáid as na nótaí thíos chun an t-alt a scríobh.

bhuail mé le	I met with	ag siopadóireacht	shopping
d'ith mé	I ate	an stáisiún traenach	the train station
rinneamar socrú	we made an arrangement	ticéid	tickets
		ar Shráid Uí Chonaill	on O'Connell Street
cheannaigh mé	I bought	timpeall na siopaí	around the shops
chuaigh mé	I went	bialann	restaurant
shiúil mé	I walked	lón	lunch
chonaic mé	I saw	málaí siopadóireachta	shopping bags
roghnaigh mé	I picked	lá iontach	wonderful day
d'íoc mé	I paid	tuirse an domhain orm	exhausted
fuair mé	I got		

Iontas 2

An Bhéaltriail CD 1 Rian 14–16

1 Éist leis na samplaí thíos ar an dlúthdhiosca, Rian 14–15. Ullmhaigh píosa eolais fút féin. Léigh na samplaí thíos.

> Is aoibhinn liom an chathair. Téim isteach sa chathair ag siopadóireacht le mo chairde gach deireadh seachtaine. Tugann mo thuismitheoirí airgead póca dom agus faighim an bus chuig lár na cathrach. Bíonn lón againn sa chathair agus buailimid lenár gcairde scoile tar éis lóin. Nuair a bhíonn an t-airgead agam ceannaím irisí nó geansaí spraoi. Faighimid an bus abhaile thart ar a cúig a chlog.

> Tá áiseanna iontacha i mo cheantar. Tá siopaí de gach saghas sa bhaile mór. Mar shampla, tá dhá shiopa nuachtán, siopa faisin, oifig an phoist agus bialann ann. Tá na háiseanna spóirt sa cheantar go hiontach freisin. Tá club óige i lár an bhaile agus tá club leadóige agus peile ar imeall an bhaile.

2 Labhair na samplaí amach os comhair an ranga agus déan cur síos ar na háiseanna atá ar fáil i do cheantar.

3 Freagair na ceisteanna thíos. Éist leis na freagraí samplacha ar an dlúthdhiosca, Rian 16.

a) Cá bhfuil tú i do chónaí? _____
b) An maith leat an ceantar? _____
c) Ainmnigh na siopaí atá sa cheantar. _____
d) Céard iad na háiseanna do dhaoine óga atá sa cheantar? _____
e) An bhfuil post páirtaimseartha agat? _____
f) An dtaistealaíonn tú ar an mbus go minic? _____
g) An dtéann tú ag siopadóireacht go minic? _____
h) Céard a cheannaíonn tú nuair a théann tú ag siopadóireacht? _____
i) An dtéann tú chuig bialann go minic? _____
j) Céard a itheann tú de ghnáth? _____

Aonad 4 Mo Cheantar

An Chluastuiscint CD 1 Rian 51–56

Cuid A: An Chéad Chainteoir

Cloisfidh tú giota cainte ó dhuine óg sa chuid seo. Cloisfidh tú an giota **faoi dhó**.
Éist go cúramach leis agus líon isteach an t-eolas atá á lorg sna greillí thíos.

Ainm	Sinéad Ní Bhuachalla
Céard atá ar imeall an bhaile?	
Cathain a théann Sinéad agus a cairde chuig an ionad spóirt?	
Cén post a theastaíonn ó Shinéad nuair a fhágfaidh sí an scoil?	

Cuid B: Píosa Nuachta

Cloisfidh tú píosa nuachta anois. Cloisfidh tú é **faoi dhó**. Éist go cúramach leis.

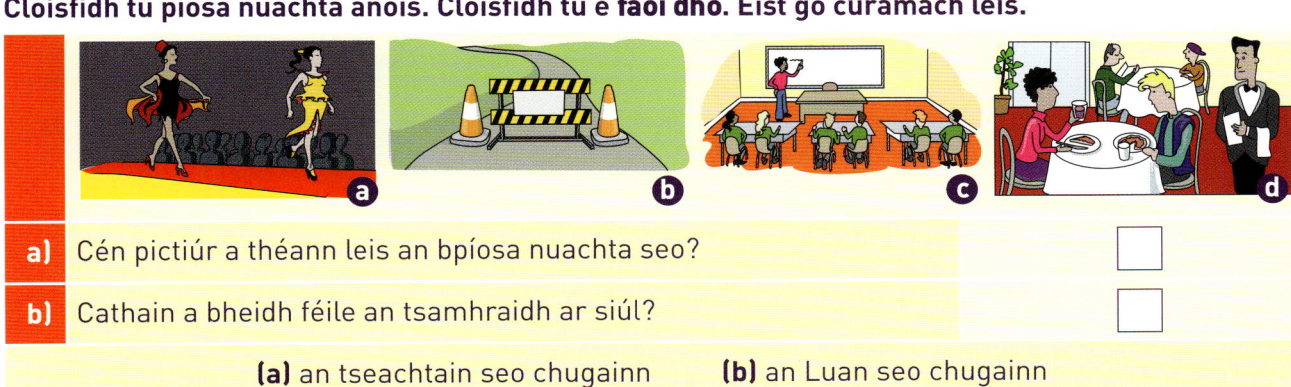

a) Cén pictiúr a théann leis an bpíosa nuachta seo? ☐

b) Cathain a bheidh féile an tsamhraidh ar siúl? ☐

    (a) an tseachtain seo chugainn   **(b)** an Luan seo chugainn
    (c) i rith an deireadh seachtaine   **(d)** i rith na Nollag

Cuid C: Comhrá

Cloisfidh tú comhrá anois. Cloisfidh tú é **faoi dhó**. Éist go cúramach leis.

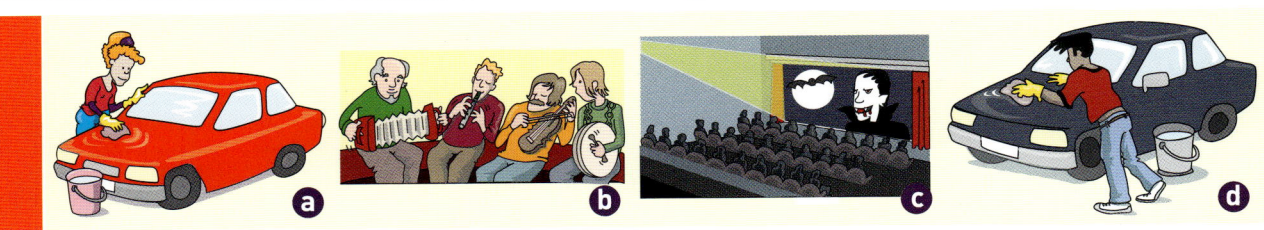

An Chéad Mhír

a) Cén pictiúr a théann leis an gcomhrá seo? ☐

An Dara Mír

b) Cá mbuailfidh Séan agus Niamh le chéile? ☐

    (a) taobh amuigh den ollmhargadh   **(b)** taobh amuigh den siopa faisin
    (c) taobh amuigh den siopa nuachtán   **(d)** taobh amuigh den siopa leabhar

Iontas 2

Súil siar ar Aonad a Ceathair

1 Léigh an sliocht seo a leanas agus freagair na ceisteanna a ghabhann leis.

Ionad Siopadóireachta na Páirce

Osclóidh ionad siopadóireachta nua an mhí seo chugainn i Luimneach. Beidh an tUachtarán Mícheál D. Ó hUiginn i láthair don oscailt oifigiúil. I measc na siopaí a bheidh san ionad siopadóireachta nua tá sé shiopa faisin, ceithre shiopa bróg, dhá shiopa poitigéara, trí shiopa fóin, dhá bhialann agus trí shiopa spóirt.

Osclóidh an t-ionad siopadóireachta ar a naoi gach maidin agus fanfaidh na siopaí ar oscailt go dtí a hocht a chlog gach tráthnóna. Ar an Aoine agus ar an Satharn fanfaidh na siopaí ar oscailt go dtí a naoi a chlog.

Don chéad mhí beidh sladmhargadh mór sna siopaí go léir san ionad siopadóireachta. Ní bheidh ar chustaiméirí íoc sa charrchlós agus gheobhaidh gach custaiméir bricfeasta saor in aisce sa bhialann ar an gcéad urlár. Beidh crannchur mór ar an gcéad lá ar a sé a chlog. Ní gá ach dul chuig an deasc fáiltithe chun ticéad a fháil saor in aisce. I measc na nduaiseanna a bheidh le buachan beidh carr nua, saoire sa Spáinn agus dhá rothar.

a) Cathain a osclóidh Ionad Siopadóireachta na Páirce? _____
b) Cé a bheidh i láthair don ócáid oifigiúil? _____
c) Luaigh dhá shiopa a bheidh san ionad siopadóireachta. _____
d) Cén t-am a osclóidh an t-ionad siopadóireachta gach maidin? _____
e) Cá bhfuil an bhialann? _____
f) Cathain a bheidh crannchur mór ar siúl? _____
g) Luaigh duais amháin a bheidh le buachan sa chrannchur. _____

2 Fíor nó bréagach

	Fíor	Bréagach
a) Beidh ceithre shiopa bróg agus dhá shiopa poitigéara san ionad siopadóireachta nua.	☐	☐
b) Ar an Aoine agus ar an Satharn fanfaidh na siopaí ar oscailt go dtí a deich a chlog.	☐	☐
c) Don chéad mhí beidh sladmhargadh mór sna siopaí go léir san ionad siopadóireachta.	☐	☐
d) Beidh ar chustaiméirí íoc sa charrchlós.	☐	☐
e) Ní mór dul chuig an deasc fáiltithe chun ticéad a fháil don chrannchur.	☐	☐

Aonad 4 Mo Cheantar

Súil siar ar Aonad a Ceathair

3 Ainmnigh na foirginimh thíos.

_____ _____ _____ _____

4 Líon na bearnaí thíos.

Is mise Pól Ó Máille. Chaith mé an lá san ionad _____. Bhí an-spraoi agam le mo chairde. Bhí bricfeasta againn i dtosach sa _____ ar an gcéad urlár. Bhí cupán ____ agam chomh maith le croissant. Ansin chuamar chuig an siopa spóirt. Cheannaigh mo chara Seán bróga _____ agus cheannaigh mé geansaí spraoi. Ar aghaidh linn ansin chuig an siopa fóin. Bhí fón Sheáin briste agus fuair Seán _____ nua. Bhí áthas an domhain air.

Ag am lóin d'itheamar burgair agus _____ agus ansin chuamar chuig an siopa leabhar. Bhí cúpla _____ scoile ag teastáil ó mo chara Maidhc. Nuair a fuaireamar na leabhair thugamar aghaidh ar stad an _____.

fón, leabhar, siopadóireachta, bhus, reatha, sceallóga, tae, bhialann

5 Ainmnigh na siopaí thíos.

5 Aonad a Cúig

Laethanta Saoire agus na Séasúir

An t-earrach		99
Fógra	Féile Naomh Pádraig	100
Cúinne na Gramadaí	Céimeanna Comparáide na nAidiachtaí	102
An samhradh		103
Léamhthuiscint	Leo Ó Conaill	103
An aimsir sa samhradh		105
Léamhthuiscint	Órlaith Ní Bhrádaigh	106
An linn snámha		107
Cúinne na Gramadaí	An Aimsir Chaite	109
An fómhar		110
Léamhthuiscint	Naoise Ó Cuinn	110
An aimsir san fhómhar		111
Cúinne na Gramadaí	An Aimsir Chaite	113
An geimhreadh		114
Léamhthuiscint	Dearbhla Ní Mhurchú	114
An aimsir sa gheimhreadh		115
Litir	Ag Ullmhú don Scrúdú	116
Léamhthuiscint	Ag Ullmhú don Scrúdú	117
Cuntas/Blag	Ag Ullmhú don Scrúdú	118
Cárta poist	Ag Ullmhú don Scrúdú	119
Meaitseáil	Ag Ullmhú don Scrúdú	120
An Bhéaltriail	Ag Ullmhú don Scrúdú	121
An Chluastuiscint	Ag Ullmhú don Scrúdú	122
Súil siar ar Aonad a Cúig		123

Bíonn siúlach scéalach.

Aonad 5 Laethanta Saoire agus na Séasúir

An t-earrach

Féach/Abair/Clúdaigh/Scríobh/Seiceáil

Bain úsáid as an tábla thíos chun dul siar ar na nathanna a d'fhoghlaim tú anuraidh.

Cuimhnigh!

Féach/Abair/Clúdaigh	Scríobh	Seiceáil
an t-earrach		
míonna an earraigh		
deireadh an earraigh		
Feabhra		
Márta		
Aibreán		

Labhair amach … labhair os ard!

1. Céard iad míonna an earraigh?
2. Cén mhí san earrach is fearr leat?
3. Céard a dhéanann tú i rith an earraigh?

Sampla

Is aoibhinn liom an t-earrach. Is iad Feabhra, Márta agus Aibreán míonna an earraigh. Faighimid saoire ón scoil do Lá Fhéile Pádraig san earrach. Téim chuig an bparáid.

Ríomhphost – saoire an earraigh

Líon na bearnaí thíos.

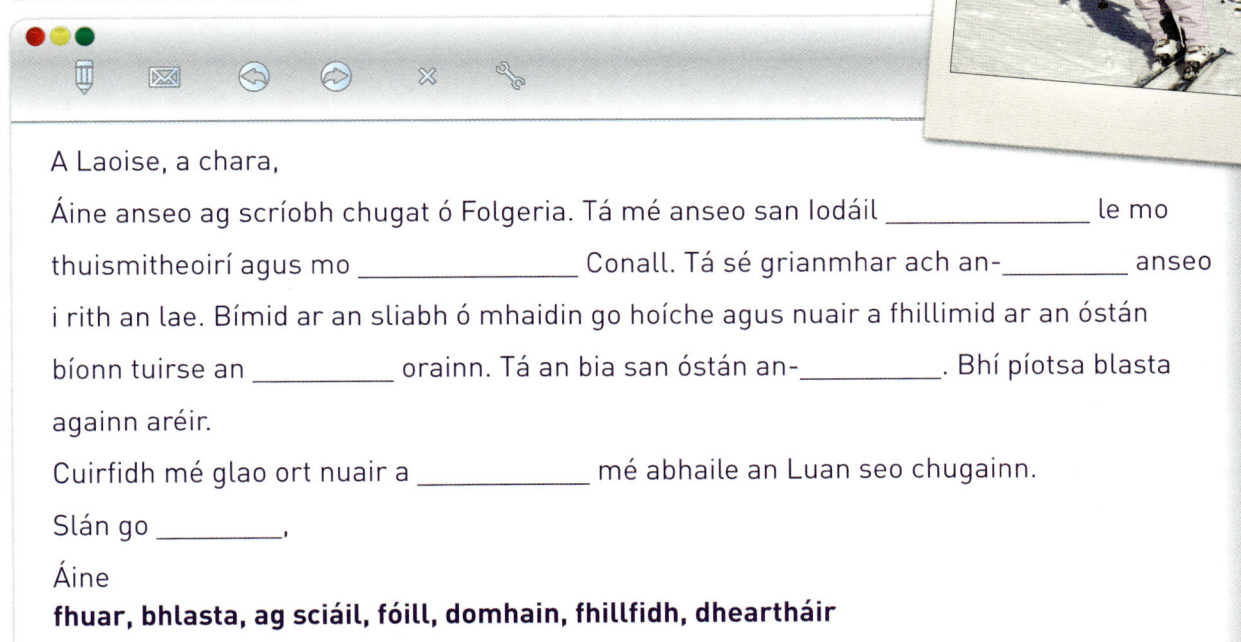

A Laoise, a chara,

Áine anseo ag scríobh chugat ó Folgeria. Tá mé anseo san Iodáil _____ le mo thuismitheoirí agus mo _____ Conall. Tá sé grianmhar ach an-_____ anseo i rith an lae. Bímid ar an sliabh ó mhaidin go hoíche agus nuair a fhillimid ar an óstán bíonn tuirse an _____ orainn. Tá an bia san óstán an-_____. Bhí píotsa blasta againn aréir.

Cuirfidh mé glao ort nuair a _____ mé abhaile an Luan seo chugainn.

Slán go _____,

Áine

fhuar, bhlasta, ag sciáil, fóill, domhain, fhillfidh, dheartháir

Iontas 2

Fógra   Ag Ullmhú don Scrúdú

Léigh an fógra seo a leanas agus freagair na ceisteanna a ghabhann leis.

Féile Naomh Pádraig
CORCAIGH – 16–17 MÁRTA

Dé Sathairn 16 Márta

- **10.00** Oscailt oifigiúil le Derval O'Rourke
- **1.00** Céilí mór in Óstán an Imperial. Ticéid €8
- **3.00** Seisiún ceoil i dteach tábhairne Uí Shé. Ticéid €5 do dhaoine fásta, €3 do pháistí
- **7.00** Ceolchoirm mhór i gClub Peile Naomh Eoin

Dé Domhnaigh 17 Márta

- **9.00** Bricfeasta Gaelach i mbialann Uí Standúin. Ticéid €6 do dhaoine fásta, €4 do pháistí
- **11.00** Paráid ag tosú ar Shráid Phádraig
- **4.00** Seó draíochta ar Shráid Oilibhéir Phluincéid saor in aisce
- **8.00** Dinnéar mór in Óstán na Páirce, €25

Tuilleadh eolais faoin bhféile ó bhainisteoir na Féile, Manus Ó Laoire, 087 364 7589. Seol ríomhphost chuig **feilenaomhpadraig@iol.ie**

1. Cá mbeidh Féile Naomh Pádraig ar siúl?
2. Cé a bheidh i láthair don oscailt oifigiúil?
3. Cén t-am a bheidh an seisiún ceoil i dteach tábhairne Uí Shé ag tosú?
4. Céard a bheidh ar siúl ar a ceathair a chlog Dé Domhnaigh?
5. Cé mhéad a bheidh ar dhaoine íoc don dinnéar mór?

Obair ealaíne

Tarraing póstaer i do chóipleabhar do Sheachtain na Gaeilge. Luaigh na himeachtaí go léir a bheidh ar siúl i rith na seachtaine. Déan cur síos ar an bpóstaer os ard sa rang.

Cleachtadh ag scríobh

Céard a rinne tú i rith an tsosa leath-théarma (*midterm break*)? Seol ríomhphost chuig do chara agus déan cur síos ar na rudaí a rinne tú nuair a bhí tú ar saoire ón scoil?

Aonad 5 Laethanta Saoire agus na Séasúir

An t-earrach
Cleachtadh ag scríobh
Léigh na habairtí thíos os ard agus cuir tic leis na cinn a bhaineann leis an earrach.

	Fíor	nó Bréagach
1. Críochnaíonn ag t-earrach ag deireadh mhí Lúnasa.	☐	☐
2. Éiríonn an aimsir níos teo san earrach.	☐	☐
3. Bíonn Seachtain na Gaeilge ar siúl san earrach.	☐	☐
4. Tosaíonn an t-earrach ar an gcéad lá de mhí Feabhra.	☐	☐
5. Éiríonn na laethanta níos faide san earrach.	☐	☐
6. Téann daoine chuig an bparáid Lá Fhéile Pádraig.	☐	☐
7. Léimeann na huain óga sna páirceanna san earrach.	☐	☐
8. Titeann duilleoga de na crainn san earrach.	☐	☐

Labhair amach … labhair os ard!

1. An dtéann tú chun an pharáid a fheiceáil gach bliain?
2. Céard iad na himeachtaí a bhíonn ar siúl sa scoil i rith Sheachtain na Gaeilge?
3. Céard a dhéanann tú nuair a bhíonn sos agat ón scoil san earrach?

Sampla

Is aoibhinn liom Lá Fhéile Pádraig. Gach bliain téim isteach sa bhaile mór chun an pharáid a fheiceáil. Tagann mo chairde in éineacht liom. Bíonn céilí mór againn ar scoil i rith Sheachtain na Gaeilge. Nuair a bhíonn sos againn ón scoil buailim le mo chairde.

Céimeanna Comparáide na nAidiachtaí

Cúinne na Gramadaí

Cum abairtí sa rang leis na haidiachtaí thíos.

geal	bright	níos gile	is gile
fada	long	níos faide	is faide
te	warm	níos teo	is teo
deas	nice	níos deise	is deise
álainn	beautiful	níos áille	is áille
maith	good	níos fearr	is fearr

Éist agus scríobh

Éist leis an múinteoir ag léamh an ailt thíos agus ansin scríobh an t-alt i do chóipleabhar. Nuair a chríochnaíonn tú ag scríobh oscail do leabhar agus ceartaigh do chuid oibre!

Is maith liom an t-earrach ach is fearr liom an samhradh. Bíonn an aimsir níos teo sa samhradh. Éiríonn na laethanta níos gile agus níos faide. I mí Lúnasa téim ar saoire le mo theaghlach.
Sa samhradh caitheann mo thuismitheoirí a lán ama sa ghairdín. Bíonn na bláthanna sa ghairdín níos áille sa samhradh ná san earrach.

Cleachtadh ag scríobh

Líon na bearnaí thíos.

1. Nuair a lasaim an solas bíonn an seomra (níos geal) _____.
2. Tá seomra leapa mo chara (níos deas) _____ ná mo sheomra leapa.
3. Tá gairdín m'uncail (níos álainn) _____ ná gairdín mo Dhaideo.
4. Is í Éire an tír (is maith) _____ ar domhan.
5. Tá ár ngairdín (níos fada) _____ ná aon ghairdín eile ar an mbóthar.

Cluiche

Cé mhéad aidiacht atá ar eolas agat? Déan liosta i do chóipleabhar. Scríobh na haidiachtaí go léir ar an gclár bán. Cum abairtí leo anois!

Téigh chuig edco.ie/iontas2 chun níos mó oibre a dhéanamh ar an ábhar seo.

Aonad 5 Laethanta Saoire agus na Séasúir

An samhradh

Bain úsáid as an tábla thíos chun dul siar ar na nathanna a d'fhoghlaim tú anuraidh.

Cuimhnigh!

Féach/Abair/Clúdaigh/Scríobh/Seiceáil

Féach/Abair/Clúdaigh	Scríobh	Seiceáil
an samhradh		
míonna an tsamhraidh		
deireadh an tsamhraidh		
Bealtaine		
Meitheamh		
Iúil		

Labhair amach … labhair os ard!

1. Céard iad míonna an tsamhraidh?
2. Cén mhí sa samhradh is fearr leat?
3. Céard a dhéanann tú i rith an tsamhraidh?

Sampla

Is aoibhinn liom an samhradh. Is iad Bealtaine, Meitheamh agus Iúil míonna an tsamhraidh. I rith an tsamhraidh téim amach le mo chairde.

Léamhthuiscint Leo Ó Conaill

Léigh an sliocht seo a leanas agus freagair na ceisteanna a ghabhann leis.

Faighim laethanta saoire ón scoil ar an gcéad lá de Mheitheamh de ghnáth. Is aoibhinn liom an samhradh. Glacaim sos ón obair scoile agus buailim le mo chairde. Bíonn an-chraic againn sa samhradh. Gach lá téimid chuig an bpáirc áitiúil. Imrímid leadóg nó peil nó galf. Nuair a bhíonn an aimsir fliuch téimid chuig an ionad spóirt agus téimid ag snámh sa linn snámha.

I mí Iúil téim ar saoire le mo theaghlach chuig an bhFrainc. Is tír álainn í an Fhrainc. Fanaimid i sráidbhaile gleoite in aice le cathair Nice. Cap Ferrat an t-ainm atá ar an sráidbhaile. Tá trá álainn ann agus bíonn an ghrian ag scoilteadh na gcloch gach lá. Tá bád ag mo chara sa chuan agus téim lena mhuintir ar thuras báid chuig na bailte ar an gcósta. Bímid ag tumadh ón mbád isteach san fharraige agus bíonn spórt agus spraoi againn ag pleidhcíocht san uisce.

Iontas 2

1. Cathain a fhaigheann Leo laethanta saoire ón scoil?
2. Cá dtéann sé gach lá?
3. Céard a dhéanann siad san ionad spóirt?
4. Cá bhfanann siad sa Fhrainc?
5. Conas mar a bhíonn an aimsir sa Fhrainc?

Cabhair!

áitiúil	local
sráidbhaile gleoite	lovely village
ag scoilteadh na gcloch	splitting the stones
ag tumadh	diving
ag pleidhcíocht	messing

Cleachtadh ag scríobh

1. Céard a dhéanann tú i rith an tsamhraidh? Scríobh na habairtí a dhéanann cur síos ar do shaol i do chóipleabhar. Inis don rang céard a dhéanann tú sa samhradh.

2. Fíor nó Bréagach?

		Fíor	Bréagach
a)	Téim amach le mo chairde sa samhradh.	☐	☐
b)	Imrím spórt le mo chairde sa samhradh.	☐	☐
c)	Bíonn post páirtaimseartha agam sa samhradh.	☐	☐
d)	Téim ar saoire le mo theaghlach sa samhradh.	☐	☐
e)	Caithim tréimhse sa Ghaeltacht sa samhradh.	☐	☐
f)	Fanaim sa leaba go dtí meán lae sa samhradh.	☐	☐
g)	Téim ag siopadóireacht sa samhradh.	☐	☐
h)	Luím faoin ngrian ar an trá sa samhradh.	☐	☐

3. Scríobh alt i do chóipleabhar faoin aimsir sa samhradh.

Téigh chuig edco.ie/iontas2 chun níos mó oibre a dhéanamh ar an ábhar seo.

Aonad 5 Laethanta Saoire agus na Séasúir

An aimsir sa samhradh

Meaitseáil
Meaitseáil na habairtí leis na pictiúir thíos.

Le foghlaim!

1.
2.
3.
4.
5.

Bíonn an aimsir te agus grianmhar sa samhradh.	
In Éirinn bíonn an aimsir fionnuar agus fliuch sa samhradh.	
Titeann báisteach throm in Éirinn sa samhradh.	
Bíonn sé scamallach sa samhradh in Éirinn.	
Séideann gaoth láidir sa samhradh in Éirinn.	

Cabhair!

fionnuar	cool
fliuch	wet
báisteach throm	heavy rain
scamallach	cloudy
gaoth	wind

Téigh go dtí edco.ie/iontas2 chun idirghníomhaíochtaí a dhéanamh.

105

Laethanta saoire

Léamhthuiscint Órlaith Ní Bhrádaigh

Léigh an sliocht seo a leanas agus freagair na ceisteanna a ghabhann leis.

Chuaigh mé ar saoire chuig an Spáinn le mo theaghlach an samhradh seo caite. Roimh ré chuaigh mé ag siopadóireacht agus cheannaigh mé uachtar gréine, culaith shnámha agus bróga reatha. Nuair a tháinig mé abhaile líon mé mo mhála don tsaoire. Ní dhearna mé dearmad ar mo phas ná ar na ticéid. Bhí sceitimíní an domhain orm.

Chuir mo Dhaid tacsaí in áirithe chun síob a thabhairt dúinn chuig an aerfort. D'éiríomar ar a cúig a chlog agus d'fhanamar go foighneach ar an tacsaí.

Ar deireadh shroicheamar an t-aerfort. Chuireamar na málaí troma ar thralaí agus thugamar aghaidh ar an deasc cláraithe. Ina dhiaidh sin shiúil mé timpeall na siopaí fad is a bhí Mam agus Daid ag ithe bricfeasta sa bhialann. Ar a hocht a chlog chuamar ar bhord an eitleáin agus bhíomar ar ár mbealach chuig an Spáinn.

Cabhair!

roimh ré	beforehand
uachtar gréine	sun lotion
culaith shnámha	swimsuit
bróga reatha	runners
pas	passport
chuir Daid tacsaí in áirithe	Dad booked a taxi
síob	lift

1. Cá ndeachaigh Órlaith ar saoire an samhradh seo caite?
2. Ainmnigh rud amháin a cheannaigh sí nuair a chuaigh sí ag siopadóireacht.
3. Cén t-am a d'éirigh siad?
4. Cár chuir siad na málaí troma san aerfort?
5. Cá ndeachaigh Órlaith fad is a bhí Mam agus Daid sa bhialann?
6. Cén t-am a chuaigh siad ar bhord an eitleáin?

Obair bheirte

Déan liosta le do chara de na rudaí a chuireann tú i do mhála nuair a théann tú ar saoire. Tá cabhair sa léamhthuiscint thuas. Léigh amach an liosta don rang.

Aonad 5 Laethanta Saoire agus na Séasúir

An linn snámha

Meaitseáil

Meaitseáil na habairtí leis na pictiúir thíos.

Le foghlaim!

Pictiúr A

Pictiúr B

	Pictiúr A	Pictiúr B
Tá beirt ina luí faoin ngrian.		
Lá grianmhar atá ann.		
Tá beirt chailíní ag tumadh sa linn snámha.		
Tá beirt chailíní ag snámh sa linn snámha.		
Tá buachaill agus cailín ag imirt cluiche leadóg bhoird.		
Lá scamallach atá ann.		
Tá dhá bhord agus dhá chathaoir in aice an linn snámha.		
Tá seanfhear agus seanbhean ag ithe uachtar reoite.		
Tá sleamhnán ag dul isteach sa linn snámha.		
Tá beirt bhuachaillí ag tumadh.		
Tá teaghlach ag ithe sa bhialann.		
Tá trí chathaoir agus trí bhord in aice an linn snámha.		
Tá dhá scáth gréine sa phictiúr.		
Tá tuáillí ar an talamh.		

Labhair amach … labhair os ard!

Clúdaigh na habairtí thuas agus déan cur síos ar an bpictiúr sa rang.

Iontas 2

Blag – An Ghaeltacht

Léigh blag Áine thíos agus freagair na ceisteanna a ghabhann leis.

Mo Bhlag — Blag Áine

Tá mé anseo i gColáiste Chamuis le dhá sheachtain anois. Táim ag baint an-taitneamh as an gcúrsa. Tá Máire Bean Uí Thuathail, an bhean tí, go hálainn agus ullmhaíonn sí béilí an-bhlasta dúinn gach lá. Teach nua-aimseartha, compordach atá againn. I mo sheomra leapa tá seisear againn agus bíonn an-chraic againn le chéile.

Bhí céilí ar siúl sa choláiste aréir. Bhain mé an-taitneamh as. Nuair a thángamar abhaile ar a leathuair tar éis a naoi bhíomar traochta. Amárach beimid ag dul ar thuras chuig Raidió na Gaeltachta. Táim ag tnúth go mór leis sin.

1. Cá bhfuil Áine?
2. Céard a ullmhaíonn Máire Bean Uí Thuathail dóibh?
3. Cé mhéad cailín atá sa seomra leapa?
4. Cén t-am a tháinig na cailíní abhaile ón gcéilí?
5. Cá mbeidh siad ag dul amárach?

Léigh an blag thuas os ard sa rang.

Labhair amach … labhair os ard!

1. An raibh tú riamh sa Ghaeltacht?
2. Cá raibh tú?
3. Ar thaitin an Ghaeltacht leat?
4. Céard iad na spóirt a d'imir tú sa Ghaeltacht?

Sampla

Chaith mé tréimhse sa Ghaeltacht an samhradh seo caite. Bhí mé i gColáiste Árainn Mór. Bhí saoire iontach agam. Bhí mé ag fanacht i dteach deas in aice na scoile agus bhí bean tí álainn againn. D'imríomar peil agus cispheil gach tráthnóna. Bhí céilí ar siúl sa halla gach oíche.

Cleachtadh ag scríobh

Tá tú sa Ghaeltacht. Scríobh blag faoin tsaoire. Féach ar an sampla thuas. Luaigh na pointí thíos sa bhlag.

- Cá bhfuil tú ag fanacht
- Cé mhéad cailín nó buachaill atá ag fanacht leat sa teach
- An aimsir
- Dhá rud a dhéanann tú gach lá
- Cathain a fhillfidh tú abhaile

Aonad 5 Laethanta Saoire agus na Séasúir

An Aimsir Chaite

Cúinne na Gramadaí

Cathain a úsáideann tú an Aimsir Chaite?

| ag caint faoi eachtraí atá thart | inné | arú inné |
| an tseachtain seo caite | aréir | ar maidin |

Briathra le siolla amháin

Sampla

Cuir	Ól	Fág
chuir mé	d'ól mé	d'fhág mé
chuir tú	d'ól tú	d'fhág tú
chuir sé/sí	d'ól sé/sí	d'fhág sé/sí
chuireamar	d'ólamar	d'fhágamar
chuir sibh	d'ól sibh	d'fhág sibh
chuir siad	d'ól siad	d'fhág siad
níor chuir mé	níor ól mé	níor fhág mé
ar chuir mé?	ar ól mé?	ar fhág mé?

Téigh chuig leathanach 249 chun níos mó oibre a dhéanamh ar an Aimsir Chaite.

❶ Freagair na ceisteanna thíos os ard sa rang. Éist go cúramach le fuaim na mbriathra. Féach ar na briathra thuas i dtosach. Rinne tú staidéar ar na briathra san Aimsir Chaite anuraidh.

a) **Ar chuir do** thuismitheoirí ticéid in áirithe (*book tickets*) ar an idirlíon riamh?
b) **Ar fhan tú** in óstán le déanaí?
c) **Ar ól tú** sú oráiste ar maidin?
d) **Ar chíor tú** do chuid gruaige ar maidin?
e) **Ar fhéach tú** ar an teilifís aréir?

❷ Líon na bearnaí thíos.

a) (Fan mé) _____ le mo theaghlach in ionad campála an samhradh seo caite.
b) (Tóg sé) _____ an bus chuig an coláiste gach maidin sa Ghaeltacht.
c) (Gearr sí) _____ a lámh nuair a thit an ghloine ar an urlár ar maidin.
d) (Ith siad) _____ tósta agus calóga arbhair don bhricfeasta ar maidin.
e) (An fág tú) _____ an teach ar a hocht a chlog aréir?
f) (Ní ól mé) _____ caife nuair a tháinig mé abhaile ón scoil inniu.

An fómhar

Bain úsáid as an tábla thíos chun dul siar ar na nathanna a d'fhoghlaim tú anuraidh.

Cuimhnigh!

Féach/Abair/Clúdaigh/Scríobh/Seiceáil

Féach/Abair/Clúdaigh	Scríobh	Seiceáil
an fómhar		
míonna an fhómhair		
deireadh an fhómhair		
Lúnasa		
Meán Fómhair		
Deireadh Fómhair		

Labhair amach … labhair os ard!

1. Céard iad míonna an fhómhair?
2. Cén mhí san fhómhar is fearr leat?
3. Céard a dhéanann tú i rith an fhómhair?

Sampla

Is aoibhinn liom an fómhar. Is iad Lúnasa, Meán Fómhair agus Deireadh Fómhair míonna an fhómhair. Téim ar ais ar scoil san fhómhar agus bíonn a lán obair bhaile agam gach oíche.

Léamhthuiscint Naoise Ó Cuinn

Léigh an sliocht seo a leanas agus freagair na ceisteanna a ghabhann leis.

Is fuath liom an fómhar. I mí Mheán Fómhair fillim ar scoil tar éis shaoire an tsamhraidh. Faighim an iomarca obair bhaile gach oíche agus ní bhím róshásta. Bíonn an aimsir fuar, fliuch agus stoirimiúl san fhómhar. Buailim le mo chairde gach deireadh seachtaine. Nuair a bhíonn an t-airgead againn téimid chuig an bpictiúrlann.

Bímid ag tnúth le hOíche Shamhna. Bailímid timpeall na tine cnámh agus feicimid na páistí óga gléasta suas. Ansin bíonn cóisir agam i mo theach do mo chairde. Bíonn spórt agus spraoi againn. Ag deireadh na hoíche féachaimid ar scannán uafáis. Is aoibhinn linn scannáin uafáis.

1. Cathain a fhilleann Naoise ar scoil tar éis an tsamhraidh?
2. Cén sórt aimsire a bhíonn ann san fhómhar?
3. Cá dtéann na buachaillí nuair a bhíonn airgead acu?
4. Ainmnigh rud amháin a dhéanann Naoise Oíche Shamhna.

Cén t-eolas a thugann an sliocht dúinn faoi Naoise? Scríobh an t-eolas ar an gclár bán.

Aonad 5 Laethanta Saoire agus na Séasúir

An aimsir san fhómhar
Le foghlaim!

Léifidh do mhúinteoir an giota thíos agus ansin tarraing na siombailí aimsire ar an léarscáil.

Agus anois an aimsir. Beidh sé fuar ar maidin sa tuaisceart agus titfidh báisteach throm ar fud na háite san iarnóin. Sa deisceart amárach beidh sé grianmhar ach gaofar ar an gcósta. Lá scamallach a bheidh acu san iarthar ach tiocfaidh an ghrian amach sa tráthnóna. Agus san oirthear beidh sé stoirmiúil i rith an lae agus sa tráthnóna beidh tintreach agus toirneach ann. Arís san oirthear beidh sé an-ghaofar ar an gcósta. Sin deireadh le réamhaisnéis na haimsire. Slán agaibh!

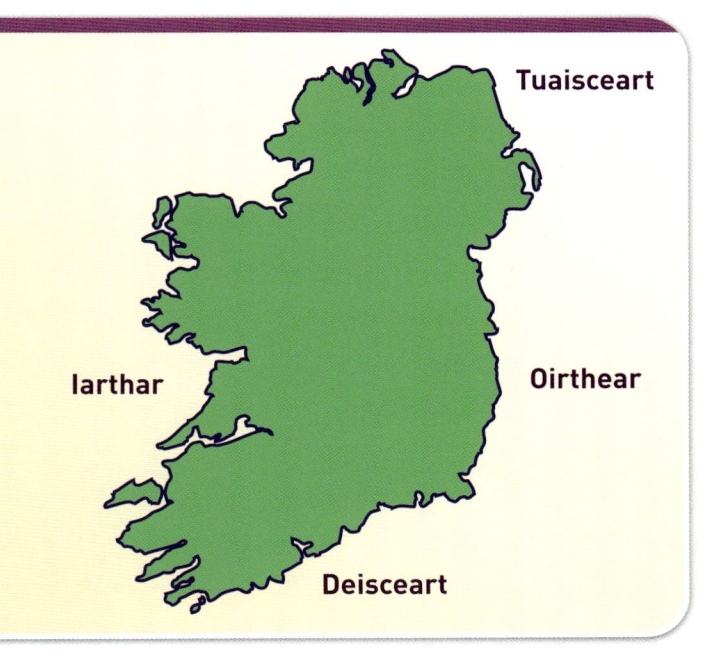

Tuaisceart
Iarthar
Oirthear
Deisceart

Siombailí

| scamallach | báisteach /fliuch | tintreach agus toirneach | grianmhar | gaofar | ceobhránach |

Téigh chuig suíomh idirlín edco.ie/iontas2 chun níos mó oibre a dhéanamh ar an ábhar seo. Féach ar réamhaisnéis na haimsire ar TG4.ie. Bain úsáid as an tábla thíos chun dul siar ar na nathanna a d'fhoghlaim tú anuraidh.

Féach/Abair/Clúdaigh/Scríobh/Seiceáil

Cuimhnigh!

Féach/Abair/Clúdaigh	Béarla	Scríobh	Seiceáil
tintreach agus toirneach	thunder and lightning		
gaofar ar an gcósta	windy on the coast		
stoirmiúil	stormy		
báisteach throm	heavy rain		
lá scamallach	cloudy day		

Iontas 2

Meaitseáil

Meaitseáil na huimhreacha leis na litreacha thíos. Léigh na habairtí os ard sa rang.

Le foghlaim!

1	Is é an fómhar	a	milseáin Oíche Shamhna.
2	Is iad	b	ar na duilleoga san fhómhar.
3	Bíonn an aimsir	c	Lúnasa, Meán Fómhair agus Deireadh Fómhair míonna an fhómhair.
4	Éiríonn na laethanta	d	de na crainn i rith an fhómhair.
5	Bíonn dath donn	e	an séasúr is fearr liom.
6	Titeann na duilleoga	f	fliuch agus fuar san fhómhar.
7	Is aoibhinn le páistí	g	níos giorra agus níos dorcha gach lá.
8	Bailíonn siad	h	Oíche Shamhna.

| 1 | 2 | 3 | 4 | 5 | 6 | 7 | 8 |

Éist agus scríobh

Éist leis an múinteoir ag léamh an ailt thíos agus ansin scríobh an t-alt i do chóipleabhar. Nuair a chríochnaíonn tú ag scríobh oscail do leabhar agus ceartaigh do chuid oibre!

Is fearr liom an fómhar ná aon séasúr eile. Bíonn an dúlra go hálainn i mí Mheán Fómhair agus Deireadh Fómhair. Nuair a thiteann na duilleoga de na crainn bíonn dath oráiste agus donn orthu.

Faighimid sos ón scoil i lár an fhómhair. Téim amach le mo chairde agus imrím peil sa pháirc. Oíche Shamhna buailim le mo chairde agus téimid le chéile chun an tine chnámh a fheiceáil. Bíonn brón orm ag dul ar ais ar scoil.

Ní bhíonn an aimsir rómhaith san fhómhar. Bíonn sé fuar agus fliuch agus éiríonn sé dorcha go luath gach tráthnóna.

Aonad 5 Laethanta Saoire agus na Séasúir

An Aimsir Chaite

Cúinne na Gramadaí

Briathra le níos mó ná siolla amháin

Sampla

Bailigh	Imigh	Ceannaigh
bhailigh mé	d'imigh mé	cheannaigh mé
bhailigh tú	d'imigh tú	cheannaigh tú
bhailigh sé/sí	d'imigh sé/sí	cheannaigh sé/sí
bhailíomar	d'imíomar	cheannaíomar
bhailigh sibh	d'imigh sibh	cheannaigh sibh
bhailigh siad	d'imigh siad	cheannaigh siad
níor bhailigh mé	níor imigh mé	níor cheannaigh mé
ar bhailigh mé?	ar imigh mé?	ar cheannaigh mé?

Téigh chuig leathanach 249 chun níos mó oibre a dhéanamh ar an Aimsir Chaite.

❶ Freagair na ceisteanna thíos **os ard** sa rang. **Éist** go cúramach le fuaim na mbriathra. **Féach** ar na briathra thuas i dtosach. Rinne tú staidéar ar na briathra san Aimsir Chaite anuraidh.

a) **Ar bhailigh tú** cnónna san fhómhar riamh?
b) **Ar imir tú** peil sa pháirc sa samhradh?
c) **Ar éirigh tú** go luath i rith laethanta saoire an tsamhraidh?
d) **Ar imigh tú** thar lear ar laethanta saoire anuraidh?
e) **Ar oibrigh tú** san ollmhargadh áitiúil an bhliain seo caite?

❷ Líon na bearnaí thíos.

a) (Oibrigh an feirmeoir) _____ go dian sa ghort an t-earrach seo caite.
b) (Ní éirigh mé) _____ go luath agus bhí mé déanach don chluiche peile.
c) (Imigh na buachaillí) _____ abhaile nuair a thosaigh sé ag cur báistí.
d) (An imir tú) _____ ar fhoireann na scoile anuraidh?
e) (Bailigh mé) _____ na duilleoga sa ghairdín an fómhar seo caite.
f) (Ceannaigh sí) _____ cóta mór an geimhreadh seo caite.

❸ Déan liosta i do chóipleabhar de na briathra le níos mó ná siolla amháin atá ar eolas agat. Ansin scríobh na briathra ar an gclár bán agus déan iarracht abairtí a chumadh leo san Aimsir Chaite.

Iontas 2

An geimhreadh

Bain úsáid as an tábla thíos chun dul siar ar na nathanna a d'fhoghlaim tú anuraidh.

Cuimhnigh!

Féach/Abair/Clúdaigh/Scríobh/Seiceáil

Féach/Abair/Clúdaigh	Scríobh	Seiceáil
an geimhreadh		
míonna an gheimhridh		
deireadh an gheimhridh		
Samhain		
Nollaig		
Eanáir		

Labhair amach … labhair os ard!

1. Céard iad míonna an gheimhridh?
2. Cén mhí sa gheimhreadh is fearr leat?
3. Céard a dhéanann tú i rith an gheimhridh?

Sampla

Is aoibhinn liom an geimhreadh. Is iad Samhain, Nollaig agus Eanáir míonna an gheimhridh. Bíonn saoire againn ón scoil agus faighim bronntanais lá Nollag.

Léamhthuiscint Dearbhla Ní Mhurchú

Léigh an sliocht seo a leanas agus freagair na ceisteanna a ghabhann leis.

Haigh! Dearbhla anseo. Inniu Lá Nollag. D'éirigh mé ar a sé a chlog agus dhúisigh mé mo dheartháir agus mo dheirfiúr óg. Ritheamar chuig an gcrann Nollag agus d'osclaíomar ár mbronntanais. Bhí sceitimíní an domhain orainn go léir. Fuair mé iPod nua agus fuair mo dheartháir rothar mór. Bhí an-áthas ar mo dheirfiúr nuair a chonaic sí a bronntanas. Fuair sí ríomhaire glúine. Bhí dinnéar blasta againn lá Nollag. Is aoibhinn liom turcaí agus liamhás. Tar éis dinnéir tháinig m'aintín agus m'uncail ar cuairt. Chaitheamar an tráthnóna ag féachaint ar an teilifís.

Dearbhla

1. Cén t-am a d'éirigh Dearbhla lá Nollag?
2. Céard a chonaic a deartháir ag bun an chrainn Nollag?
3. Cén fáth a raibh áthas ar a deirfiúr?
4. Cathain a tháinig a haintín agus a huncail ar cuairt?
5. Conas mar a chaith siad an tráthnóna?

Aonad 5 Laethanta Saoire agus na Séasúir

An aimsir sa gheimhreadh

Labhair amach … labhair os ard!

Déan cur síos ar na pictiúir thíos sa rang. Scríobh abairtí ar an gclár bán ag déanamh cur síos ar na pictiúir.

Pictiúr A

Pictiúr B

Cleachtadh ag scríobh

Meaitseáil

1 Féach ar an dá phictiúr thuas agus meaitseáil na habairtí leo.

	Pictiúr A	Pictiúr B
Lá stoirmiúil atá ann.		
Níl aon duilleoga ar na crainn.		
Tá sneachta ag titim agus tá na páistí ag súgradh sa sneachta.		
Tá na páistí ag déanamh fear sneachta.		
Sleamhnaíonn an seanfhear ar an gcosán.		
Tá gaoth láidir ag séideadh agus tá sé ag cur báistí go trom.		
Tá an aimsir an-fhuar agus tá an abhainn reoite.		
Tá brat bán sneachta ar fud na háite.		

2 Tá ar leath den rang alt a scríobh ina gcóipleabhar faoi phictiúr A agus tá ar an dara leath den rang alt a scríobh faoi phictiúr B. Léigh na hailt os ard sa rang.

Cabhair!

sioc	frost
cosán	path
sleamhnaíonn an seanfhear	the old man slips
abhainn reoite	frozen river

Labhair amach … labhair os ard!

Déan cur síos ar an aimsir a bhíonn againn in Éirinn sa gheimhreadh.

115

Iontas 2

Litir – Díolachán na Nollag   Ag Ullmhú don Scrúdú

Thug tú cuairt ar halla na scoile le déanaí. Bhí díolachán na Nollag ar siúl. Scríobh litir chuig do chara.

Sa litir luaigh na pointí seo:

- Cár bhuail tú le do chairde
- Cén táille a bhí ort íoc chun dul isteach
- Céard a bhí ar díol agus céard a cheannaigh tú
- Cén t-am a d'fhág tú halla na scoile.

> Déan staidéar ar leagan amach na litreach thíos.

Léigh an litir thíos agus freagair na ceisteanna a ghabhann leis.

---

42 Radharc na Páirce
Leitir Ceanainn
Dún na nGall

15 Nollaig

A Sheáin, a chara,

Tá súil agam go bhfuil tú i mbarr na sláinte. Bhí lá iontach agam le Dónall agus Sally inné. Bhuaileamar le chéile ag geata na scoile agus chuamar chuig díolachán na Nollag a bhí ar siúl sa halla. Bhí slua mór ag feitheamh ag an doras agus bhí orainn cúig euro a íoc chun dul isteach. Bhí a lán rudaí ar díol sa halla. Chonaic mé bord ag díol cácaí agus maróg Nollag. Bhí cártaí Nollag ar díol freisin chomh maith le leabhair agus bréagáin (toys).

Cheannaigh mé leabhar deas do mo Mham don Nollaig. D'fhágamar an halla ar a sé a chlog. Scríobh chugam go luath agus inis dom céard a rinne tú an deireadh seachtaine seo caite.

Slán go fóill,

Pól

---

❶ Cár bhuail Dónall, Sally agus Pól le chéile inné?
❷ Cá ndeachaigh siad ansin?
❸ Ainmnigh dhá rud a bhí ar díol sa halla.
❹ Céard a cheannaigh Pól do Mham?
❺ Cén t-am a d'fhág siad an halla?

Labhair amach … labhair os ard!

Léigh an litir thuas os ard sa rang.

Aonad 5 Laethanta Saoire agus na Séasúir

Ag Ullmhú don Scrúdú

Léamhthuiscint Justin Bieber

Léigh an sliocht seo a leanas agus freagair na ceisteanna a ghabhann leis.

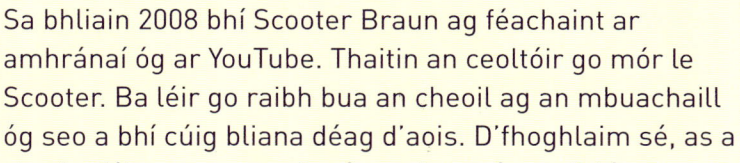

Sa bhliain 2008 bhí Scooter Braun ag féachaint ar amhránaí óg ar YouTube. Thaitin an ceoltóir go mór le Scooter. Ba léir go raibh bua an cheoil ag an mbuachaill óg seo a bhí cúig bliana déag d'aois. D'fhoghlaim sé, as a stuaim féin, conas an pianó, na drumaí, an giotár agus an trumpa a sheinnt.

Justin Bieber ab ainm don bhuachaill. Tháinig athrú mór ar shaol Justin ina dhiaidh sin. D'eagraigh Scooter cruinniú le Usher, amhránaí agus scríbhneoir cáiliúil. Tugadh conradh do Justin go luath ina dhiaidh sin le Island Records. D'fhág sé a áit dúchais, Stratford, Ontario i gCeanada agus chuaigh sé chun cónaithe in Atlanta sna Stáit Aontaithe.

D'éirigh go han-mhaith leis sna Stáit Aontaithe agus ar fud an domhain le 'One Time', a chéad amhrán. Eisíodh *My World, My World 2.0* agus *Never Say Never* ina dhiaidh sin. Rinneadh scannán 3-D den cheolchoirm *Never Say Never*.

Cuireann Justin a chuid cheoil ar fáil ar YouTube dá lucht leanúna go rialta agus is minic a bhíonn sé i dteangmháil leo ar Twitter. Tagann na mílte go dtí Madame Tussauds i Nua-Eabhrac, Amsterdam agus Londain chun a íomhá a fheiceáil. Nuair a dhéanann sé athrú ar a stíl gruaige athraíonn buachaillí ar fud an domhain a stíl ghruaige freisin. Tá meas ag déagóirí ar fud an domhain ar Justin Bieber.

Cabhair!

amhránaí óg	young singer
bua an cheoil	gift for music
as a stuaim féin	on his own
cruinniú	meeting
scríbhneoir cáiliúil	famous writer
conradh	contract
eisíodh *My World*	*My World* was released
i dteangmháil le	in contact with
lucht leanúna	followers
a íomhá	his image

1. Cá bhfaca Scooter Braun Justin Bieber den chéad uair?
2. Ainmnigh dhá uirlis cheoil a sheinneann Justin.
3. Cén post (*job*) atá ag Scooter Braun?
4. Cá ndeachaigh Justin Bieber chun cónaithe?
5. Ainmnigh a chéad amhrán.
6. Céard a tharlaíonn nuair a athraíonn Justin a stíl gruaige?

Déan taighde ar amhránaí cáiliúil ar an idirlíon agus scríobh próifíl an duine i do chóipleabhar. Déan cur síos ar an duine os ard sa rang.

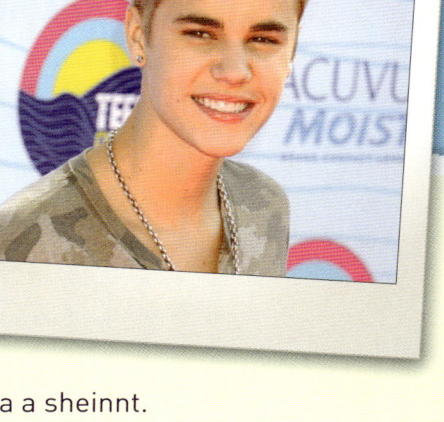

Iontas 2

Cuntas/Blag — Ag Ullmhú don Scrúdú

Cóisir Oíche Shamhna

Is tusa Nóirín nó Cathal sna pictiúir thíos. Scríobh cuntas/blag faoi na rudaí a tharla sna Pictiúir 1–3.

Pictiúr 1
Cuireadh dul chuig cóisir Oíche Shamhna

Pictiúr 2
Glacadh leis an gcuireadh

Pictiúr 3
Eolas faoin gcóisir

Pictiúr 4
Cuntas/Blag

Luaigh sa chuntas/sa bhlag:

- Cá raibh Nóirín agus Cathal (pictiúr a haon)
- Cad a tharla ansin (pictiúr a dó)
- Déan cur síos ar an gcóisir (pictiúr a trí).

Cuir na habairtí thíos san ord ceart agus scríobh an blag i do chóipleabhar. Léigh an blag os ard sa rang.

Ghlac mé leis an gcuireadh.	
Bhuaileamar lenár gcairde scoile ag an gcóisir.	
Bhí tuirse orainn ag deireadh na hoíche.	
Thug Cathal cuireadh dom dul chuig an gcóisir in éineacht leis.	
D'itheamar milseáin agus d'ólamar líomanáid.	
Bhí spórt agus spraoi againn ag an gcóisir.	
Chonaiceamar fógra do chóisir Oíche Shamhna.	
Ghléas mé mar thaibhse agus ghléas mo chara mar chailleach.	
Bhuail mé le Cathal ar scoil ar maidin.	*1*
Bhí éide bhréige ar gach duine.	

Téigh chuig suíomh idirlín edco.ie/iontas2 chun níos mó oibre a dhéanamh ar an ábhar seo.

Aonad 5 Laethanta Saoire agus na Séasúir

Cárta poist — Ag Ullmhú don Scrúdú

1 Tá tú ar saoire le do chairde in ionad campála. Scríobh cárta poist chuig do Mham nó do Dhaid sa bhaile. Luaigh na pointí seo a leanas ar an gcárta:

- Cá bhfuil tú ag fanacht
- Cé atá in éineacht leat
- Rud amháin a thaitníonn leat faoin áit
- Cuairt a thug tú ar áit shuimiúil
- Cathain a fhillfidh sibh abhaile.

Ná déan dearmad seoladh, beannú, tús agus críoch a chur leis an gcárta poist. Scríobh an cárta poist i do chóipleabhar. Tá cabhair ar fáil sa bhosca thíos.

Cabhair!

A Mham agus a Dhaid	Dear Mam and Dad
Tá mé ag fanacht in ionad campála cois locha.	I am staying on a campsite beside a lake.
Tá Siún agus Treasa in éineacht liom.	Siún and Treasa are with me.
Tá an áit an-chiúin agus síochánta.	The place is very quiet and peaceful.
Tá radharc álainn againn ar an loch ón bpuball.	We have a beautiful view of the lake from the tent.
Thugamar cuairt ar sheanchaisleán inné.	We visited an old castle yesterday.
Chuamar chuig an mbaile inné; thaitin sé go mór linn.	We went to the town yesterday; we really enjoyed it.
Fillfimid abhaile an Aoine seo chugainn.	We will return home next Friday.

Le foghlaim!

Léigh an cárta poist samplach thíos agus foghlaim na nathanna cainte atá ann.

A Thomáis, a chara,

Niall anseo ag scríobh chugat ó Chill Dalua. Táimid ag fanacht ar fheirm ar imeall an bhaile. Is aoibhinn linn an fheirm. Ullmhaíonn bean an fheirmeora bia blasta dúinn gach lá. Bhí arán donn againn ar maidin. Tá an áit go hálainn agus caithimid a lán ama sna páirceanna. Chuamar isteach sa bhaile mór inné. Bhí am iontach againn. Beimid ag filleadh abhaile Dé Sathairn seo chugainn.

　　　　　　　　Slán go fóill,
　　　　　　　　Niall

Tomás Ó Mainnín
16 Sráid na Siopaí
Slígeach

Iontas 2

Meaitseáil — Ag Ullmhú don Scrúdú

Meaitseáil na pictiúir leis na fógraí/comharthaí sna boscaí thíos agus scríobh na litreacha is fearr a fhreagraíonn do na huimhreacha, dar leat, sna spásanna cuí ar an ngreille.

1. Stáisiún Heuston — Traenacha speisialta go Gaillimh

2. Ar cíos — Teach breá cois farraige

3. Gníomhaire Taistil — Ag dul ar saoire, labhair linn

4. TG4 An Aimsir — Beidh sé fliuch agus stoirmiúil amárach

5. Ionad Turasóireachta — Rothair ar cíos

6. Bí Cúramach — Tá tuile san abhainn

7. Óstán Uí Cheallaigh — Tabhair sos duit féin. Rátaí ísle gach deireadh seachtaine

8. Ceachtanna Snámha — Gach Satharn €8

9. Linn Snámha — Ar oscailt Luan–Satharn 9–9

10. Galfchúrsa Poiblí — Ar oscailt gach lá. Fáilte!

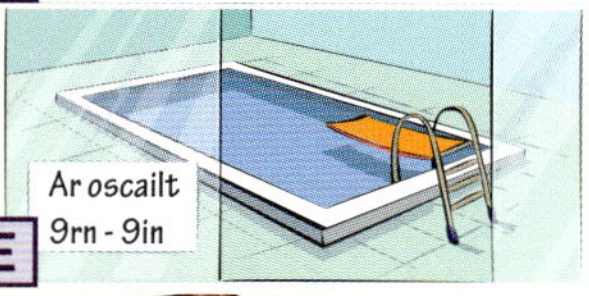

Uimhir	Litir
1	
2	
3	
4	
5	
6	
7	
8	
9	
10	

Le foghlaim!

airgead caillte	money lost
cosán sléibhe	mountain path
dúnta	closed
gabh malairt slí	go another way
tuile	flood
rátaí ísle	low rates
ceachtanna	lessons
ar cíos	for rent
gníomhaire taistil	travel agent
ionad turasóireachta	tourist centre
galfchúrsa poiblí	public golf course

Aonad 5 Laethanta Saoire agus na Séasúir

An Bhéaltriail CD 1 Rian 18–20

1 Éist leis na samplaí thíos ar an dlúthdhiosca, Rian 18–19.
Céard a dhéanann tú sa samhradh? Léigh an sampla os ard sa rang.

> Sa samhradh téim chuig an nGaeltacht le mo chairde. Bíonn an-chraic againn. Ansin caithim saoire i dteach samhraidh mo Mhamó i nDún na nGall. Nuair a bhíonn an aimsir grianmhar siúlaim chuig an trá le mo dheirfiúr. Is aoibhinn linn ag snámh san fharraige. Caithim a lán ama sa samhradh ag imirt spóirt le mo chairde. Téimid chuig an bpáirc agus imrímid peil.

2 Cén séasúr is fearr leat? Léigh an sampla os ard sa rang.

> Taitníonn an geimhreadh go mór liom. Faighimid laethanta saoire na Nollag i rith an gheimhridh. Tagann mo Mhamó agus mo Dhaideo chuig an teach agus bíonn dinnéar mór againn. Faighim a lán bronntanas ó mo thuismitheoirí de ghnáth. Ní bhíonn orm éirí go luath agus caithim a lán ama ag féachaint ar an teilifís.

3 Freagair na ceisteanna thíos. Éist leis na freagraí samplacha ar an dlúthdhiosca, Rian 20.

a) Cén séasúr is fearr leat?
b) Céard iad míonna an gheimhridh?
c) Céard a dhéanann tú lá Nollag?
d) Cén sórt aimsire a bhíonn againn san fhómhar?
e) Céard a dhéanann tú sa samhradh?
f) An raibh tú riamh sa Ghaeltacht?
g) Ar thaitin an Ghaeltacht leat?
h) An raibh tú riamh ag campáil?
i) An dtéann tú amach le do chairde Oíche Shamhna?
j) An mbíonn craic agaibh sa rang i rith Sheachtain na Gaeilge?

Iontas 2

An Chluastuiscint CD 1 Rian 57–62

Cuid A: An Chéad Chainteoir

Cloisfidh tú giota cainte ó dhuine óg sa chuid seo. Cloisfidh tú an giota **faoi dhó**.
Éist go cúramach leis agus líon isteach an t-eolas atá á lorg sna greillí thíos.

	Ainm	Siobhán Ní Shé
	Cá mbeidh Siobhán ag fanacht?	
	Cá bhfuil Úna anois?	
	Cathain a bheidh Úna ag filleadh abhaile?	

Cuid B: Fógra

Cloisfidh tú fógra anois. Cloisfidh tú é **faoi dhó**. Éist go cúramach leis.

(a) Seachtain na Gaeilge (b) Seó Faisin (c) Díolachán na Nollag (d) Aerfort Bhaile Átha Cliath

a) Cén pictiúr a théann leis an bhfógra seo? ☐

b) Céard a bheidh ar siúl Dé Céadaoin sa leabharlann? ☐

(a) díospóireacht (b) céilí (c) tráth na gceist (d) seisiún ceoil

Cuid C: Comhrá

Cloisfidh tú comhrá anois. Cloisfidh tú é **faoi dhó**. Éist go cúramach leis.

(a) (b) (c) (d)

An Chéad Mhír

a) Cén pictiúr a théann leis an gcomhrá seo? ☐

An Dara Mír

b) Cathain a bheidh Ciara ag teacht abhaile ó Tenerife? ☐

(a) ar an ochtú lá de mhí Eanáir (b) ar an seachtú lá déag de mhí Eánair
(c) ar an gceathrú lá de mhí Eanáir (d) ar an seachtú lá de mhí Eanáir

Aonad 5 Laethanta Saoire agus na Séasúir

Súil siar ar Aonad a Cúig

1 Líon na bearnaí thíos.

Is mise Cormac. Is aoibhinn liom an samhradh. I lár an _____ téim chuig an nGaeltacht le mo chairde. Bíonn an-chraic againn sa _____. Bíonn ranganna ar siúl sa choláiste ar maidin agus ansin ithimid _____ sna tithe. Nuair a bhíonn an aimsir _____ téimid chuig an trá agus caithimid uair nó dhó san _____ ag snámh. Nuair a bhíonn an aimsir _____ fanaimid sa halla agus imrímid cluichí. Tar éis tae bíonn _____ ar siúl sa halla.

lón, fharraige, tsamhraidh, fliuch, grianmhar, céilí, Ghaeltacht

Meaitseáil

2 Meaitseáil na pictiúir leis na focail thíos.

a ag cur báistí **b** stoirmiúil **c** scamallach
d grianmhar **e** sneachta **f** tintreach agus toirneach

1	2	3	4	5	6

3 An Aimsir Láithreach agus aidiachtaí – líon na bearnaí thíos.
   a) (Bailigh an feirmeoir) _____ na huibheacha ar an bhfeirm ar maidin.
   b) (Ith mé) _____ tósta ar maidin.
   c) (Imigh Máire) _____ abhaile ón scoil go luath nuair a bhris sí a cos.
   d) Bíonn an aimsir níos (te) _____ sa samhradh ná sa gheimhreadh.
   e) Bíonn an aimsir níos (fuar) _____ sa gheimhreadh ná sa samhradh.

Aonad a Sé
Sláinte

An obrádlann		125
An corp		126
Léamhthuiscint	Liam de Paor	128
Nuair a bhí mé tinn		129
Cuairt ar oifig an dochtúra		130
Nuair a tháinig an dochtúir chuig an teach		131
Léamhthuiscint	Teaghlach sláintiúil	132
An nglacann tú cleachtadh coirp?		133
Bia sláintiúil		133
Suirbhé sa rang	Sláinte mo charad	134
Léamhthuiscint	Cuairt a thug mé ar an bhfiaclóir	135
Blag/Cuntas	Ag Ullmhú don Scrúdú	136
Fógra	Ag Ullmhú don Scrúdú	137
Alt/Cuntas	Ag Ullmhú don Scrúdú	138
Meaitseáil	Ag Ullmhú don Scrúdú	139
Léamhthuiscint	Ag Ullmhú don Scrúdú	140
An Bhéaltriail	Ag Ullmhú don Scrúdú	141
An Chluastuiscint	Ag Ullmhú don Scrúdú	142
Súil siar ar Aonad a Sé		143

Is fearr an tsláinte ná na táinte.

Aonad 6 Sláinte

An obrádlann

Cleachtadh ag scríobh

Féach ar an bpictiúr agus líon na bearnaí sa bhosca thíos.

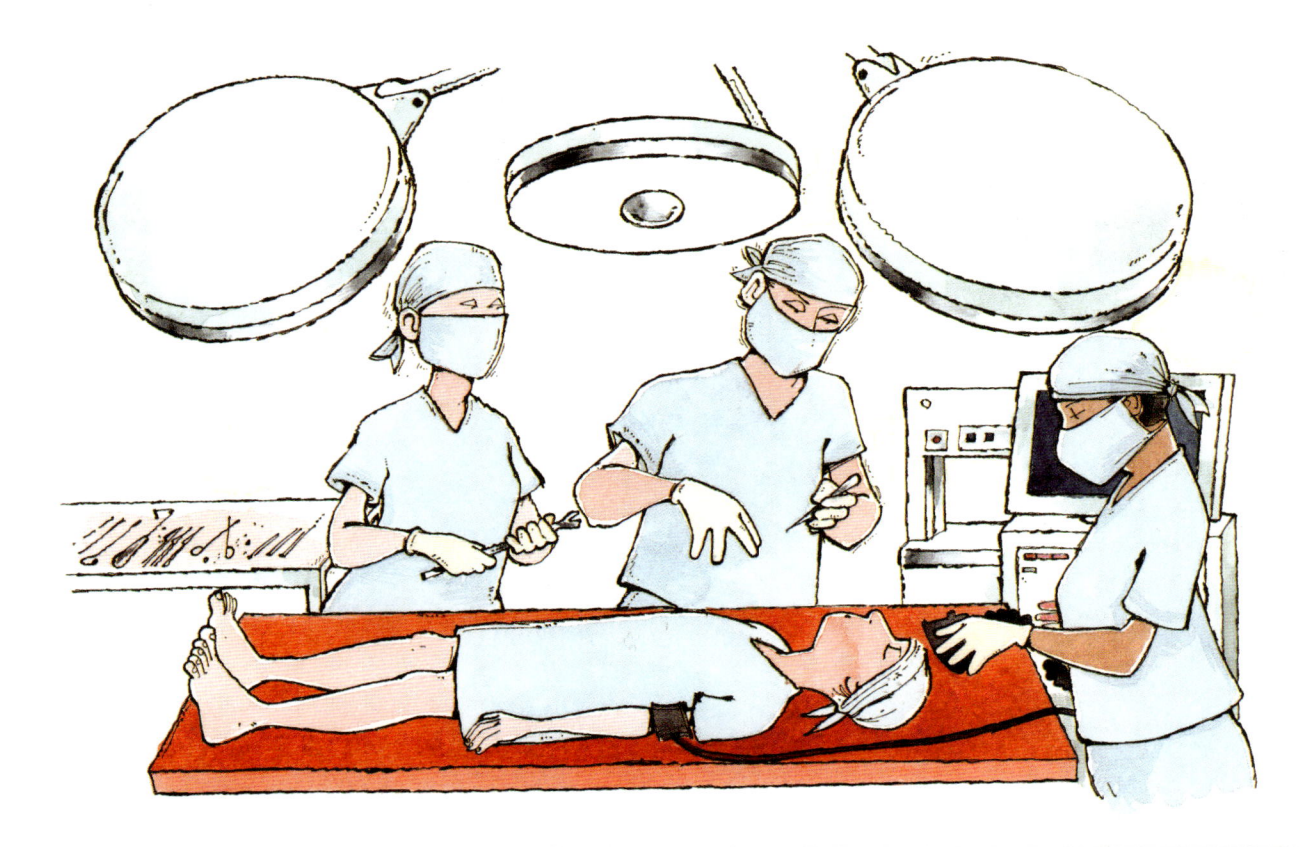

Tá _____ ar an tralaí san obrádlann san ospidéal. Os cionn an bhoird tá _____ geala ar lasadh. I lár an phictiúr tá _____. Tá obráid ar siúl agus tá _____ ag cabhrú leis an dochtúir. Tá _____ á chaitheamh ag an dochtúir agus ag an altra.

othar, altra, dochtúir, masc, soilse

Labhair amach … labhair os ard!

Déan cur síos ar an bpictiúr thuas os ard sa rang.

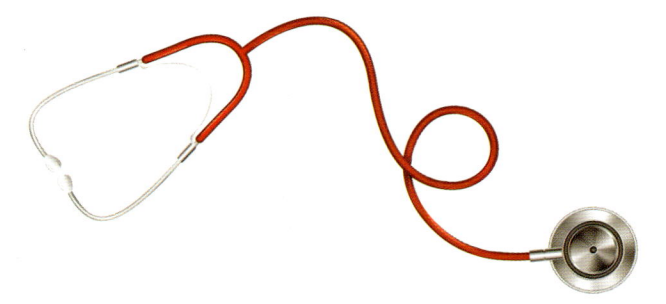

Cabhair!

steiteascóp	stethoscope
othar	patient
altra	nurse
masc	mask

Iontas 2

An corp
Le foghlaim!

fiacla	ordóg	cos	méara coise	ceann
muineál	súile	scornach	glúin	bolg
éadan	croí	méar	rúitín	lámh
cluasa	gualainn	srón		

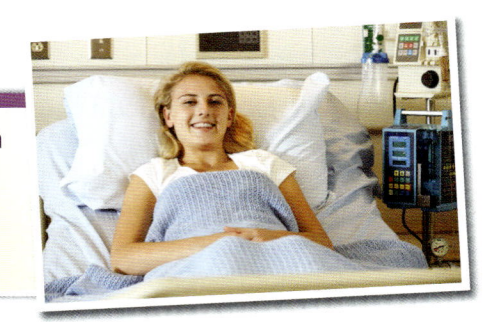

Cleachtadh ag scríobh

Féach ar na bpictiúir agus ainmnigh baill an choirp.

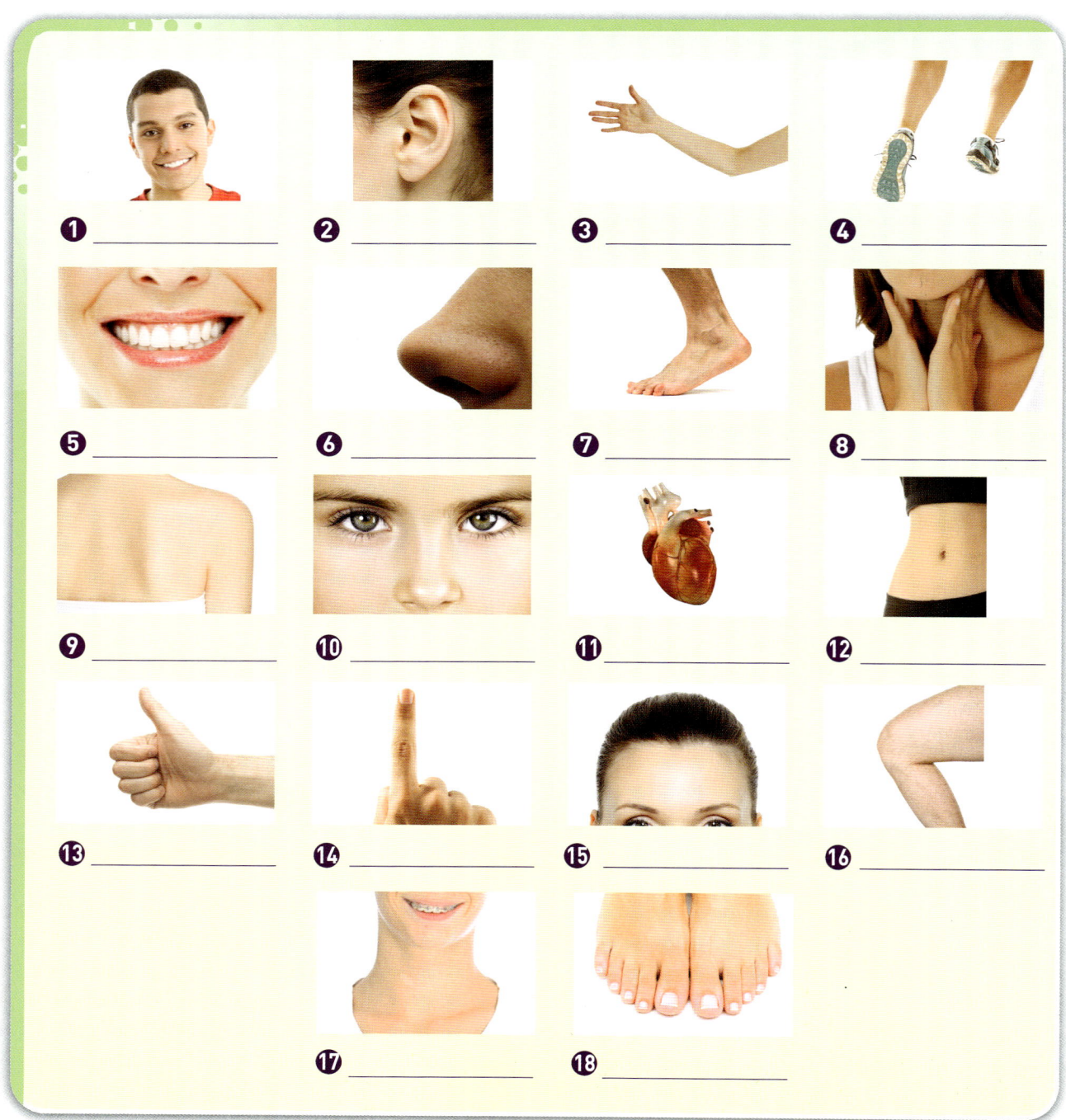

1. _____
2. _____
3. _____
4. _____
5. _____
6. _____
7. _____
8. _____
9. _____
10. _____
11. _____
12. _____
13. _____
14. _____
15. _____
16. _____
17. _____
18. _____

Aonad 6 Sláinte

Lúbra
Craic sa rang!
Aimsigh na focail thíos sa lúbra.

fiacla	ordóg	cos	méara coise	muineál	ceann
súile	scornach	bolg	éadan	croí	glúin
méar	rúitín	lámh	cluasa	gualainn	srón

p	m	é	a	r	a	c	o	i	s	e	s
ó	t	h	s	t	é	l	m	h	í	n	r
l	á	m	h	c	í	u	b	f	u	h	ó
r	u	í	g	o	l	a	é	a	d	a	n
ú	d	e	r	h	m	s	i	l	b	m	f
i	a	c	f	o	c	a	r	ú	g	é	l
t	s	c	o	r	n	a	c	h	l	a	á
í	ú	e	á	d	ó	b	o	p	o	r	e
n	i	a	f	ó	g	m	s	d	b	s	n
t	l	n	ú	g	l	ú	i	n	á	l	i
r	e	n	g	u	a	l	a	i	n	n	u
á	b	h	f	i	a	c	l	a	o	r	m

Cluiche
Déan staidéar ar na focail thuas ar feadh nóiméid nó dhó sa rang. Ansin dún na leabhair agus déan iarracht an liosta a rá go tapa os ard sa rang. Beidh seans ag gach dalta an liosta a rá. Ní bheidh aon obair bhaile ag an mbuaiteoir!

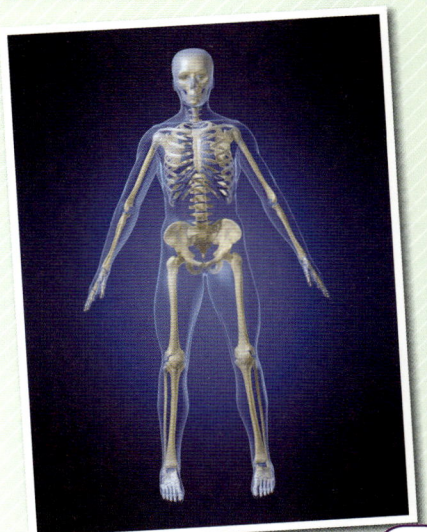

Iontas 2

Léamhthuiscint Liam de Paor

Léigh an sliocht seo a leanas agus freagair na ceisteanna a ghabhann leis.

Haigh! Liam de Paor is ainm dom. Creid é nó ná creid ach chaith mé an lá sa roinn timpiste agus éigeandála inniu. Leon mé mo rúitín ar an bpáirc peile ar maidin. Bhí mé ag rith i dtreo an chúil nuair a thit mé ar an talamh. Cheap mé gur bhris mé mo chos. Bhí mo rúitín an-phianmhar. Bhí ar an réiteoir glao a chur ar otharcharr agus tugadh mé ar thralaí chuig an roinn timpiste agus éigeandála san ospidéal áitiúil.

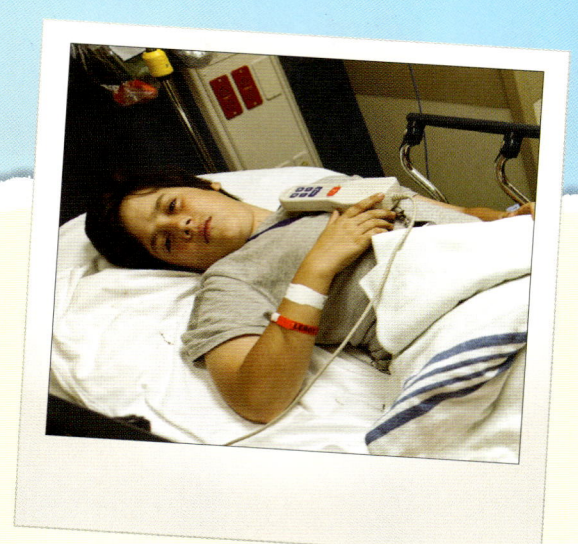

Nuair a shroich mé an t-ospidéal rinne an dochtúir scrúdú orm agus ansin tógadh X-gha de mo chos. Bhí áthas orm nuair a tháinig an dochtúir chugam le dea-nuacht. Ní raibh mo rúitín briste. Ar a leathuair tar éis a ceathair tháinig mo thuismitheoirí chuig an ospidéal. Labhair siad leis an dochtúir agus thug sé cead dom an t-ospidéal a fhágáil ansin. Thug an t-altra maide croise dom agus d'fhág mé an t-ospidéal in éineacht le mo thuismitheoirí. Tá an-díomá orm anois mar níl cead agam peil a imirt go ceann trí mhí!

Cabhair!

an roinn timpiste agus éigeandála	accident and emergency department
leon mé mo rúitín	I sprained my ankle
an-phianmhar	very painful
otharcharr	ambulance
tralaí	trolley
X-gha	X-ray
maidí croise	crutches

1. Cár chaith Liam an lá inniu?
2. Céard a tharla dó ar an bpáirc peile?
3. Cén dea-nuacht a thug an dochtúir do Liam?
4. Cén t-am a tháinig a thuismitheoirí chuig an ospidéal?
5. Céard a thug an t-altra do Liam?
6. Cén fáth a bhfuil an-díomá ar Liam anois?

Obair bheirte sa rang

Céard a tharla do Liam? Scríobh scéal Liam i do chóipleabhar. Ansin scríobh an scéal ar an gclár bán.

Labhair amach … labhair os ard!

Ar leon tú do rúitín riamh? Cathain? An ndeachaigh tú chuig an roinn timpiste agus éigeandála riamh? Cathain? Céard a tharla?

Aonad 6 Sláinte

Nuair a bhí mé tinn
Comharthaí tinnis
Le foghlaim!

ag sraothartach	sneezing	ag casacht	coughing
bhraith mé lag	I felt weak	bhí tinneas cinn orm	I had a headache
ag caitheamh amach	vomiting	bhí fiabhras orm	I had a temperature
tinneas goile	stomach ache	scornach thinn	sore throat
bhí slaghdán orm	I had a cold	bhí an fliú orm	I had flu
bhraith mé go hainnis	I felt terrible	ar crith leis an bhfuacht	shaking with the cold

Labhair amach … labhair os ard!

An raibh tú tinn le déanaí? Cathain? Céard iad na comharthaí tinnis a bhí ort?

Sampla

Bhí an fliú orm an mhí seo caite. Chaith mé seachtain sa leaba. Bhraith mé go hainnis. Bhí tinneas cinn orm agus bhraith mé lag tuirseach. D'fhan mé sa leaba.

Nuair a bhí mo Mhamó tinn

Cleachtadh ag scríobh – Obair ghrúpa

Cuir na habairtí san ord ceart agus scríobh an scéal i do chóipleabhar.

a) Bhí sí ar crith leis an bhfuacht agus bhí sí ag caitheamh amach.
b) Dúirt an dochtúir go raibh an fliú uirthi.
c) Ghlaoigh sí orainn i lár na hoíche mar mhothaigh sí tinn.
d) D'fhan sí san ospidéal ar feadh seachtaine.
e) San ospidéal rinne na haltraí scrúdú uirthi agus cuireadh ar thralaí í.
f) Nuair a bhí biseach uirthi d'fhill sí abhaile.
g) Tar éis tamaill tháinig an dochtúir chuici.
h) Nuair a shroicheamar a teach bhí a teocht an-ard agus chuireamar glao ar an otharcharr.
i) **Chaith mo Mhamó seachtain san ospidéal le déanaí.**
j) Tháinig an t-otharcharr gan mhoill agus tugadh mo Mhamó chuig an roinn timpiste agus éigeandála san ospidéal áitiúil.

a	b	c	d	e	f	g	h	i	j
								1	

Iontas 2

Cuairt ar oifig an dochtúra

Cleachtadh ag scríobh

❶ Aimsigh na difríochtaí! Cé mhéad difríocht is féidir leat a aimsiú sna pictiúir thíos? Pléigh na difríochtaí sa rang.

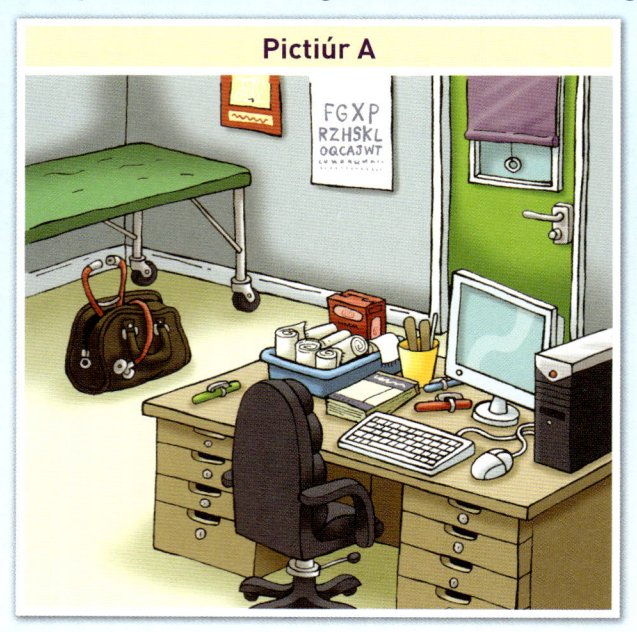

Pictiúr A

Pictiúr B

❷ Líon na bearnaí thíos.

a) I bpictiúr __B__ tá leaba ar chlé agus tá blaincéad ag bun na leapa.
b) I bpictiúr _____ tá mála an dochtúra ar an urlár.
c) I bpictiúr _____ tá instealladh ar bhord an dochtúra.
d) I bpictiúr _____ tá lampa ar bhord an dochtúra.
e) I bpictiúr _____ tá dallóg ar an bhfuinneog.
f) I bpictiúr _____ tá leabhragán le leabhair ann.

Labhair amach … labhair os ard!

Déan cur síos ar phictiúr A nó B os ard sa rang. Cum ceisteanna faoin bpictiúr agus scríobh na ceisteanna agus na freagraí ar an gclár bán.

Meaitseáil

Meaitseáil na focail leis na pictiúir thíos.

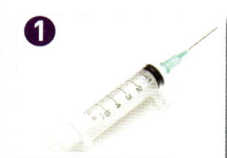

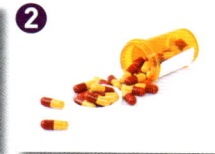

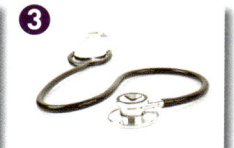

❶ ❷ ❸ ❹ ❺ ❻

| oideas | ungadh | instealladh | teirmiméadar | piollaí | steiteascóp |

Aonad 6 Sláinte

Nuair a tháinig an dochtúir chuig an teach

Éist agus scríobh

Éist leis an múinteoir ag léamh an ailt thíos agus ansin scríobh an t-alt i do chóipleabhar. Nuair a chríochnaíonn tú ag scríobh oscail do leabhar agus ceartaigh do chuid oibre!

> Bhí mé tinn an tseachtain seo caite. Dhúisigh mé ar maidin agus bhí fiabhras orm. Chuir mo Mham glao ar an dochtúir agus d'fhan mé sa leaba. Bhraith mé lag agus tuirseach. Bhí tinneas cinn uafásach orm. Tháinig an dochtúir agus rinne sé scrúdú orm. Dúirt sé go raibh an fliú orm. D'fhan mé sa leaba ar feadh trí lá.

An siopa poitigéara

Cleachtadh ag scríobh

Líon na bearnaí thíos.

Tagann daoine isteach sa siopa _____ má bhíonn buidéal _____ nó piollaí ag teastáil uathu. Oibríonn an _____ sa siopa poitigéara. Díoltar a lán rudaí sa siopa. Mar shampla _____ agus smideadh. Má bhíonn slaghdán nó víreas ar dhaoine téann siad isteach sa siopa poitigéara agus cuireann an poitigéir comhairle orthu. Osclaíonn an siopa poitigéara ar a _____ a chlog ar maidin agus dúnann an siopa ar a sé.

leighis, naoi, poitigéir, seampú, poitigéara

Téigh chuig suíomh idirlín edco.ie/iontas2 chun níos mó oibre a dhéanamh ar an ábhar seo.

Cabhair!

smideadh	make-up
seampú	shampoo
comhairle	advice

Iontas 2

Teaghlach sláintiúil
Léamhthuiscint Treasa Ní Loinsigh

Léigh an sliocht seo a leanas agus freagair na ceisteanna a ghabhann leis.

Haigh! Treasa Ní Loinsigh is ainm domsa. Tá mé ceithre bliana déag d'aois. Is cailín sláintiúil, spórtúil mé. Téim ag siúl le mo mhadra Millie gach maidin ar an trá. Nuair a thagaim ar ais ithim bia sláintiúil do mo bhricfeasta. Is aoibhinn liom torthaí agus glasraí agus ithim úll agus oráiste do mo lón gach lá. Ag an deireadh seachtaine téim ag rothaíocht le mo chairde.

Cuireann mo thuismitheoirí an-bhéim ar bhia sláintiúil sa teach. Taitníonn cócaireacht go mór le mo Dhaid agus ullmhaíonn sé béile sláintiúil dúinn gach lá. Bhí sicín rósta againn inné le prátaí agus cairéid. Is aoibhinn le mo Mham sailéad agus ullmhaíonn sí sailéad dá lón gach lá. Oibríonn mo Mham san ionad spóirt áitiúil. Is múinteoir snámha í. Téann sí ag snámh sa linn snámha gach tráthnóna. Deir mo Mham go mothaíonn tú níos fearr nuair a bhíonn tú sláintiúil.

Is fiaclóir é mo Dhaid. Siúlann sé chuig a oifig gach lá. Tógann sé fiche nóiméad agus éisteann mo Dhaid lena iPod ar an tslí. Bíonn sé i gcónaí ag tathaint orainn ár bhfiacla a ghlanadh. Ag an deireadh seachtaine caithimid a lán ama ag rothaíocht. Deir mo thuismitheoirí go bhfuil sé an-sláintiúil a bheith amuigh faoin aer.

Cabhair!

sláintiúil	healthy
torthaí agus glasraí	fruit and vegetables
cócaireacht	cooking
mothaíonn tú níos fearr	you feel better
ag tathaint	nagging

1. Cá dtéann Treasa gach maidin le Millie?
2. Céard a itheann sí dá bricfeasta?
3. Cén post atá ag a Daid?
4. Céard a itheann a Mam don lón?
5. Cathain a théann an teaghlach ag rothaíocht?

Obair bheirte

1. Scríobh liosta de na rudaí sláintiúla a dhéanann Treasa.
2. Déan cur síos ar a Mam.
3. An teaghlach slaintiúil é an teaghlach seo? Cén fáth?

Labhair amach … labhair os ard!

An teaghlach sláintiúil é do theaghlach? Céard iad na rudaí sláintiúla a dhéanann sibh?

Aonad 6 Sláinte

An nglacann tú cleachtadh coirp?

Meaitseáil
Meaitseáil na focail leis na pictiúir thíos.

| ag rothaíocht | ag scátáil | ag snámh | ag sodar | ag siúl | ag sciáil |

Labhair amach … labhair os ard!

1. An duine sláintiúil tú?
2. An siúlann tú ar scoil?
3. An rothaíonn tú ar scoil?
4. An itheann tú lón sláintiúil?
5. Céard a itheann tú don bhricfeasta?
6. Céard a itheann tú don lón?
7. Céard a itheann tú don dinnéar?

Sampla

Is duine sláintiúil mé. Rothaím ar scoil le mo chairde gach maidin agus imrímid cispheil ag am lóin. Ag an deireadh seachtaine téimid ag snámh sa linn snámha áitiúil. Ithim bia sláintiúil freisin.

Bain úsáid an an bhfoclóir nó as focal.ie.

Bia sláintiúil
Le foghlaim!

feoil	meat	seacláid	chocolate	arbhar	corn
ceapaire	sandwich	cáis	cheese	liamhás	ham
bainne	milk	iógart	yogurt	torthaí	fruit
ispíní	sausages	stéig	steak	glasraí	vegetables
arán donn	brown bread	im	butter	leitís	lettuce
sú oráiste	orange juice	criospaí	crisps	milseáin	sweets
leite	porridge	ubh bhruite	boiled egg	curaí agus rís	curry and rice

Iontas 2

Sláinte mo charad – suirbhé

Labhair amach … labhair os ard!

Roghnaigh dalta amháin sa rang agus faigh amach an duine sláintiúil é/í. Cuir na ceisteanna thíos ar an dalta agus scríobh tuairisc (*report*) ar shláinte an dalta. Léigh an tuairisc os ard sa rang.

Cleachtadh ag scríobh

Ainm an dalta ....
Aois ....
An siúlann tú ar scoil? ....
An itheann tú bricfeasta gach lá?..
Céard a bhíonn agat don bhricfeasta? ....
An ndéanann tú corpoideachas ar scoil? ....
An nglacann tú cleachtadh coirp gach lá? ....
An itheann tú bia sláintiúil don lón? ....
An imríonn tú spórt? Cén spórt? ....
An dalta sláintiúil é an dalta seo? ....

Sampla

Léigh an tuairisc shamplach.

Rinne mé tuairisc ar shláinte Eoin Uí Dhálaigh.
Tá Eoin ceithre bliana déag d'aois.
Siúlann sé ar scoil gach lá.
Itheann sé calóga arbhar agus ólann sé sú oráiste don bhricfeasta.
Déanann Eoin dhá rang corpoideachais gach seachtain ar scoil.
Glacann Eoin cleachtadh coirp gach lá. Imríonn sé cispheil ag am lóin.
Itheann sé úll agus ceapaire don lón.
Imríonn Eoin peil agus rugbaí.
Is duine sláintiúil é Eoin.

Aonad 6 Sláinte

Cuairt a thug mé ar an bhfiaclóir
Léamhthuiscint

Léigh an sliocht seo a leanas agus freagair na ceisteanna a ghabhann leis.

Bhí mé ar crith le heagla sa seomra feithimh nuair a ghlaoigh an t-altra m'ainm. Shiúil mé go mall i dtreo oifig an fhiaclóra. Nuair a shuigh mé ar an gcathaoir ard labhair an fiaclóir liom.

'Bhuel, a Thomáis, inis dom céard a tharla.'

D'inis mé dó go raibh mé ag ithe mo lóin le mo chairde sa seomra ranga. Thóg mé milseán ó mo mhála agus thosaigh mé á chogaint. Ansin mhothaigh mé pian uafásach. Thug mé faoi deara go raibh m'fhiacail briste. Chuir mé glao láithreach ar mo Dhaid agus rinne sé coinne phráinneach dom.

'Ná bí buartha, a Thomáis. Oscail do bhéal agus déanfaidh mé scrúdú ar do chuid fiacla.'

Ina dhiaidh sin rinne an fiaclóir scrúdú ar m'fhiacla agus dúirt sé go raibh air dhá fhiacail a líonadh. Thug sé instealladh dom ansin agus líon sé an dá fhiacail. Bhraith mé an-neirbhíseach an lá sin agus bhí áthas an domhain orm nuair a dúirt an fiaclóir nach raibh orm dul ar ais go ceann sé mhí.

Cabhair!

thosaigh mé á chogaint	I started chewing it
coinne phráinneach	urgent appointment
a líonadh	to fill
instealladh	injection

1. Cá raibh Tomás nuair a ghlaoigh an t-altra a ainm?
2. Céard a bhí á dhéanamh ag Tomás sa seomra ranga?
3. Nuair a thug Tomás faoi deara go raibh a fhiacail briste céard a rinne sé?
4. Céard a rinne an fiaclóir?
5. Cathain a bheidh ar Thomás dul ar ais chuig oifig an fhiaclóra?

Labhair amach ... labhair os ard!

1. Ar thug tú cuairt ar oifig an fhiaclóra le déanaí?
2. Céard a rinne an fiaclóir?
3. An maith leat ag dul chuig an bhfiaclóir?

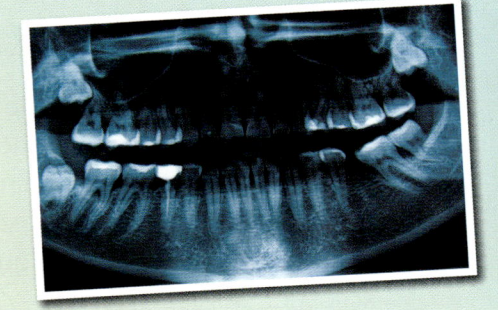

Le foghlaim!

bhí easpa ar m'fhiacail	I had an abscess on my tooth
mhothaigh mé néaróg ag preabadh	I felt a nerve pounding
stoith an fiaclóir an fhiacail	the dentist extracted the tooth

Blag/Cuntas – Dóiteán   Ag Ullmhú don Scrúdú

Is tusa duine de na daoine sna pictiúir thíos. Scríobh cuntas/blag faoi na rudaí a tharla sna Pictiúir 1–3.

Pictiúr 1
An club óige

Pictiúr 2
Dóiteán sa chistin

Pictiúr 3
An bhriogáid dóiteáin

Pictiúr 4
Cuntas/Blag

Luaigh sa chuntas/sa bhlag:

- Cá raibh tú agus cé a bhí in éineacht leat (pictiúr a haon)
- Céard a chonaic sibh agus céard a rinne tú (pictiúr a dó)
- Conas a múchadh an dóiteán (pictiúr a trí).

Dóiteáin sa chlub óige

Líon na bearnaí sa bhlag thíos.

Mo Bhlag

Bhuail mé le mo chairde Feargal agus Lísa sa chlub _____ aréir. Bhíomar ag imirt leadóg bhoird agus ansin d'fhéachamar ar _____ sa seomra teilifíse. Bhaineamar an-spraoi as an oíche.

Go tobann chonaiceamar _____ ag teacht ón gcistin. Baineadh geit mhór asainn. Chonaiceamar lasracha móra ar fud na cistine. Chuir mé glao láithreach ar an mbriogáid _____. Thugamar aghaidh ar an doras éalaithe go tapa ansin.

Gan mhoill chualamar _____. Bhí a fhios againn go raibh an bhriogáid dóiteáin ag teacht. Nuair a chonaic siad an tine rith siad leis na píobáin uisce i dtreo na cistine. _____ siad an tine go tapa. Ní raibh aon duine gortaithe ach scriosadh an club óige.

dóiteáin, óige, mhúch, deatach, bonnán, scannán

Cabhair!

deatach	smoke
lasracha móra	big flames
an doras éalaithe	the exit
bonnán	siren
an bhriogáid dóiteáin	the fire brigade
píobáin uisce	hoses
mhúch siad	they extinguished

Fógra   **Ag Ullmhú don Scrúdú**

Léigh an fógra seo a leanas agus freagair na ceisteanna a ghabhann leis.

LINN SNÁMHA NAOMH PÓL
Óstán na Páirce, Gaillimh
Bí slán san uisce

Ar oscailt
Luan–Satharn 10.00–7.00
Domhnach 10.00–5.00

Táille
€7 do dhaoine fásta
€3 do pháistí

Rialacha na linne snámha
- Ná hith sula dtéann tú ag snámh.
- Cosc ar thumadh (*diving*) nó ar léim isteach san uisce.
- Caith hata sa linn snámha.
- Cosc ar liathróidí sa linn snámha.

Lá teaghlaigh sa linn snámha, 20 Meitheamh. Bígí linn sa linn snámha ar a 12.00. Lón saor in aisce. Tuilleadh eolais **slaintesanuisce@iol.ie** nó cuir glao ar bhainisteoir na linne snámha, Úna de Barra ar a 087 837 4890.

1. Cá bhfuil linn snámha Naomh Pól?
2. Cathain a bheidh an lá teaghlaigh ar siúl?
3. Céard í an riail a bhaineann le liathróidí sa linn snámha?
4. Ainmnigh bainisteoir na linne snámha.
5. Cén t-am a dhúnann an linn snámha ar an Satharn?

Obair ealaíne
Tarraing póstaer i do chóipleabhar do Sheachtain na Sláinte i do scoil. Luaigh na himeachtaí a bheidh ar siúl. Pléigh na himeachtaí os ard sa rang i dtosach.

Labhair amach ... labhair os ard!
An bhfuil linn snámha i do cheantar? An dtéann tú chuig an linn snámha go minic?

Iontas 2

Alt/Cuntas – Timpiste   Ag Ullmhú don Scrúdú

Is tusa Máiréad nó Peadar, duine de na daoine óga atá sna pictiúir thíos.
Scríobh an scéal atá léirithe sa tsraith pictiúr. Is tusa atá ag insint an scéil.

Meaitseáil

Meaitseáil na habairtí thíos agus pioc amach na habairtí thíos a oireann do gach pictiúr thuas. Scríobh an scéal i do chóipleabhar.

1	San ospidéal rinne an dochtúir scrúdú orm.	a	We heard a huge explosion.	
2	Maidin fhliuch ghaofar a bhí ann.	b	It was lashing rain.	
3	Thiomáin mo Dhaid go tapa i dtreo na scoile.	c	The car crashed into a car in the middle of the road.	
4	Chualamar pléascadh ollmhór.	d	In the hospital the doctor examined me.	
5	Cuireadh ar shínteán mé agus tugadh chuig an ospidéal áitiúil mé.	e	It was a wet, windy morning.	
6	Bhí sé ag stealladh báistí.	f	I was put on a stretcher and brought to the local hospital.	
7	Lig mé scread asam. Bhí mé sáinnithe sa charr.	g	The car skidded on the slippery road.	
8	Thug mo Dhaid síob dom ar scoil.	h	An ambulance arrived without delay.	
9	Sciorr an carr ar an mbóthar sleamhain.	i	I screamed. I was trapped in the car.	
10	Bhuail an carr in aghaidh cairr i lár an bhóthair.	j	My Dad drove quickly in the direction of the school.	
11	Bhrostaíomar ón teach. Bhí mé déanach don scoil.	k	I stayed in hospital overnight.	
12	Gan mhoill tháinig otharcharr.	l	My Dad gave me a lift to school.	
13	D'fhan mé san ospidéal thar oíche.	m	We hurried from the house. I was late for school.	

Uimhir	Litir
1	
2	
3	
4	
5	
6	
7	
8	
9	
10	
11	
12	
13	

Aonad 6 Sláinte

Meaitseáil — Ag Ullmhú don Scrúdú

Meaitseáil na pictiúir leis na fógraí/comharthaí sna boscaí thíos agus scríobh na litreacha is fearr a fhreagraíonn do na huimhreacha, dar leat, sna spásanna cuí ar an ngreille.

1	An Roinn Timpiste agus Éigeandála 
2	Ná caitear tobac 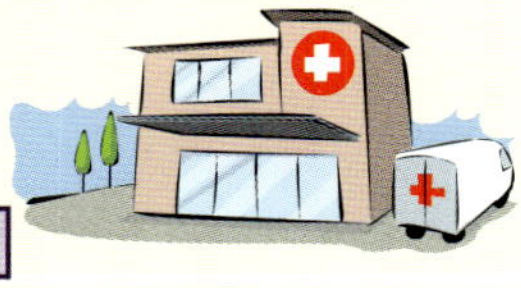
3	Togha glasraí ar fáil anseo 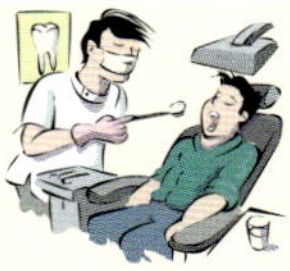
4	Cosán rothaíochta dúnta 
5	Sreanga Beo! Fan amach 
6	Ospidéal Naomh Muire Clinic Lae 
7	Tiomáin go mall! Oibreacha bóthair romhat 
8	Oifig Fiaclóra 
9	Cosc ar Pháirceáil 
10	Ná hól an t-uisce 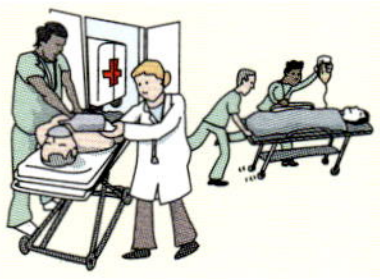

Signs: A – high voltage; B – hospital; C – dentist; D – no drinking water; E – no parking; F – no smoking; G – no cycling; H – vegetables; I – roadworks; J – accident and emergency.

Uimhir	Litir
1	
2	
3	
4	
5	
6	
7	
8	
9	
10	

Le foghlaim!

ná caitear tobac	no smoking
cosán rothaíochta	cycling path
cosc ar pháirceáil	no parking
fan amach	stay away
sreanga beo	live wires
tiomáin go mall	drive slowly
oibreacha bóthair romhat	road works ahead
clinic lae	day clinic
an roinn timpiste agus éigeandála	accident and emergency department
ná hól an t-uisce	don't drink the water

Iontas 2

Ag Ullmhú don Scrúdú

Léamhthuiscint Taylor Swift

Léigh an sliocht seo a leanas agus freagair na ceisteanna a ghabhann leis.

Rugadh Taylor Alison Swift, nó Taylor Swift mar is fearr aithne uirthi, ar an 13 Nollaig sa bhliain 1989 i Pennsylvania, san Stáit Aontaithe. Gruaig fhada fhionn atá uirthi agus tá suile gorma aici. Bhí an-suim aici sa cheol ina hóige. Thosaigh sí ag glacadh páirte in imeachtaí ceoil agus i gcomórtais nuair a bhí sí deich mbliana d'aois. Ní raibh sí ach ceithre bliana déag d'aois nuair a bhog sí go dtí Nashville chun gairm sa cheol tuaithe a thosnú.

Sheol sí a céad albam sa bhliain 2006 ag aois a sé bliana déag d'aois. D'eisigh Taylor a dara halbam *Fearless* sa bhliain 2008 agus bhain sí clú agus cáil amach ar fud an domhain leis na hamhráin 'Love Story' agus 'You Belong with Me'.

Is iomaí duais atá buaite ag Taylor Swift sa cheol agus sa bhliain 2011 ainmníodh í mar 'Bean na Bliana' ar chairteacha Billboard. Tá saol an-ghnóthach ag Taylor ach faigheann sí an t-am chun obair charthanach a dhéanamh. Anuas air sin, déanann sí roinnt aisteoireachta agus bhí ról aici sna scannáin *Jonas Brothers* agus *Hannah Montana*!

Cabhair!

comórtais	competitions
ceol tuaithe	country music
amhránaithe	singers
is mó díol	biggest seller
obair charthanach	charity work

1. Cathain a rugadh Taylor Swift?
2. Cad a rinne sí nuair a bhí sí deich mbliana d'aois?
3. Ainmnigh amhrán amháin óna dara halbam.
4. Cén duais a bhuaigh sí sa bhliain 2011?
5. Ainmnigh an dá scannán inar ghlac sí páirt.

Craic sa rang!
Éist le ceol Taylor Swift sa rang.

Obair ealaíne
Tarraing fógra do cheolchoirm Taylor Swift.

Téigh chuig suíomh idirlín edco.ie/iontas2 chun níos mó oibre a dhéanamh ar an ábhar seo.

Aonad 6 Sláinte

An Bhéaltriail CD 1 Rian 22–24

❶ Éist leis na samplaí thíos ar an dlúthdhiosca, Rian 22–23. Ullmhaigh píosa eolais fút féin. Léigh na samplaí thíos.

> Máirín is ainm dom. Is duine sláintiúil mé. Déanaim mo dhícheall bia sláintiúil a ithe agus déanaim cleachtadh coirp go rialta. Siúlaim ar scoil gach maidin le mo chara Seán agus imrímid cispheil sa chlós ag am lóin. Ag an deireadh seachtaine buailimid le chéile san ionad spóirt agus téimid ag snámh. Is aoibhinn linn spóirt.

> Bhris mé mo chos an tseachtain seo caite. Bhí mé ag imirt rugbaí ar fhoireann na scoile nuair a bhris mé mo chos. Tháinig otharcharr agus bhí orm dul chuig an roinn timpiste agus éigeandála. Rinne an dochtúir scrúdú orm agus ansin glacadh X-gha de mo chos. Bhí an-bhrón orm nuair a fuair mé amach gur briseadh mo chos. Beidh me ar na maidí croise go ceann míosa.

❷ Labhair na samplaí amach os comhair an ranga agus déan cur síos ar do shláinte.

❸ Freagair na ceisteanna thíos. Éist leis na freagraí samplacha ar an dlúthdhiosca, Rian 24.

a) An raibh tú riamh sa roinn timpiste agus éigeandála?
b) Ar bhris tú do chos nó do lámh riamh?
c) An itheann tú bia sláintiúil?
d) An itheann tú lón sláintiúil?
e) Céard a bhíonn agat don lón de ghnáth?
f) An dtéann tú chuig an linn snámha go minic?
g) An siúlann tú ar scoil?
h) An nglacann tú cleachtadh coirp?
i) An bhfaca tú timpiste bhóthair riamh?
j) An bhfaca tú tine riamh?
k) An dtéann tú chuig an bhfiaclóir go minic?

Iontas 2

An Chluastuiscint CD 1 Rian 63–68

Cuid A: An Chéad Chainteoir

Cloisfidh tú giota cainte ó dhuine óg sa chuid seo. Cloisfidh tú an giota **faoi dhó**.
Éist go cúramach leis agus líon isteach an t-eolas atá á lorg sna greillí thíos.

Ainm	*Dara Ó Searcaigh*
Cén fáth nach raibh Dara ar scoil inniu?	
Cén t-am a tháinig an dochtúir chuig an teach?	
Céard a thug an dochtúir dá Mham?	

Cuid B: Píosa Nuachta

Cloisfidh tú píosa nuachta anois. Cloisfidh tú é **faoi dhó**. Éist go cúramach leis.

a   b   c   d

a) Cén pictiúr a théann leis an bpíosa nuachta seo? ☐
b) Cár thosaigh an dóiteán? ☐

    (a) sa halla   **(b)** sa chistin   **(c)** sa tsaotharlann   **(d)** sa leabharlann

Cuid C: Comhrá

Cloisfidh tú comhrá anois. Cloisfidh tú é **faoi dhó**. Éist go cúramach leis.

a   b   c   d

An Chéad Mhír

a) Cén pictiúr a théann leis an gcomhrá seo? ☐

An Dara Mír

b) Cá mbeidh Úna ag dul an Satharn seo chugainn? ☐

    (a) an pháirc peile   **(b)** an phictiúrlann   **(c)** an t-ospidéal   **(d)** an club óige

Aonad 6 Sláinte

Súil siar ar Aonad a Sé

1 Cuir Gaeilge ar na pictiúir thíos.

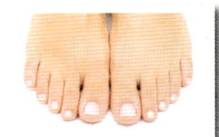

_____   _____   _____   _____   _____   _____

2 Líon na bearnaí thíos.

Bhí mé _____ ar scoil inné. Bhí tinneas cinn orm. Ghlaoigh an príomhoide ar mo Mham agus chuaigh mé abhaile ag am lóin. Thug mé cuairt ar an _____ ansin. Rinne an dochtúir _____ orm. Dúirt sí go raibh fiabhras orm. Thug sí _____ dom agus dúirt sí liom fanacht sa leaba go ceann _____ lá. Ar an mbealach abhaile chuamar chuig an siopa _____ agus cheannaíomar buidéal _____. Chuaigh mé a chodladh go luath an oíche sin agus d'fhan mé sa _____ an lá ina dhiaidh sin.

scrúdú, leaba, trí, tinn, leighis, oideas, poitigéara, dochtúir

3 Meaitseáil na focail leis na pictiúir thíos.

| cáis | ispiní | ceapaire | im |
| sú oráiste | liamhás | ubh bhruite | arán donn |

4 Líon na bearnaí thíos.

a) Tháinig (a aintín) _____ ar cuairt agus thug sí bronntanas di.
b) Chuir sé (a mála) _____ sa chófra nuair a tháinig sé abhaile ón scoil.
c) Tháinig (ár athair) _____ chuig an bpictiúrlann agus thug sé síob dúinn.
d) Chuaigh (ár club óige) _____ trí thine agus bhí brón an domhain orthu.
e) Bhí (mo mhúinteoir) _____ as láthair agus ní bhfuaireamar aon obair bhaile.

Aonad a Seacht
Caithimh Aimsire

Caithimh aimsire		145
An leabharlann		147
Léamhthuiscint	Éilis Ní Laoi	148
An phictiúrlann		149
Suirbhé sa rang	An phictiúrlann	150
Léamhthuiscint	Ryan Gosling	151
Ceol		152
Blag Rút	Ceoldráma *Jesus Christ Superstar*	154
Fógra	Fleadh Cheoil na hÉireann	155
Ceolchoirm		156
Léamhthuiscint	Comhaltas Ceoltóirí Éireann	157
An teicneolaíocht		158
Suirbhé sa rang	An teicneolaíocht	159
Ríomhphoist		160
An teilifís		161
Léamhthuiscint	Ag Ullmhú don Scrúdú	162
Alt/Cuntas	Ag Ullmhú don Scrúdú	163
Meaitseáil	Ag Ullmhú don Scrúdú	164
An Bhéaltriail	Ag Ullmhú don Scrúdú	165
An Chluastuiscint	Ag Ullmhú don Scrúdú	166
Súil siar ar Aonad a Seacht		167

Is trom an t-ualach an leisce.

Aonad 7 Caithimh Aimsire

Caithimh aimsire
Céard iad na caithimh aimsire is fearr leat?

Is mise Laoise. Is aoibhinn liom a bheith ag léamh agus ag éisteacht le ceol. Tá iPod agam agus éistim le ceol tar éis dom mo chuid obair bhaile a dhéanamh.

Peadar is ainm dom. Taitníonn ceol go mór liom. Seinnim an giotár. Bíonn rang agam ar an Satharn. Bruno Mars an t-amhránaí is fearr liom.

Féach/Abair/Clúdaigh/Scríobh/Seiceáil

Cuimhnigh!

Bain úsáid as an tábla thíos chun dul siar ar na nathanna a d'fhoghlaim tú anuraidh.

Féach/Abair/Clúdaigh	Scríobh	Seiceáil
ag léitheoireacht		
ag dul chuig ceolchoirm		
ag féachaint ar an teilifís		
ag dul chuig an bpictiúrlann		
ag canadh agus ag damhsa		
ag imirt spóirt		
ag féachaint ar an teilifís		
ag íoslódáil ceoil ón idirlíon		
ag seoladh téacsanna		
ag seinm an ghiotáir		

Labhair amach … labhair os ard!

1. Céard iad na caithimh aimsire a thaitníonn leat?
2. Cén caitheamh aimsire is fearr leat?
3. Cathain a dhéanann tú an caitheamh aimsire sin?
4. An maith leat na caithimh aimsire sa bhosca thuas?

Sampla

An caitheamh aimsire is fearr liom ná ag dul amach le mo chairde. Téimid chuig an gclub óige nó chuig an bpictiúrlann go minic.

Téigh chuig suíomh idirlín edco.ie/iontas2 chun níos mó oibre a dhéanamh ar na caithimh aimsire.

Iontas 2

Caithimh aimsire
Cleachtadh don scrúdú

Comórtas sa rang

1
a) Cé mhéad abairt is féidir leat a chumadh leis na focail thíos?
b) Léigh na habairtí os ard sa rang.
c) Scríobh na habairtí ar an gclár bán.
d) Scríobh na habairtí san fhoirm cheisteach agus san fhoirm dhiúltach.

Is aoibhinn liom	leabhair	ar mo rothar.
Siúlaim	mo chairde	sa leabharlann.
Buailim le	sa pháirc	an giotár.
Seinnim	ar scannáin	le mo mhadra Millie.
Féachaim	an pianó agus	san ionad spóirt.
Imrím	faoin tuath	sa phictiúrlann.
Rothaím	spórt	le ceol.
Léim	ag éisteacht	sa chlub óige.

Sampla

Is aoibhinn liom ~ ag éisteacht ~ le ceol.

2 Scríobh abairtí i do chóipleabhar leis na briathra thíos.

siúlaim	I walk	buailim le	I meet with
seinnim	I play (music)	féachaim ar	I watch
imrím	I play (sport)	rothaím	I cycle
léim	I read	is aoibhinn liom	I love

Meaitseáil

Meaitseáil na pictiúir leis na focail thíos.

| an leabharlann | an phictiúrlann | an club óige | an linn snámha |

Scríobh liosta de na caithimh aimsire a thaitníonn leat i do chóipleabhar.

Aonad 7 Caithimh Aimsire

An leabharlann

Féach/Abair/Clúdaigh/Scríobh/Seiceáil

Le foghlaim!

Bain úsáid as an tábla thíos chun na nathanna a fhoghlaim.

Féach/Abair/Clúdaigh	Béarla	Scríobh	Seiceáil
úrscéal	novel		
iris	magazine		
páipéar nuachta	newspaper		
tuairisc	report		
gearrscéal	short story		
leabhar filíochta	poetry book		
dialann	diary		
file	poet		
údar	author		

Cleachtadh don scrúdú – Seán Ó Ruairc

1 Líon na bearnaí thíos.

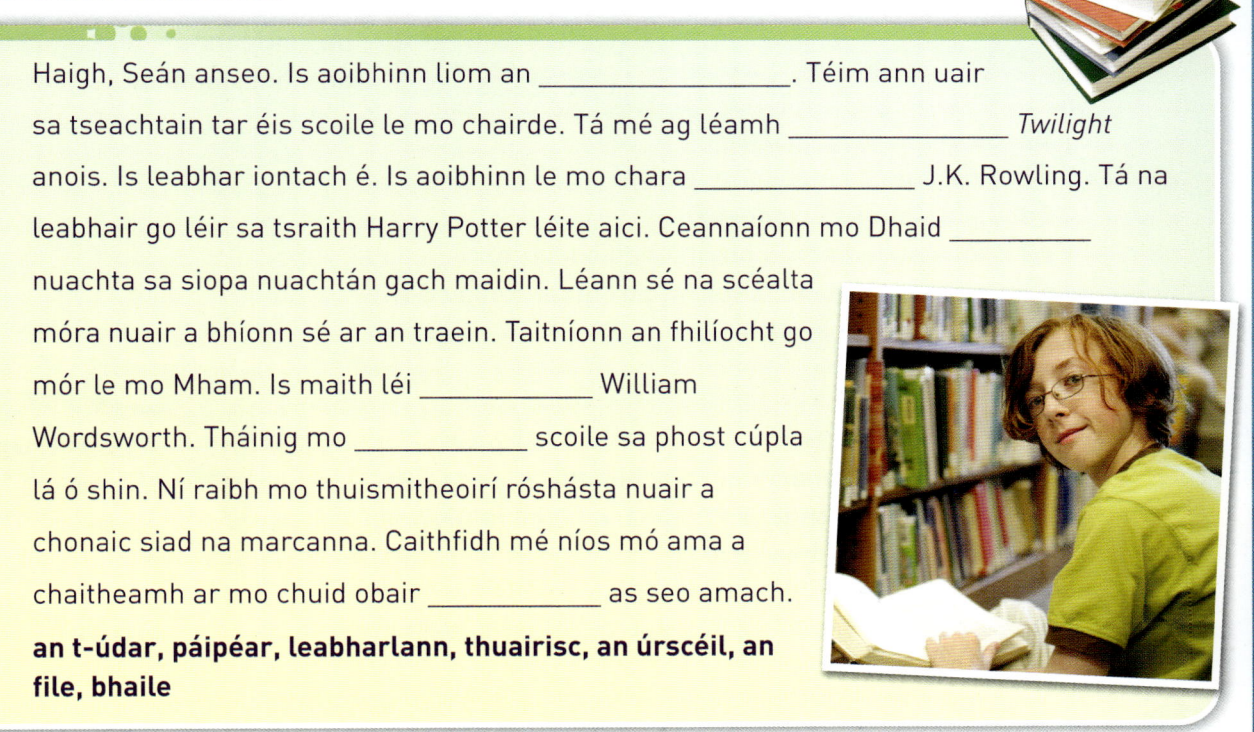

Haigh, Seán anseo. Is aoibhinn liom an _____. Téim ann uair sa tseachtain tar éis scoile le mo chairde. Tá mé ag léamh _____ *Twilight* anois. Is leabhar iontach é. Is aoibhinn le mo chara _____ J.K. Rowling. Tá na leabhair go léir sa tsraith Harry Potter léite aici. Ceannaíonn mo Dhaid _____ nuachta sa siopa nuachtán gach maidin. Léann sé na scéalta móra nuair a bhíonn sé ar an traein. Taitníonn an fhilíocht go mór le mo Mham. Is maith léi _____ William Wordsworth. Tháinig mo _____ scoile sa phost cúpla lá ó shin. Ní raibh mo thuismitheoirí róshásta nuair a chonaic siad na marcanna. Caithfidh mé níos mó ama a chaitheamh ar mo chuid obair _____ as seo amach.

an t-údar, páipéar, leabharlann, thuairisc, an úrscéil, an file, bhaile

2 Léigh an t-alt thuas os ard sa rang. Bain úsáid as na habairtí chun alt a scríobh fút féin.

147

Iontas 2

Léamhthuiscint — Éilis Ní Laoi

Léigh an sliocht seo a leanas agus freagair na ceisteanna a ghabhann leis.

Haigh! Éilis is ainm dom. Tá mé ar mo bhealach chuig an leabharlann áitiúil. Léigh mé *The Hunger Games* agus tá mé ag dul chuig an leabharlann chun an leabhar a thabhairt ar ais. Is leabhar iontach é *The Hunger Games.* Is í Katniss Everdeen an scéalaí sa leabhar. Cailín sé bliana déag d'aois í. Sa leabhar glacann sí páirt i dtroid mhór. Is í Suzanne Collins údar an scéil.

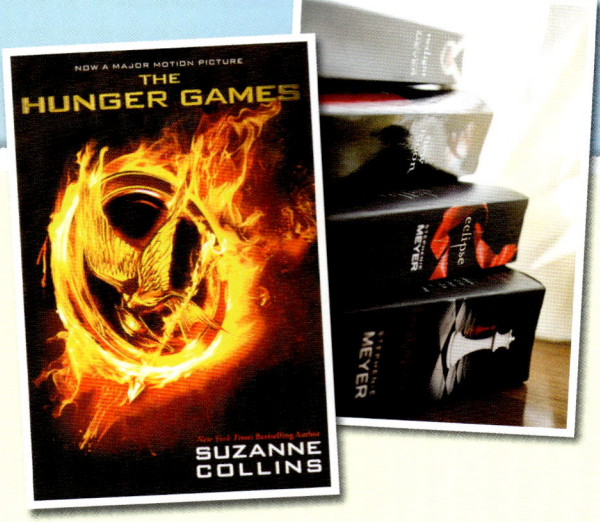

Tá mé ag súil go mór leis an leabhar *Twilight* a léamh. Deir mo chairde gur leabhar iontach é. Is í Stephenie Meyer údar an leabhair. Má tá sé sa leabharlann inniu tógfaidh mé ar iasacht é.

Uaireanta tagann mo dheirfiúr óg Aoife chuig an leabharlann in éineacht liom. Is aoibhinn léi a bheith ag léamh agus caitheann sí a lán ama ag féachaint ar na leabhair ar na seilfeanna. Roddy Doyle an t-údar is fearr léi. Deir sí go mbíonn a scéalta an-ghreannmhar.

Cabhair!

ar mo bhealach	on my way
scéalaí	storyteller
ar iasacht	on loan
na seilfeanna	on the shelves
an-ghreannmhar	very funny

1. Cá bhfuil Éilis ag dul?
2. Ainmnigh an leabhar a léigh sí.
3. Cé hí Katniss Everdeen?
4. Cén leabhar a scríobh Stephenie Meyer?
5. Cén fáth ar maith le hAoife an t-údar Roddy Doyle?

Labhair amach … labhair os ard!

1. An bhfuil leabharlann i do cheantar?
2. An dtéann tú chuig an leabharlann go minic?
3. Cén t-údar is fearr leat?
4. An maith leat a bheith ag léamh?
5. Cén t-ainm atá ar an úrscéal atá á léamh agat sa rang Béarla?

Sampla

Tá leabharlann nua i mo cheantar. Téim ann uair sa tseachtain le mo chairde. Is aoibhinn liom úrscéalta. Is í J.K. Rowling an t-údar is fearr liom. Is aoibhinn liom a bheith ag léamh.

Aonad 7 Caithimh Aimsire

An phictiúrlann

Féach/Abair/Clúdaigh/Scríobh/Seiceáil

Le foghlaim!

Bain úsáid as an tábla thíos chun na nathanna a fhoghlaim.

Féach/Abair/Clúdaigh	Béarla	Scríobh	Seiceáil
scannáin ghrinn	comedy films		
scannáin bhleachtaireachta	detective films		
scannáin rómánsacha	romantic films		
scannáin uafáis	horror films		
scannáin ficsean eolaíochta	science fiction films		
scannáin fhoréigneacha	violent films		
aisteoir	actor		

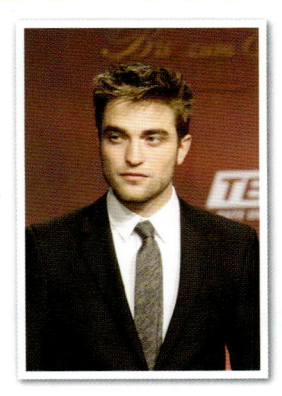

Éist agus scríobh

Éist leis an múinteoir ag léamh an ailt thíos agus ansin scríobh an t-alt i do chóipleabhar. Nuair a chríochnaíonn tú ag scríobh oscail do leabhar agus ceartaigh do chuid oibre!

Is aoibhinn liom dul chuig an bpictiúrlann. Téim ann gach Satharn le mo chara. Cuirim na ticéid in áirithe ar an idirlíon agus buailim le mo chara ag an doras. Ceannaímid grán rósta agus uachtar reoite sa siopa agus ansin téimid isteach sa phictiúrlann. Taitníonn scannáin ghrinn go mór liom agus taitníonn scannáin uafáis le mo chara. Ryan Gosling an t-aisteoir is fearr liom.

Téigh chuig suíomh idirlín edco.ie/iontas2 chun níos mó oibre a dhéanamh ar an ábhar seo.

Iontas 2

Suirbhé sa rang – an phictiúrlann

Cleachtadh don scrúdú

Ag obair le triúr daltaí eile sa rang déan suirbhé ar na daltaí i do ghrúpa faoin bpictiúrlann. Léigh amach an tuairisc os ard sa rang. Féach ar na ceisteanna thíos agus léigh an tuairisc shamplach.

Ceisteanna samplacha

1. Ainmnigh an scannán is fearr a chonaic tú riamh. ....
2. Cén saghas scannán a thaitníonn leat? ....
3. Cé a théann in éineacht leat? ....
4. Conas a cheannaíonn tú an ticéad? ....
5. Cé mhéad a íocann tú ar thicéad? ....
6. Conas a théann tú chuig an bpictiúrlann? ....
7. Cathain a théann tú chuig an bpictiúrlann? ....
8. Cén t-aisteoir is fearr leat? ....

Tuairisc shamplach

Seo é mo chara Antaine.
'Breaking Dawn' an scannán is fearr a chonaic sé riamh.
Taitníonn scannáin románsacha go mór leis.
Bíonn a chairde Niamh agus Lorcán in éineacht leis.
Ceannaíonn sé an ticéad ar an idirlíon.
Íocann sé ocht euro caoga ceint ar an ticéad.
Faigheann Antaine an bus chuig an bpictiúrlann.
Téann sé chuig an bpictiúrlann uair sa mhí.
Is é Ryan Gosling an t-aisteoir is fearr leis.

Cabhair!

uair sa mhí	once a month
ag an deireadh seachtaine	at the weekend
anois is arís	now and then
go minic	often
roimh ré	beforehand
oifig na dticéad	the ticket office
síob	lift
aisteoir	actor

Labhair amach ... labhair os ard!

Léigh an tuairisc os ard sa rang.

Aonad 7 Caithimh Aimsire

Léamhthuiscint Ryan Gosling

Léigh an sliocht seo a leanas agus freagair na ceisteanna a ghabhann leis.

Rugadh an t-aisteoir cáiliúil Ryan Gosling i gCeanada ar an 12 Samhain 1980. Nuair a bhí sé óg bhog a theaghlach ó áit go háit mar go raibh a athair ag lorg oibre. Ní raibh a shaol scoile róthaitneamhach ach an oiread. Rinneadh bulaíocht uafásach air agus ar deireadh d'fhág sé an scoil agus rinne sé a chuid staidéir sa bhaile.

D'athraigh a shaol nuair a chuaigh sé chuig triail don seó teilifíse *The Mickey Mouse Club*. Ní raibh sé ach dhá bhliain déag d'aois ag an am sin agus bhuaigh sé páirt sa seó cé go raibh beagnach fiche míle duine in iomaíocht leis. Bhuail sé le Justin Timberlake agus Britney Spears ar an seó agus chaith sé tamall ina chónaí le Justin Timberlake.

Nuair a chríochnaigh *The Mickey Mouse Club* d'fhill Ryan ar Cheanada agus fuair sé a chéad pháirt sa scannán *The Believer* sa bhliain 2001. Bhain sé clú agus cáil amach ar fud an domhain leis an scannán *The Notebook*. Bhuaigh sé cúig ghradam *Teen Choice* don scannán agus thuill an scannán níos mó ná céad milliún dollar.

Cabhair!

cáiliúil	famous
bhog a theaghlach	his family moved
ach an oiread	either
bulaíocht	bullying
triail	audition
in iomaíocht	in competiton
bhain sé clú agus cáil amach	he became famous

❶ Cár rugadh an t-aisteoir Ryan Gosling?
❷ Cén fáth nach raibh a shaol scoile róthaitneamhach?
❸ Ainmnigh an clár teilifíse ar ghlac Ryan páirt ann.
❹ Cá ndeachaigh Ryan nuair a chríochnaigh *The Mickey Mouse Club*?
❺ Cé mhéad gradam a bhuaigh sé don scannán *The Notebook*?

Obair ghrúpa

Ag obair le triúr daltaí sa rang roghnaigh aisteoir agus ullmhaigh óráid (*speech*) bunaithe ar an aisteoir. Déan taighde ar an idirlíon agus tabhair isteach póstaer den aisteoir. Déan cur síos ar an aisteoir os ard sa rang. Croch an t-eolas ar an mballa sa seomra ranga.

Ceol

Léigh na giotaí thíos os ard sa rang.

> Is mise Máire. Is aoibhinn liom ceol clasaiceach. Seinnim an pianó agus an veidhlín.

> Dáithí anseo! Is é an ceol an caitheamh aimsire is fearr liom. Is amhránaí mé i ngrúpa ceoil. Seinnim an sacsafón freisin.

Féach/Abair/Clúdaigh/Scríobh/Seiceáil

Bain úsáid as an tábla thíos chun na nathanna a fhoghlaim.

Le foghlaim!

Féach/Abair/Clúdaigh	Béarla	Scríobh	Seiceáil
ceol traidisiúnta	traditional music		
ceol clasaiceach	classical music		
popcheol	pop music		
ceol tíre	country music		
amhrán/amhránaí	song/singer		
ceol/ceoltóir	music/musician		
banna ceoil / grúpa ceoil	music group		
ceolchoirm	concert		
ag íoslódáil ceoil	downloading music		

Labhair amach ... labhair os ard!

1. Cén saghas ceoil a thaitníonn leat?
2. Cén t-amhránaí is fearr leat?
3. Cén grúpa ceoil is fearr leat?
4. An seinneann tú uirlis cheoil?

Sampla

Is aoibhinn liom ceol. Taitníonn popcheol go mór liom. Justin Bieber an t-amhránaí is fearr liom. Is maith liom an grúpa ceoil One Direction.

Aonad 7 Caithimh Aimsire

Ceol

Éist agus scríobh

Éist leis an múinteoir ag léamh an ailt thíos agus ansin scríobh an t-alt i do chóipleabhar. Nuair a chríochnaíonn tú ag scríobh oscail do leabhar agus ceartaigh do chuid oibre!

Taitníonn ceol go mór liom. Is é an popcheol an ceol is fearr liom. Is maith liom an t-amhránaí Justin Bieber agus is aoibhinn liom an grúpa ceoil JLS. Bhí mé ag ceolchoirm Bruno Mars an samhradh seo caite. Fuair mé ticéad ó mo thuismitheoirí do mo bhreithlá. Thaitin sé go mór liom.

Meaitseáil — Ag Ullmhú don Scrúdú

Meaitseáil na pictiúir leis na fógraí/comharthaí sna boscaí thíos agus scríobh na litreacha is fearr a fhreagraíonn do na huimhreacha, dar leat, sna spásanna cuí ar an ngreille.

Uimhir	Litir
1	
2	
3	
4	
5	
6	

1. **Ciúnas!** Rang pianó ar siúl
2. **Ar iarraidh** Veidhlín
3. **Ar díol** Bodhrán €95
4. **An Siopa Ceoil** Uirlisí ar leathphraghas
5. **Comórtas Ceoil** Pobalscoil Eoin, Dé Céadaoin 8.00
6. **An Ceoláras Náisiúnta** Ceolchoirm ar siúl le Ceolfhoireann RTÉ, Dé hAoine 20 Eanáir

A, B, C, D, E, F

Cabhair!

An Ceoláras Náisiúnta	the National Concert Hall
uirlisí	instruments

Iontas 2

Blag Rút – Ceoldráma *Jesus Christ Superstar*

Léigh an blag seo a leanas agus freagair na ceisteanna a ghabhann leis.

Mo Bhlag

Bhí mé ag an gceoldráma *Jesus Christ Superstar* i halla na scoile aréir. Ba cheoldráma iontach é. Is scéal suimiúil é atá bunaithe ar shaol Íosa Críost ón mbíobla. Scríobh Andrew Lloyd Webber an scéal agus chum Tim Rice na liricí.

Ghlac mo dheartháir páirt Herod sa cheoldráma. Gan amhras, bhí sé ar fheabhas mar aon leis na haisteoirí eile a ghlac páirt sa seó. Nuair a chan siad an t-amhrán 'Superstar' thosaigh an lucht féachana ag bualadh bos. Bhí mo chara Áine ag damhsa sa cheoldráma. Nuair a rinne siad damhsa 'Herod' baineadh geit asam. Bhí sé an-ghlórach agus drámata. Dochreidte!

Chuaigh mé ann le mo chairde Aisling agus Caitríona. Cheannaíomar na ticéid ag an doras agus fuaireamar suíochán gar don stáiste. Beidh mo thuismitheoirí ag dul ann anocht. Gan amhras bainfidh siad an-taitneamh as.

Cabhair!

ceoldráma	musical
chum Tim Rice na liricí	Tim Rice composed the lyrics
na haisteoirí	the actors
ar fheabhas	excellent
lucht féachana	audience
bualadh bos	clapping
an-ghlórach	very loud
drámata	dramatic
dochreidte	unbelievable

❶ Cá ndeachaigh Rút aréir?
❷ Ainmnigh an fear a chum na liricí.
❸ Cén pháirt a ghlac dheartháir Rút sa cheoldráma?
❹ Cathain a thosaigh an lucht féachana ag bualadh bos?
❺ Cár cheannaigh Rút a ticéad?

Scríobh blag i do chóipleabhar faoi cheoldráma a chonaic tú.
Bain úsáid as na nathanna cainte sa bhosca thuas.

Labhair amach … labhair os ard!

❶ An nglacann daltaí na hidirbhliana páirt i gceoldráma sa scoil seo?
❷ Cén dráma atá á dhéanamh acu i mbliana?
❸ Ar ghlac tú páirt i gceoldráma riamh?

Aonad 7 Caithimh Aimsire

Fógra   Ag Ullmhú don Scrúdú

Léigh an fógra seo a leanas agus freagair na ceisteanna a ghabhann leis.

FLEADH CHEOIL NA HÉIREANN
Co. an Chabháin
10ú–20ú lá de mhí Lúnasa

I measc na n-imeachtaí a bheidh ar siúl beidh:

- comórtais cheoil
- ceolchoirmeacha le Altan agus Clannad
- ranganna ceoil ina múinfear an chláirseach, an fheadóg stáin, an fhliúit, an bosca ceoil, na píobaí uilleann, amhránaíocht, damhsa ar an sean-nós agus seitrince
- céilí na n-óg ar an gCéadaoin (15ú lá de mhí Lúnasa) i gCearnóg an Mhargaidh
- seó puipéad do pháistí óga Déardaoin (16ú lá de mhí Lúnasa)

Ná déan moill! Cuir do sheomra óstáin in áirithe go gairid agus bain sult as an gcraic agus as an gceol a bheidh ar fáil an samhradh seo ag Fleadh Cheoil na hÉireann.

Má tá tuilleadh eolais uait téigh chuig **www.fleadhcheoil.ie** nó cuir glao ar Niamh Ní Fhloinn ar 087 647 4676.

1. Cá mbeidh Fleadh Cheoil na hÉireann ar siúl?
2. Ainmnigh grúpa ceoil amháin a bheidh ag seinnt ag an bhfleadh cheoil.
3. Cathain a bheidh céilí na n-óg ar siúl?
4. Cathain a bheidh an seó puipéad do pháistí óga ar siúl?
5. Conas is féidir tuilleadh eolais a fháil?

Cabhair!

an chláirseach	the harp
an fheadóg stáin	tin whistle
seitrince	set dancing

Ceol sa rang
Éist le ceol traidisiúnta sa rang.

Obair ealaíne
Tarraing fógra i do chóipleabhar do cheolchoirm nó féile cheoil.

Iontas 2

Ceolchoirm

Cleachtadh don scrúdú

1 Cuir na habairtí san ord ceart agus scríobh an t-alt faoin gceolchoirm i do chóipleabhar. Léigh an t-alt os ard sa rang.

Nuair a shroicheamar an O2 bhí an amharclann plódaithe le daoine.	
Fuair mé dhá thicéad dá gceolchoirm san O2 do mo bhreithlá.	2
Chan siad na hamhráin óna n-albam *Outta This World*.	
Nuair a tháinig JLS amach ar an stáitse thosaigh an slua ag screadaíl.	
Bhí sceitimíní an domhain orm nuair a fuair mé na ticéid.	
Bhí siad dochreidte.	
Is é JLS an grúpa ceoil is fearr liom.	1
Ag deireadh na hoíche cheannaigh mé póstaer agus t-léine JLS.	
Bhí atmaisféar leictreach san amharclann.	
Thug mé cuireadh do mo chara Lísa teacht in éineacht liom.	
Tháinig mo Dhaid chun síob a thabhairt dúinn.	
Bhí tuirse an domhain orm an oíche sin.	

2 Ar fhreastail tú ar cheolchoirm le déanaí? Scríobh alt i do chóipleabhar faoi. Bain úsáid as na nótaí thuas. Tosaigh mar seo:

> *D'fhreastail mé ar cheolchoirm Katy Perry an mhí seo caite...*

Cabhair!

bhí sceitimíní an domhain orm	I was very excited
ag screadaíl	screaming
síob	a lift
atmaisféar leictreach	electric atmosphere
amharclann	theatre

Labhair amach ... labhair os ard!

1 Ar fhreastail tú ar cheolchoirm le déanaí?
2 Cá raibh an cheolchoirm ar siúl?
3 Cé a thug an ticéad duit?
4 An ndeachaigh aon duine in éineacht leat?
5 Cén t-am a thosaigh an cheolchoirm?
6 Cén sórt atmaisféir a bhí ann?
7 Nuair a chríochnaigh an cheolchoirm conas a chuaigh tú abhaile?
8 Ar cheannaigh tú t-léine nó póstaer?
9 Ar thaitin an cheolchoirm leat?

Scríobh freagraí na gceisteanna thuas i do chóipleabhar.

Téigh chuig suíomh idirlín edco.ie/iontas2 chun níos mó oibre a dhéanamh ar na caithimh aimsire.

Aonad 7 Caithimh Aimsire

Léamhthuiscint Comhaltas Ceoltóirí Éireann

Léigh an sliocht seo a leanas agus freagair na ceisteanna a ghabhann leis.

Is iad Comhaltas Ceoltóirí Éireann an eagraíocht a chuireann ceol traidisiúnta agus cultúr na hÉireann chun cinn ar fud an domhain. Bunaíodh an eagraíocht sa bhliain 1951 sa Mhuileann gCearr, i gContae na hIarmhí agus cuireadh tús le Fleadh Cheoil na hÉireann.

De bharr na dea-oibre a rinne siad tá ceol na hÉireann beo ar fud an domhain agus tá breis agus 75,000 duine mar bhaill den eagraíocht seo. Tá craobhacha ag Comhaltas timpeall an domhain ar fad. Tá craobhacha i Meiriceá, sa Spáinn, sa Fhrainc, sa Rúis, san Astráil, sa Nua-Shéalainn, san Ungáir, agus i Lucsamburg. Dar ndóigh tá craobhacha i ngach aon chontae in Éirinn freisin. Cuireann siad ranganna ceoil, damhsa agus Gaeilge ar fáil. Chomh maith leis sin eagraíonn craobhacha difriúla seisiún ceoil áitiúil, áit a mbíonn fáilte roimh chách.

Eagraíonn an Comhaltas Fleadh Cheoil na hÉireann freisin; is comórtas bliaintiúil uile-Éireann é sin ina dtéann ceoltóirí san iomaíocht lena chéile. Is cinnte go bhfuil muintir na hÉireann (gan trácht ar mhuintir an domhain!) an-bhuíoch de Chomhaltas Ceoltóirí Éireann.

Cabhair!

bunaíodh an eagraíocht	the organisation was established
breis agus	more than
craobhacha	branches
seisiún ceoil áitiúil	local music session
fáilte roimh chách	everyone welcome
comórtas bliantiúil	annual competition
gan trácht ar	not to mention

❶ Cathain a bunaíodh Comhaltas Ceoltóirí Éireann?
❷ Cár bunaíodh Comhaltas Ceoltóirí Éireann?
❸ Cé mhéad duine atá mar bhall den eagraíocht seo?
❹ Cén sórt ranganna a chuireann Comhaltas Ceoltóirí Éireann ar fáil?

Féach ar shuíomh idirlín Chomhaltas Ceoltóirí Éireann: www.comhaltas.ie

Iontas 2

An teicneolaíocht
Labhair amach … labhair os ard!
Léigh na giotaí thíos os ard sa rang.

Cathal anseo! Is aoibhinn liom gach saghas teicneolaíochta. Tá ríomhaire glúine agam chomh maith le fón póca agus iPod. Éistim leis an iPod ar an mbus scoile gach lá. Is maith liom a bheith ag íoslódáil ceoil ón idirlíon.

Is mise Ailbhe. Tá ríomhaire againn sa bhaile. Caithim a lán ama ar an ríomhaire. Féachaim ar fhíseáin cheoil ar YouTube go minic agus seolaim ríomhphoist chuig mo chairde. Nuair a bhíonn an t-am agam leanaim réaltaí cáiliúla ar Twitter.

Pádraig anseo! Tá fón póca nua agam. Gach lá seolaim téacsteachtaireachtaí chuig mo chairde. Labhraím leo ar Facebook go minic freisin. Éistim le ceol ar m'fhón póca chomh maith. Tugann mo thuismitheoirí airgead dom chun creidmheas a cheannach.

Féach/Abair/Clúdaigh/Scríobh/Seiceáil
Le foghlaim!

Bain úsáid as an tábla thíos chun na nathanna a fhoghlaim.

Féach/Abair/Clúdaigh	Béarla	Scríobh	Seiceáil
ríomhaire glúine	laptop computer		
fón póca	mobile phone		
téacsteachtaireacht	text message		
físeáin cheoil	music videos		
creidmheas	credit		
leanaim réaltaí cáiliúla	I follow famous stars		
ríomhphost	email		
seolaim	I send		
ag íoslódáil ceoil	downloading music		
suíomh idirlín	internet site		

Aonad 7 Caithimh Aimsire

An teicneolaíocht

Obair bheirte sa rang

Cuir na ceisteanna thíos ar do chara sa rang agus léigh amach na freagraí os ard sa rang.

Suirbhé Ábhar: An Teicneolaíocht

An bhfuil fón póca agat? ....

An dtugann tú an fón póca ar scoil? ....

An éisteann tú le ceol ar an bhfón? ....

An seolann tú téacsteachtaireachtaí go minic? ....

An bhfuil ríomhaire agat? ....

An ndéanann tú do chuid obair bhaile ar an ríomhaire? ....

An bhfuil cuntas Facebook agat? ....

An mbíonn tú ag íoslódáil ceoil ón idirlíon? ....

An bhfuil cuntas Twitter agat? ....

Ainmnigh na réaltaí cáiliúla a leanann tú ar Twitter. ....

An seolann tú ríomhphoist go minic? ....

Cén suíomh idirlín is fearr leat? ....

Sampla

Léigh an sampla thíos os ard sa rang.

Is mise Máire agus chuir mé an suirbhé ar Niall Ó Sé.
Tá fón póca ag Niall agus tugann Niall an fón póca ar scoil leis.
Éisteann sé le ceol ar an bhfón nuair a shiúlann sé ar scoil.
Seolann Niall téacsteachtaireachtaí roimh scoil agus ag am lóin gach lá.
Níl ríomhaire ag Niall ach tá ríomhaire ag an teaghlach sa chistin.
Ní dhéanann Niall a chuid obair bhaile ar an ríomhaire.
Tá cuntas Facebook ag Niall agus labhraíonn sé lena chairde gach oíche tar éis dó a chuid obair bhaile a dhéanamh.
Ní bhíonn sé ag íoslódáil ceoil ón idirlíon go minic.
Níl cuntas Twitter ag Niall agus seolann sé ríomhphoist anois is arís.
Amazon an suíomh idirlín is fearr le Niall.

Iontas 2

Ríomhphoist

Cleachtadh don scrúdú

Lá ag siopadóireacht

Is tusa Pól nó Muireann sna pictiúir thíos. Faigheann tú cuireadh dul ag siopadóireacht le do chara. Ba mhaith leat a rá le do thuismitheoirí cá bhfuil tú ag dul ach níl aon duine sa bhaile. Cuir teachtaireacht ríomhphoist chuig d'athair nó do mháthair ag míniú an scéil dó/di.

Pictiúr 1
Cuireadh dul ag siopadóireacht

Pictiúr 2
Ríomhphoist

Pictiúr 3
Ag bualadh le chéile ag stad an bhus

Pictiúr 4
Ag siopadóireacht

Luaigh sa ríomhphoist:

- Cuireadh (pictiúr a haon)
- Cá mbeidh sibh ag bualadh le chéile (pictiúr a trí)
- Céard a dhéanfaidh sibh sa chathair (pictiúr a ceathair).

Teachtaireacht ríomhphoist

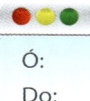

Ó:
Do:

A Dhaid,
Chuir Muireann glao orm inniu agus thug sí cuireadh dom dul ag siopadóireacht in éineacht léi. Bhí an-áthas orm agus ghlac mé leis an gcuireadh. Beidh mé ag bualadh léi ag stad an bhus. Ansin beimid ag dul ag siopadóireacht. Tá sé ar intinn againn dul isteach sa siopa leabhar agus sa siopa spóirt. Beidh lón againn sa chathair.
Feicfidh mé go luath thú,
Pól

❶ Tá tú ag dul chuig an siopa fón le do chara. Cuir teachtaireacht ríomhphoist chuig do Mham ag míniú an scéil di.

❷ Tá tú ag imeacht chuig an gclub óige le do chara. Cuir teachtaireacht ríomhphoist chuig do Dhaid ag míniú an scéil dó.

Aonad 7 Caithimh Aimsire

An teilifís

Féach/Abair/Clúdaigh/Scríobh/Seiceáil

Cuimhnigh!

Bain úsáid as an tábla thíos chun dul siar ar na nathanna a d'fhoghlaim tú anuraidh.

Féach/Abair/Clúdaigh	Scríobh	Seiceáil
clár cainte		
cartún		
clár grinn		
tráth na gceist		
sobalchlár		
clár nuachta		
clár réaltachta		
clár spóirt		
sraith teilifíse		
seó tallainn		

An maith leat an teilifís?

Is mise Clodagh. Taitníonn an teilifís go mór liom. Tagann mo chairde chuig mo theach agus féachaimid ar chláir sa seomra teilifíse. Is aoibhinn linn seónna tallainne. Anois is arís féachaimid ar chláir ghrinn.

Labhair amach … labhair os ard!

1. An bhféachann tú ar an teilifís go minic?
2. Cén saghas cláir a thaitníonn leat?
3. Ainmnigh an clár teilifíse is fearr leat.
4. An leanann tú na sobalchláir?

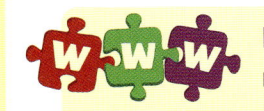

Féach ar chlár ar TG4 sa rang: www.tg4.ie. Pléigh an clár ina dhiaidh sin.

Éist agus scríobh

Éist leis an múinteoir ag léamh an ailt thíos agus ansin scríobh an t-alt i do chóipleabhar. Nuair a chríochnaíonn tú ag scríobh oscail do leabhar agus ceartaigh do chuid oibre!

Féachaim ar an teilifís nuair a bhíonn mo chuid obair bhaile críochnaithe. Is aoibhinn liom spórt agus ceol agus féachaim ar chluiche peile gach Céadaoin le mo Dhaid. Is fuath liom na sobalchláir agus ní maith liom cláir nuachta. Ag an deireadh seachtaine tagann mo chairde chuig mo theach agus féachaimid ar scannán ar Netflix.

161

Iontas 2

Léamhthuiscint Aodh Ó Riordáin

Ag Ullmhú don Scrúdú

Léigh an sliocht seo a leanas agus freagair na ceisteanna a ghabhann leis.

Is mise Aodh. Is iomaí caitheamh aimsire atá agam. Is maith liom gach saghas spóirt agus is aoibhinn liom an teicneolaíocht. Tagann mo chairde chuig mo theach gach Satharn agus imrímid cluichí ríomhaire i mo sheomra leapa. Fuair mé Xbox do mo bhreithlá agus is aoibhinn liom na cluichí go léir atá agam.

Gach Aoine féachaim ar an teilifís le mo dheirfiúr Seóna agus mo thuismitheoirí. Is aoibhinn linn na sobalchláir. Ceapann mo thuismitheoirí go bhfuil *Coronation Street* go hiontach ach ceapann mo dheirfiúr go bhfuil *Emmerdale* níos fearr. Is maith liomsa féachaint ar an tsraith teilifíse *NCIS*. Mark Harmon an príomhaisteoir atá sa tsraith.

I rith na seachtaine ní bhíonn a lán ama agam don teilifís. Féachaim ar *Aifric* ar TG4 anois is arís. An réalta teilifíse is fearr liom ná Hector. Is fear greannmhar, beomhar é. Is aoibhinn liom féachaint ar Hector ag taisteal timpeall an domhain. Níl suim dá laghad agam sa cheol. Tá iPod ag mo dheirfiúr agus is maith léi a bheith ag íoslódáil ceoil ón idirlíon. Beyoncé an t-amhránaí is fearr léi.

Cabhair!

is iomaí caitheamh aimsire atá agam	I have many hobbies
sraith teilifíse	TV series
príomhaisteoir	main actor
réalta teilifíse	TV star
ag taisteal	travelling

1. Cathain a thagann cairde Aoidh chuig an teach?
2. Céard a fuair Aodh dá bhreithlá?
3. Céard a dhéanann an teaghlach gach Aoine?
4. Ainmnigh an tsraith teilifíse is fear le hAodh.
5. Cén saghas duine é Hector?
6. Cén t-amránaí is fearr lena dheirfiúr?

Labhair amach ... labhair os ard!

1. Cén clár ar TG4 is fearr leat?
2. Cén tsraith teilifíse is fearr leat?
3. Ainmnigh na haisteoirí a thaitníonn leat.
4. Cén spórt is fearr leat ar an teilifís?

Aonad 7 Caithimh Aimsire

Alt/Cuntas   Ag Ullmhú don Scrúdú

Cuairt ar an bpictiúrlann

Is tusa Cormac nó Nóra, duine de na daoine óga atá sna pictiúir thíos. Scríobh síos an scéal atá léirithe sa tsraith pictiúr (15 líne nó mar sin). Is tusa atá ag insint an scéil.

Féach ar na pictiúir agus freagair na ceisteanna thíos i do chóipleabhar.

Pictiúr a haon
1. Cá raibh tú?
2. Cé a bhí in éineacht leat?
3. Cá raibh an bheirt agaibh ag dul?

Pictiúr a dó
1. Cár cheannaigh sibh na ticéid?
2. Cé mhéad a chosain na ticéid?
3. Céard a cheannaigh sibh sa siopa?

Pictiúr a trí
1. Cá ndeachaigh sibh ansin?
2. An raibh a lán daoine ann?
3. Ar thaitin an scannán leat?

Pictiúr a ceathair
1. Cá ndeachaigh sibh nuair a chríochnaigh an scannán?
2. Céard a d'ith sibh?
3. Ar thaitin an oíche leat?

Cabhair!

stad an bhus	the bus stop
oifig na dticéad	the ticket office
uachtar reoite agus grán rósta	ice cream and popcorn
an phictiúrlann	the cinema
plódaithe	crowded
scannán grinn	comedy film
bialann	restaurant

Iontas 2

Meaitseáil — Ag Ullmhú don Scrúdú

Meaitseáil na pictiúir leis na fógraí/comharthaí sna boscaí thíos agus scríobh na litreacha is fearr a fhreagraíonn do na huimhreacha, dar leat, sna spásanna cuí ar an ngreille.

1. Tairiscint Speisialta — Ríomhairí ar leathphraghas

2. Pictiúrlann an Savoy Dúnta

3. Díolachán Saothair — Pobalscoil Eoin

4. Ná cas ar chlé

5. Bailiúchán airgid ar son Goal

6. Ranganna Damhsa — Do gach aoisghrúpa

7. Clogaid Rothaíochta — Ar phraghsanna ísle

8. Ciúnas! Cruinniú ar siúl

9. Taispeántas Ealaíne — Halla na Scoile, Dé hAoine 8.00

10. Cosc ar fhóin phóca

Uimhir	Litir
1	
2	
3	
4	
5	
6	
7	
8	
9	
10	

Le foghlaim!

cruinniú ar siúl	meeting on
cosc ar	ban on
tairiscint speisialta	special offer
do gach aoisghrúpa	for every age group
taispeántas	exhibition
leathphraghas	half price
ná cas ar chlé	no left turn
clogad rothaíochta	cycling helmet
díolachán saothair	sale of work
bailiúchán airgid	collection of money

Aonad 7 Caithimh Aimsire

An Bhéaltriail CD 1 Rian 26–28

❶ Éist leis an sampla thíos ar an dlúthdhiosca, Rian 26–27. Ullmhaigh píosa eolais fút féin. Léigh na samplaí thíos.

> Is mise Séamus. Tá a lán caitheamh aimsire agam. Is aoibhinn liom dul amach le mo chairde ag an deireadh seachtaine. Tá rothar nua agam agus téimid ag rothaíocht faoin tuath. Bíonn an-chraic againn le chéile. Nuair a bhíonn an aimsir fliuch imrímid cluichí ríomhaire nó téimid chuig an bpictiúrlann. Taitníonn scannáin bhleachtaireachta go mór linn.

Séamus

> Is mise Chloe. Nuair a bhíonn am le sparáil agam is aoibhinn liom bualadh le mo chairde. Ar an Satharn téimid isteach sa chathair ag siopadóireacht. Bíonn lón againn sa chathair agus nuair a bhíonn ár gcuid siopadóireachta críochnaithe againn faighimid an bus abhaile.
>
> Is aoibhinn liom ceol freisin. Caithim a lán ama ag féachaint ar fhíseáin ar YouTube. Nuair a bhíonn an t-airgead agam ceannaím amhráin agus éistim leo ar m'iPod. Tá cuntas Facebook agam agus labhraím le mo chairde ar Facebook gach oíche tar éis dom mo chuid obair bhaile a chríochnú.

❷ Labhair na samplaí amach os comhair an ranga agus déan cur síos ar do chaithimh aimsire.

❸ Freagair na ceisteanna thíos. Éist leis na freagraí samplacha ar an dlúthdhiosca, Rian 28.

a) Céard iad na caithimh aimsire is fearr leat? _____
b) Céard a dhéanann tú ag an deireadh seachtaine? _____
c) An bhfuil club óige i do cheantar? An dtéann tú ann go minic? _____
d) An dtéann tú chuig an bpictiúrlann go minic? _____
e) Cén t-aisteoir is fearr leat? _____
f) Cén scannán is fearr leat? _____
g) An maith leat a bheith ag léamh? _____
h) Cén clár teilifíse is fearr leat? _____
i) Cathain a fhéachann tú ar an teilifís? _____
j) An bhfuil fón póca agat? _____
k) An bhfuil cuntas Facebook nó Twitter agat? _____
l) An úsáideann tú an ríomhaire go minic? _____

Iontas 2

An Chluastuiscint CD 1 Rian 69–74

Cuid A: An Chéad Chainteoir

Cloisfidh tú giota cainte ó dhuine óg sa chuid seo. Cloisfidh tú an giota **faoi dhó**.
Éist go cúramach leis agus líon isteach an t-eolas atá á lorg sna greillí thíos.

Ainm	Áine de Barra
Cá bhfuil Áine?	
Céard a cheannaigh Áine sa siopa?	
Cén saghas scannáin a chonaic sí?	

Cuid B: Fógra

Cloisfidh tú fógra anois. Cloisfidh tú é **faoi dhó**. Éist go cúramach leis.

a) Cén pictiúr a théann leis an bhfógra seo?
b) Cathain a bheidh na ticéid ar fáil?

(a) an Satharn seo chugainn ar a deich a chlog (b) an Domhnach seo chugainn ar a naoi a chlog
(c) an Chéadaoin seo chugainn ar a naoi a chlog (d) an Satharn seo chugainn ar a naoi a chlog

Cuid C: Comhrá

Cloisfidh tú comhrá anois. Cloisfidh tú é **faoi dhó**. Éist go cúramach leis.

An Chéad Mhír

a) Cén pictiúr a théann leis an gcomhrá seo?

An Dara Mír

b) Céard a bheidh ar siúl sa staid Aviva an Satharn seo chugainn?

(a) féile cheoil   (b) ceolchoirm   (c) cluiche peile   (d) cluiche rugbaí

Aonad 7 Caithimh Aimsire

Súil siar ar Aonad a Seacht

1 Líon na bearnaí thíos.

Is mise Peadar. Tá a lán caitheamh _____ agam. Is aoibhinn liom bualadh le mo _____ tar éis scoile agus ag an deireadh seachtaine. Téimid chuig an gclub _____ le chéile. Bíonn an-chraic againn. Is maith liom _____. Harper Lee agus John Boyne na húdair is fearr liom. Léigh mé an t-úrscéal *The Boy in the Striped Pyjamas* le déanaí. Thaitin sé go mór liom. Tá fón _____ nua agam. Tá cuntas Facebook agam agus is féidir liom _____ le mo chairde ar Facebook gach oíche. An deireadh seachtaine seo chugainn beidh mé ag dul chuig _____ le mo chairde.

óige, dioscó, labhairt, aimsire, léamh, póca, chairde

2 Líon na bearnaí thíos.

a) Téim ag snámh sa _____ gach seachtain le mo chairde.

b) Is aoibhinn le mo Mham a bheith ag léamh agus téann sí chuig _____ go minic.

c) Is aoibhinn liom an t-amhránaí Adele agus d'fhreastail mé ar _____ le déanaí.

d) Tá _____ agam agus seolaim téacsteachtaireachtaí chuig mo chairde gach lá.

e) Taitníonn _____ le mo Dhaid agus téann sé chuig an bpictiúrlann go minic.

linn snámha, fón póca, a ceolchoirm, scannán uafáis, an leabharlann

Meaitseáil

3 Meaitseáil na pictiúir leis na focail thíos.

a clár nuachta **b** cartún **c** clár cainte
d clár spóirt **e** sobalchlár **f** seó tallainne

1	2	3	4	5	6

8 Aonad a hOcht
Spórt

Céard iad na spóirt a thaitníonn leat?		169
Léamhthuiscint	Seán Lambe	169
Spórt		170
Léamhthuiscint	Turas chuig na Cluichí Oilimpeacha	171
An linn snámha		172
Blag Éanna	Cuairt a thug mé ar Wimbledon	173
Áiteanna spóirt		174
Léamhthuiscint	Ag Ullmhú don Scrúdú	175
Fógra	Ag Ullmhú don Scrúdú	176
Trealamh spóirt		177
Deireadh seachtaine ag surfáil		178
Cluiche iománaíochta		179
Litir	Ag Ullmhú don Scrúdú	180
Meaitseáil	Ag Ullmhú don Scrúdú	182
An Bhéaltriail	Ag Ullmhú don Scrúdú	183
An Chluastuiscint	Ag Ullmhú don Scrúdú	184
Súil siar ar Aonad a hOcht		185

Spórt – cleachtadh a dhéanann máistreacht.

Aonad 8 Spórt

Spórt   Céard iad na spóirt a thaitníonn leat?

Féach/Abair/Clúdaigh/Scríobh/Seiceáil

Bain úsáid as an tábla thíos chun dul siar ar na nathanna a d'fhoghlaim tú anuraidh.

Cuimhnigh!

Féach/Abair/Clúdaigh	Scríobh	Seiceáil
iománaíocht		
peil		
leadóg		
leadóg bhoird		
eitpheil		
sacar		
snúcar		
rothaíocht		
seoltóireacht		
lúthchleasaíocht		
craobh		

Léamhthuiscint Seán Lambe

Léigh an sliocht seo a leanas agus freagair na ceisteanna a ghabhann leis.

Seán Lambe is ainm domsa. Taitníonn gach saghas spóirt liomsa. Ar scoil imrím peil agus cispheil. Bíonn traenáil peile againn ar an Luan agus Déardaoin agus bíonn traenáil ag an bhfoireann cispheile gach Céadaoin agus Aoine.

Bhuamar craobh na scoile anuraidh sa chispheil agus bhí áthas an domhain orainn. Imrím iománaíocht leis an gclub áitiúil. Bíonn cluiche againn ar an Satharn. Bhí díomá orainn nuair a chailleamar an cluiche ceannais sa chraobh an mhí seo caite.

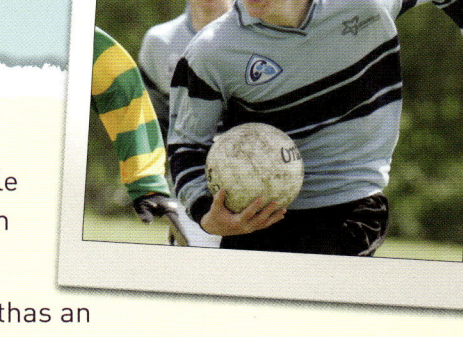

1. Ainmnigh dhá spórt a imríonn Seán Lambe.
2. Cathain a bhíonn traenáil ag an bhfoireann peile?
3. Céard a bhuaigh siad sa chispheil anuraidh?
4. Cén spórt a imríonn Seán leis an gclub áitiúil?
5. Cén fáth a raibh díomá orthu an mhí seo caite?

Labhair amach … labhair os ard!

1. An maith leat spórt?
2. Ainmnigh na spóirt a imríonn tú.
3. Ar imir tú ar fhoireann riamh?
4. Cén fhoireann?
5. Ar bhuaigh sibh mórán cluichí?

Scríobh freagraí na gceisteanna thuas i do chóipleabhar. Déan suirbhé sa rang faoin spórt is fearr leis na daltaí. Scríobh na torthaí ar an gclár bán.

Iontas 2

Éist agus scríobh

Éist leis an múinteoir ag léamh an ailt thíos agus ansin scríobh an t-alt i do chóipleabhar. Nuair a chríochnaíonn tú ag scríobh oscail do leabhar agus ceartaigh do chuid oibre!

> Is aoibhinn liom spórt. Ar scoil imrím peil agus rugbaí. Is é rugbaí an spórt is fearr liom. Táim ar fhoireann rugbaí na scoile. Bíonn traenáil ag an bhfoireann rugbaí dhá uair sa tseachtain ar an bpáirc imeartha. Bíonn cluiche againn ar an Aoine. Bíonn an-áthas orainn nuair a bhuaimid an cluiche.
> Imríonn mo dheirfiúr eitpheil. Imríonn sí ar fhoireann na scoile. Bhuaigh siad an chraobh le déanaí. Bhí áthas an domhain orthu.

Cabhair!

eitpheil	volleyball
craobh	championship

Téigh chuig edco.ie/iontas2 chun níos mó oibre a dhéanamh ar an ábhar seo.

Féach/Abair/Clúdaigh/Scríobh/Seiceáil

Bain úsáid as an tábla thíos chun dul siar ar na nathanna a d'fhoghlaim tú anuraidh.

Cuimhnigh!

Féach/Abair/Clúdaigh	Béarla	Scríobh	Seiceáil
foireann	team		
ball	member		
ballraíocht	membership		
bonn óir	gold medal		
bonn airgid	silver medal		
bonn cré-umha	bronze medal		
na Cluichí Oilimpeacha	the Olympic Games		
an staid	the stadium		
an raon reatha	the running track		
na comórtais	the competitions		

Labhair amach … labhair os ard!

1. An bhfuil club spóirt i do cheantar?
2. An bhfuil tú i do bhall de chlub spóirt?
3. Cathain a théann tú ann?
4. Ar bhuaigh tú bonn i gcomórtas riamh?
5. An bhfuil tú ar fhoireann spóirt?

Aonad 8 Spórt

Turas chuig na Cluichí Oilimpeacha
Léamhthuiscint Seán Ó Néill

Léigh an sliocht seo a leanas agus freagair na ceisteanna a ghabhann leis.

Is iad na Cluichí Oilimpeacha an comórtas spóirt is mó ar domhan. Thug mo chara cuireadh dom freastal ar na cluichí i Londain sa bhliain 2012. Chuamar go Londain ar an 5 Lúnasa. Bhí sceitimíní áthais orainn.

Nuair a shroicheamar an staid Oilimpeach thugamar aghaidh ar an gcomórtas dornálaíochta. Bhí John Joe Nevin ag troid sa bhabhta ceathrú ceannais. Ba chluiche iontach é agus bhí áthas an domhain orainn nuair a bhuaigh sé an troid.

I lár an lae chuamar chun tacaíocht a thabhairt do na hÉireannaigh a bhí ag glacadh páirte sa mharatón. Chonaiceamar Caitríona Jennings, Linda Byrne agus Ava Hutchinson ag rith ar shráideanna Londan. Cé nár bhuaigh siad an rás bhíomar an-bhródúil astu.

Sa tráthnóna thugamar aghaidh ar an raon reatha. Bhí an-áthas orainn go raibh ticéid againn do na comórtais timpeall an raon reatha. Bhí Usain Bolt ó Iámaice ag rith sa rás céad méadar agus bhíomar ag tnúth go mór leis an rás. Bhuaigh Bolt an rás céad méadar sna Cluichí Oilimpeacha i mBéising agus cheap gach duine go mbuafadh sé an rás arís. Bhuaigh sé an bonn óir agus chuaigh an slua sa staid le báiní. Bhris sé an churiarracht Oilimpeach agus rith sé an rás i 9 soicind 63. Ba rás dochreidte é.

Ag deireadh na hoíche bhíomar tuirseach traochta. Ba lá iontach a bhí againn sa staid Oilimpeach. D'fhilleamar ar ár n-óstán agus chodlaíomar go sámh.

Cabhair!

an comórtais dornálaíochta	the boxing competition
tacaíocht	support
maratón	marathon
raon reatha	running track
chuaigh an slua le báiní	the crowd went mad
curiarracht	record

1. Cá ndeachaigh Seán agus a chara?
2. Cé a bhuaigh an babhta ceathrú ceannais sa chomórtas dornálaíochta?
3. Ainmnigh cailín Éireannach a rith sa mharatón.
4. Céard a bhris Usain Bolt?
5. Cá ndeachaigh Seán agus a chara ag deireadh na hoíche?

Labhair amach … labhair os ard!

An bhfuil suim agat sna Cluichí Oilimpeacha?
Cén spórt is fearr leat sna cluichí?

Iontas 2

An linn snámha

Linn snámha Naomh Pól – comórtas snámha an tsamhraidh

Labhair amach … labhair os ard!

Déan cur síos ar an bpictiúr seo sa rang.

Téigh chuig edco.ie/iontas2 chun níos mó oibre a dhéanamh ar an ábhar seo.

Cleachtadh ag scríobh

❶ Meaitseáil na huimhreacha thuas leis na focail thíos.

seomraí gléasta	culaith shnámha
hata snámha	mála spóirt
clog	réiteoir
feadóg	linn snámha
lucht féachana	bord tumadóireachta

❷
a) Cén comórtas atá ar siúl sa linn snámha?
b) Cén t-am é?
c) Cé mhéad buachaill atá ar thaobh na linne snámha?
d) Céard atá i lámha an réiteora?
e) Cá bhfuil an cailín ina seasamh?
f) Cé atá ag féachaint ar na comórtais?

❸ Féach ar an bpictiúr thuas agus scríobh abairtí faoin bpictiúr ar an gclár bán.

Obair ghrúpa

Déan taighde ar an idirlíon ar shnámhóir Éireannach nó idirnáisiúnta. Léigh amach na torthaí sa rang.

Aonad 8 Spórt

Is aoibhinn liom an linn snámha

Labhair amach … labhair os ard!

1. An bhfuil linn snámha i do cheantar?
2. An dtéann tú chuig an linn snámha go minic?
3. Ar ghlac tú páirt i gcomórtais snámha riamh?
4. Ar fhéach tú ar na comórtais snámha sna Cluichí Oilimpeacha?

Sampla

Léigh an sampla thíos os ard sa rang.

Tá linn snámha caoga méadar san ionad spóirt i lár an bhaile. Tá mé i mo bhall den ionad spóirt agus téim ann uair sa tseachtain le mo chairde. Is aoibhinn linn ag snámh agus ag tumadh. Bhuaigh mo chara Eoin comórtas snámha an tseachtain seo caite. Bhí áthas an domhain air.

Blag Éanna

Léigh an blag seo a leanas agus freagair na ceisteanna a ghabhann leis.

Mo Bhlag — Cuairt a thug mé ar Wimbledon

Tá mé san aerfort anois ag teacht ar ais ó Wimbledon. Cheannaigh mo thuismitheoirí dhá thicéad dom do mo bhreithlá. Bhí áthas an domhain orm nuair a d'oscail mé an cárta breithlae. Bhí mé ag tnúth go mór leis an turas. Tháinig mo Dhaid in éineacht liom.

Ar maidin thugamar aghaidh ar na cúirteanna cleachtaidh agus chonaiceamar Caroline Wozniacki agus Rafael Nadal ag cleachtadh. D'fhanamar ansin ar feadh tamaill agus fuaireamar síniúchán ó na himreoirí nuair a bhí siad críochnaithe ag cleachtadh. Bhí áthas an domhain orainn.

Sa tráthnóna chuamar chun cluiche a fheiceáil ar chúirt leadóige uimhir a haon. Ba chúirt ollmhór í agus bhí na mílte ag féachaint ar an gcluiche idir Andy Murray agus Juan Martín del Potro. Mhair an cluiche ceithre huaire agus ar deireadh bhuaigh Murray an cluiche. Chuaigh an slua le báiní. Ina dhiaidh sin d'fhágamar an staid agus chuamar ar an traein chuig aerfort Heathrow. Ba lá iontach é.

1. Cá raibh Éanna?
2. Cé a thug an ticéad dó?
3. Cá ndeachaigh Éanna agus a Dhaid ar maidin?
4. Ainmnigh na daoine a chonaic siad ag cleachtadh.
5. Cé a bhuaigh an cluiche ar chúirt uimhir a haon?

Cabhair!

síniúchán — autograph

Iontas 2

Áiteanna spóirt

Féach/Abair/Clúdaigh/Scríobh/Seiceáil

Cuimhnigh!

Bain úsáid as an tábla thíos chun dul siar ar na nathanna a d'fhoghlaim tú anuraidh.

Féach/Abair/Clúdaigh	Béarla	Scríobh	Seiceáil
páirc imeartha	playing pitch		
cúirt cispheile	basketball court		
cró dornálaíochta	boxing ring		
raon reatha	running track		
an fharraige	the sea		
galfchúrsa	golf course		
cúirt leadóige	tennis court		
halla spóirt	sports hall		
linn snámha	swimming pool		
páirc scátála	skateboard park		
giomnáisiam	gym		
plásóg (gailf)	green		

Éist agus scríobh

Éist leis an múinteoir ag léamh an ailt thíos agus ansin scríobh an t-alt i do chóipleabhar. Nuair a chríochnaíonn tú ag scríobh oscail do leabhar agus ceartaigh do chuid oibre!

Is aoibhinn liom spórt. Téim chuig an bpáirc imeartha le mo chairde tar éis scoile gach lá. Imrímid peil le chéile. Anois is arís téim chuig an linn snámha le mo dheartháir. Is maith le mo dheartháir a bheith ag snámh. Is maith le mo dheirfiúr Ciara cispheil. Caitheann sí tamall gach lá ar an gcúirt cispheile. Tá halla spóirt nua againn ar scoil. Imrím peil ann ag am lóin. Cristiano Ronaldo an t-imreoir is fearr liom.

Cleachtadh ag scríobh

Ainmnigh na háiteanna spóirt sna boscaí thíos.

Aonad 8 Spórt

Léamhthuiscint Gabrielle Douglas

Ag Ullmhú don Scrúdú

Léigh an sliocht seo a leanas agus freagair na ceisteanna a ghabhann leis.

Rugadh Gabrielle Douglas ar an 31ú lá de mhí na Nollag sa bhliain 1995 i Virginia, Meiriceá. Bhí sí ina ball d'fhoireann Mheiriceá a bhuaigh bonn óir ag na Cluichí Oilimpeacha sa chomórtas gleacaíochta sa bhliain 2012 i Londain. Ba í an duine ab óige ar an bhfoireann í. Ní hamháin sin ach bhuaigh sí an bonn óir don chomórtas aonair freisin.

Thosaigh Gabrielle ag déanamh gleacaíochta nuair a bhí sí sé bliana d'aois. Nuair a bhí sí ocht mbliana d'aois bhuaigh sí Craobhchomórtais an Stáit. Go luath ina dhiaidh sin fuair Gabrielle áit ar an bhfoireann náisiúnta. Sa bhliain 2011 bhuaigh an fhoireann sin Craobhchomórtais an Domhain in Tokyo.

Is cailín beomhar, cainteach í Gabby. Is breá léi an léitheoireacht. Deir sí go dtaitníonn *Twilight* agus *The Hunger Games* léi. Chomh maith leis sin is maith léi a bheith ag cniotáil! Ní fhreastalaíonn sí ar scoil ach bíonn oidí aici sa bhaile. An t-ábhar is fearr léi ná Béarla. Sula dtosaíonn sí ag déanamh traenála éisteann sí le ceol-rap. Is iad Eminem, Drake agus Lil Wayne na réaltaí rap is fearr léi.

Cabhair!

ball	member
foireann	team
comórtas gleacaíochta	gymnastics competition
Craobhchomórtais an Domhain	World Championships
léitheoireacht	reading
cniotáil	knitting
oidí	tutors

1. Cathain a rugadh Gabrielle Douglas?
2. Céard a bhuaigh sí sa chomórtas gleacaíochta sna Cluichí Oilimpeacha?
3. Cá raibh Craobhchomórtais an Domhain ar siúl sa bhliain 2011?
4. Ainmnigh caitheamh aimsire amháin atá aici.
5. Céard a dhéanann Gabrielle sula dtosaíonn sí ag traenáil?

Obair ghrúpa

Céard atá ar eolas agat faoi Gabrielle Douglas? Ag obair le do chara scríobh pointí i do chóipleabhar faoi Gabrielle. Léigh amach an t-eolas os ard sa rang. Ansin scríobh an t-eolas ar an gclár bán.

Déan taighde (*research*) ar an idirlíon faoin réalta spóirt is fearr leat. Léigh amach an t-eolas sa rang.

Iontas 2

Fógra — Ag Ullmhú don Scrúdú

Léigh an fógra seo a leanas agus freagair na ceisteanna a ghabhann leis.

AN CUMANN LÚTHCHLEAS GAEL
Scoil Uí Chonaill, Bré, Cill Mhantáin
Campa Spóirt, Luan 25 Deireadh Fómhair

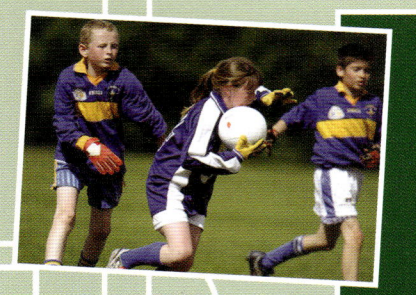

Clárú sa chlubtheach ar an Satharn, 23 Deireadh Fómhair 10.00–11.30

Costas an champa:
€85 do pháistí 5–9 mbliana d'aois;
€95 do pháistí 10–16 bliana d'aois

Clár an lae

- **10.00** Fáilte ó uachtarán an chlub, Marcus Ó Liodáin
- **10.15** Peil Ghaelach – ag foghlaim na scileanna is fearr
- **11.00** Sos
- **11.20** Iománaíocht le Peadar Ó Sé
- **12.45** Lón sa bhialann – ceapairí agus deoch ar fáil saor in aisce
- **1.45** Cluiche peile ar an bpáirc imeartha
- **3.30** Bronnadh na nduaiseanna sa chlubtheach
- **3.45** Clár teilifíse sa seomra teilifíse: Cluiche Ceannais na hÉireann sa pheil

Tuilleadh eolais ó Chormac Delap 087 576 8901

---

1. Cathain a bheidh an campa spóirt ar siúl?
2. Cé mhéad a bheidh ar pháistí 10–16 a íoc?
3. Céard a bheidh ar fáil saor in aisce sa bhialann?
4. Cá mbeidh an cluiche peile ar siúl?
5. Cén clár teilifíse a bheidh ar siúl sa seomra teilifíse?

www Féach ar shuíomh idirlíon An Chumainn Lúthchleas Gael: www.gaa.ie

Cabhair!

clárú	registration
clubtheach	clubhouse
na scileanna is fear	the best skills
bronnadh na nduaiseanna	prizegiving ceremony

Aonad 8 Spórt

Trealamh spóirt

Meaitseáil
Meaitseáil na focail leis na pictiúir thíos.

Le foghlaim!

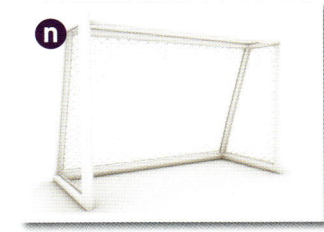

1	camán	hurley
2	liathróid	ball
3	raicéad	racket
4	bróga reatha	runners
5	clár scátála	skateboard
6	miotóga dornálaíochta	boxing gloves
7	bróga peile	football boots
8	trealamh binse	bench equipment
9	sliotar	hurley ball
10	clogad	helmet
11	líontán	net
12	éadaí spóirt	sports clothes
13	tonnchlár	surfboard
14	culaith shnámha	swimsuit
15	gloiní cosanta	goggles
16	mála dornála	punch bag

1	2	3	4	5	6	7	8	9	10	11	12	13	14	15	16

Téigh chuig suíomh idirlín edco.ie/iontas2 chun níos mó oibre a dhéanamh ar an trealamh spóirt thuas.

Iontas 2

Deireadh seachtaine ag surfáil

Cleachtadh ag scríobh

Líon na bearnaí.

Chaith mé deireadh seachtaine iontach le mo chairde ag _____ an mhí seo caite. Fuair mé tonnchlár nua ó mo thuismitheoirí agus bhí sceitimíní an domhain orm. D'fhanamar i dteach samhraidh m'uncail i gContae Mhaigh Eo.

D'éiríomar go luath ar an gcéad lá agus thugamar aghaidh ar an _____. Bhí an aimsir gaofar ach tirim. Chaitheamar an lá san fharraige ag surfáil. Bhí tonnta _____ ar an bhfarraige an lá sin. Bhaineamar go léir an-taitneamh as. Ag deireadh an lae bhíomar tuirseach _____.

Ar an Domhnach bhí brón orainn nuair a chonaiceamar go raibh sé ag cur _____. D'fhanamar sa teach ar feadh tamaill. Ar deireadh thugamar cuairt ar Chathair na Mart. Thaitin an _____ go mór linn.

Tar éis lóin tháinig an ghrian amach agus thugamar aghaidh ar an trá. Bhí tráthnóna iontach againn ag surfáil. An oíche sin _____ Maigh Eo agus d'fhilleamar ar an mbaile.

traochta, baile, surfáil, báistí, d'fhágamar, móra, trá

Cabhair!

ag surfáil	surfing
tonnchlár	surfboard
tuirseach traochta	exhausted
tirim	dry
d'fhilleamar	we returned

Labhair amach ... labhair os ard!

1. An dtéann tú chuig an trá go minic?
2. An maith leat a bheith ag snámh san fharraige?
3. An raibh tú riamh ag surfáil?
4. Cén spórt is fearr leat?

Chaith mé...
Fuair mé...

Obair bhreise

Léigh an t-alt thuas os ard sa rang. Aimsigh na briathra san Aimsir Chaite. Déan liota i do chóipleabhar. Scríobh an liosta ar an gclár bán.

Craic sa rang!

Féach ar chlár spóirt ar TG4 sa rang. Ar thaitin an clár leat? Cén fáth?

Aonad 8 Spórt

Cluiche iománaíochta

Cleachtadh ag scríobh

Féach ar an bpictiúr thíos agus líon na bearnaí.

① _____ ③ _____ ⑤ _____ ⑦ _____ ⑨ _____
② _____ ④ _____ ⑥ _____ ⑧ _____ ⑩ _____

Féach/Abair/Clúdaigh/Scríobh/Seiceáil

Bain úsáid as an tábla thíos chun dul siar ar na nathanna a d'fhoghlaim tú anuraidh.

Cuimhnigh!

Féach/Abair/Clúdaigh	Béarla	Scríobh	Seiceáil
brat	flag		
feadóg	whistle		
cúl báire	goalkeeper		
foireann	team		
staid	stadium		
lucht leanúna	followers		
líontán	net		
réiteoir	referee		
camán	hurley		
sliotar	hurley ball		

179

Iontas 2

Litir — Ag Ullmhú don Scrúdú

Léigh an litir seo a leanas agus freagair na ceisteanna a ghabhann leis.

> 34 Páirc Ard an Chuain
> An Rath Mór
> Sligeach
>
> 22 Bealtaine
>
> A Chormaic, a chara,
>
> Niall anseo ag scríobh chugat ó Shligeach. Míle buíochas as an litir a fuair mé ar maidin. Fan go gcloise tú an nuacht! Bhí mo dheartháir Dara ag imirt iománaíochta i gcluiche ceannais na mbunscoileanna inné i bPáirc an Chrócaigh!
>
> D'fhreastail mé ar an gcluiche in éineacht le mo chairde, Jeaic agus Tomás. Nuair a shroicheamar an áit bhí bratacha na scoile i ngach áit. Rith foireann Eoin Baiste amach ar an bpáirc imeartha le fuinneamh. Ba lántosaí é Dara agus bhí sceitimíní an domhain air.
>
> Ba chluiche iontach é agus bhí áthas an domhain orainn go léir nuair a bhuaigh Scoil Eoin Baiste an chraobh. Thug an príomhoide leathlá do na daltaí. An oíche sin bhí cóisir mhór ar siúl i halla na scoile.
>
> Caithfidh mé imeacht anois. Tá a lán obair bhaile le déanamh agam. Scríobh chugam go luath.
>
> Slán go fóill,
>
> Niall

Cabhair!

lántosaí	forward
an chraobh	the championship

Téigh chuig edco.ie/iontas2 chun níos mó oibre a dhéanamh ar an ábhar seo.

1. Cá raibh Dara ag imirt iománaíochta?
2. Cé a bhí in éineacht le Niall i bPáirc an Chrócaigh?
3. Nuair a shroich na buachaillí an staid céard a chonaic siad timpeall na háite?
4. Cé a bhuaigh an chraobh?
5. Céard a thug an príomhoide do na daltaí?
6. Cá raibh an chóisir mhór ar siúl?

Labhair amach … labhair os ard!

Déan cur síos ar lá a thug tú cuairt ar Pháirc an Chrócaigh os ard sa rang.

Aonad 8 Spórt

Litir le scríobh – an club leadóige

Tá tú ag obair sa chlub leadóige áitiúil don samhradh.
Scríobh litir chuig do chara. Sa litir luaigh na pointí seo:

- Cathain a thosaigh tú ag obair sa chlub leadóige
- Cúpla rud a bhíonn le déanamh agat gach lá
- Rud amháin a thaitníonn leat faoin bpost
- Rud amháin nach maith leat faoin bpost.

Bain úsáid as na nótaí thíos.

> Fuair mé post páirtaimseartha sa chlub leadóige áitiúil.
> Thosaigh mé ag obair i mí Iúil.
> Gach lá mhúin mé scileanna leadóige do na daltaí.
> Thaitin an post go mór liom.
> D'imir mé cluichí leis na páistí freisin.
> D'ullmhaigh mé lón do na páistí.
> D'fhan mé leis na páistí óga i rith an lae.
> Thaitin na páistí liom. Bhí siad an-chairdiúil.
> Níor thaitin an aimsir liom. Bhí sé ag cur báistí gach lá.
> Thuill mé a lán airgid. (I earned a lot of money.)

Labhair amach … labhair os ard!

1. An raibh post samhraidh riamh agat?
2. Ar mhaith leat post samhraidh a ghlacadh?
3. An bhfuil club leadóige i do cheantar?
4. An bhfuil tú i do bhall den chlub?

Sampla

Léigh an sampla thíos os ard sa rang.

> Ní raibh post samhraidh agam riamh ach an samhradh seo chugainn beidh mé ag obair sa chlub leadóige. Beidh campa samhraidh ar siúl do pháistí óga agus beidh mé ag múineadh scileanna leadóige do na páistí. Is aoibhinn liom leadóg. Tá mé i mo bhall den chlub áitiúil agus téim chuig an gclub ag an deireadh seachtaine. Bíonn cluichí agam ar an Satharn de ghnáth.

Iontas 2

Meaitseáil — Ag Ullmhú don Scrúdú

Meaitseáil na pictiúir leis na fógraí/comharthaí sna boscaí thíos agus scríobh na litreacha is fearr a fhreagraíonn do na huimhreacha, dar leat, sna spásanna cuí ar an ngreille.

Uimhir	Litir
1	
2	
3	
4	
5	
6	
7	
8	
9	
10	

1. Sladmhargadh — Bróga spóirt ar leathphraghas

2. Clogaid rothaíochta ar phraghsanna ísle

3. Club Leadóige Chluain Tarbh — Ceachtanna leadóige do pháistí 5–8

4. Cluiche Ceannais Iomána — Ticéid ar fáil sa chlubtheach

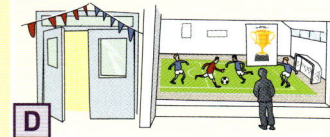

5. Páirc Naomh Áine — Ná caith bruscar

6. Galfchúrsa poiblí ar oscailt gach lá 8.00–6.00

7. Rásaí Capall — An Trá Bhán, Dé hAoine 8.00 Fáilte roimh chách

8. Seomra gléasta na gcailíní

9. Comórtas Peile Faoi Dhíon — Fáilte roimh gach duine

10. Comórtas Badmantain — Dé hAoine i bPobalscoil Íosa, Costas iontrála €5

A, B, C, D, E, F, G, H, I, J

Le foghlaim!

ná caith bruscar	don't throw rubbish
seomra gléasta	dressing rooms
sladmhargadh	sale
ceachtanna	lessons
galfchúrsa poiblí	public golf course
costas iontrála	entry fee
cluiche ceannais	final
faoi dhíon	indoor
clogad	helmet
fáilte roimh chách	everyone welcome

Aonad 8 Spórt

An Bhéaltriail CD 1 Rian 30–32

❶ Éist leis an sampla thíos ar an dlúthdhiosca, Rian 30–31. Ullmhaigh píosa eolais fút féin. Léigh na samplaí thíos.

> Is mise Laoise. Tá an-suim agam sa spórt. Táim i mo bhall den chlub snámha áitiúil. Téim ag snámh go luath ar maidin. Éirím ar a cúig a chlog agus tugann mo Dhaid síob dom chuig an linn snámha. Fanaim sa linn snámha ar feadh dhá uair an chloig. Ina dhiaidh sin glacaim cith agus téim ar scoil. Is maith liom leadóg freisin. Ag an deireadh seachtaine téim chuig an gclub leadóige le mo chairde.

> Is mise Naoise. Taitníonn spórt go mór liom. Is ball mé den Chumann Lúthchleas Gael. Naomh Fionnbarra an t-ainm atá ar an gclub. Tá an clubtheach suite ar imeall an bhaile agus téim ann cúpla uair sa tseachtain. Imrím ar an bhfoireann faoi shé déag. Bíonn cluiche againn gach Satharn ar na páirceanna imeartha atá taobh thiar den chlubtheach.

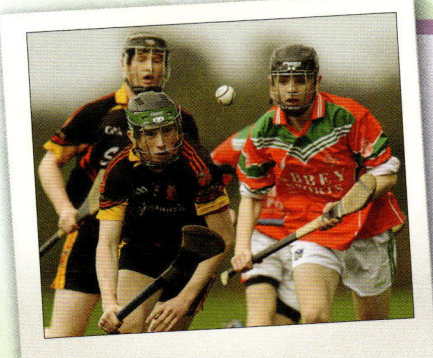

❷ Labhair na samplaí amach os comhair an ranga agus déan cur síos ar na spóirt a imríonn tú.

❸ Freagair na ceisteanna thíos. Éist leis na freagraí samplacha ar an dlúthdhiosca, Rian 32.

a) Cén spórt a imríonn tú? _____
b) An imríonn tú spórt ar scoil? _____
c) An bhfuil tú ar aon fhoireann? _____
d) Cathain a bhíonn traenáil agaibh? _____
e) Ar bhuaigh sibh an chraobh riamh? _____
f) Ainmnigh na clubanna spóirt atá i do cheantar. _____
g) An raibh tú riamh i bPáirc an Chrócaigh? _____
h) An raibh tú riamh sa staid Aviva? _____
i) An bhféachann tú ar na Cluichí Oilimpeacha? _____
j) Cén spórt is fearr leat sna Cluichí Oilimpeacha? _____
k) An maith leat a bheith ag féachaint ar spórt ar an teilifís? _____
l) Cén phearsa spóirt is fearr leat? _____

Iontas 2

An Chluastuiscint CD 1 Rian 75–80

Cuid A: An Chéad Chainteoir

Cloisfidh tú giota cainte ó dhuine óg sa chuid seo. Cloisfidh tú an giota **faoi dhó**. Éist go cúramach leis agus líon isteach an t-eolas atá á lorg sna greillí thíos.

Ainm	Siobhán Ní Chuinn
Cá bhfuil Siobhán ag dul?	
Ainmnigh foireann amháin a bheidh ag imirt.	
Cén spórt a imríonn Siobhán?	

Cuid B: Fógra

Cloisfidh tú fógra anois. Cloisfidh tú é **faoi dhó**. Éist go cúramach leis.

a) Cén pictiúr a théann leis an bhfógra seo? ☐

b) Cathain a bheidh ceachtanna snámha ar siúl? ☐

(a) ar an Luan   (b) ag an deireadh seachtaine   (c) ar an Aoine   (d) ar an gCéadaoin

Cuid C: Comhrá

Cloisfidh tú comhrá anois. Cloisfidh tú é **faoi dhó**. Éist go cúramach leis.

An Chéad Mhír

a) Cá raibh Órlaith ag obair sa samhradh? ☐

An Dara Mír

b) Céard iad na comórtais a thaitin le Pól? ☐

(a) na comórtais timpeall an raon reatha   (b) an bhádóireacht   (c) an tseoltóireacht   (d) an maratón

Aonad 8 Spórt

Súil siar ar Aonad a hOcht

❶ Meaitseáil na pictiúir leis na focail thíos.

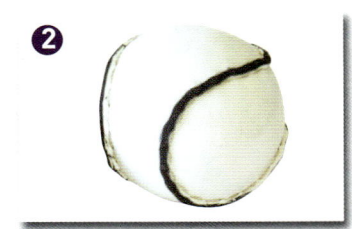

| bróga reatha | sliotar | culaith shnámha | camán | clogad | clár scátála |

❷ Aimsigh na spóirt sa lúbra thíos.

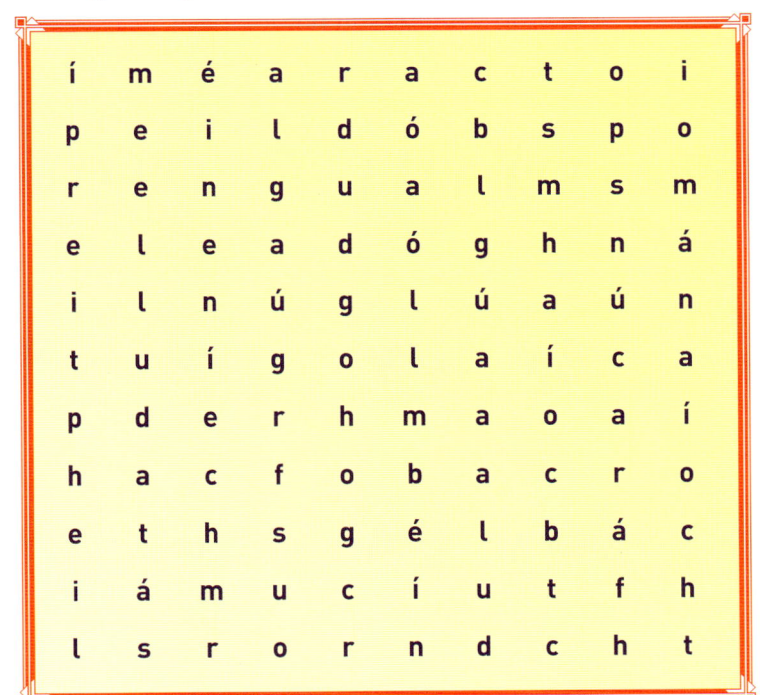

í	m	é	a	r	a	c	t	o	i
p	e	i	l	d	ó	b	s	p	o
r	e	n	g	u	a	l	m	s	m
e	l	e	a	d	ó	g	h	n	á
i	l	n	ú	g	l	ú	a	ú	n
t	u	í	g	o	l	a	í	c	a
p	d	e	r	h	m	a	o	a	í
h	a	c	f	o	b	a	c	r	o
e	t	h	s	g	é	l	b	á	c
i	á	m	u	c	í	u	t	f	h
l	s	r	o	r	n	d	c	h	t

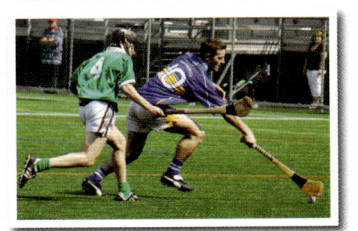

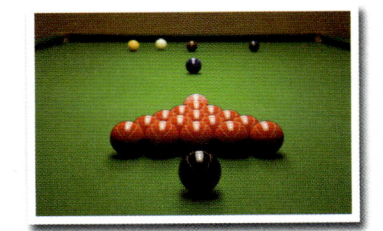

185

Súil siar ar Aonad a hOcht

3 Áiteanna spóirt – Líon na bearnaí thíos.

a) Imríonn tú cluiche peile ar _____.

b) Imríonn tú cluiche cispheile ar _____.

c) Cá dtéann tú ag snámh? _____.

d) Imríonn tú cluiche leadóige ar _____.

e) Imríonn tú galf ar _____.

4 Ainmnigh na boinn thíos.

_____   _____   _____

5 Léigh an sliocht seo a leanas agus freagair na ceisteanna a ghabhann leis.

Eibhlín Ní Dhuinn is ainm dom. Is aoibhinn liom gach saghas spóirt. Ar scoil imrím cispheil le foireann na scoile. Bíonn traenáil againn gach Luan agus Céadaoin tar éis scoile. Bíonn cluiche againn ar an Satharn. Imríonn mo chairde Áine agus Laoise cispheil freisin. Bíonn an-chraic againn le chéile.

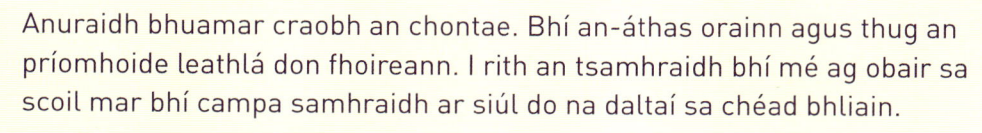

Anuraidh bhuamar craobh an chontae. Bhí an-áthas orainn agus thug an príomhoide leathlá don fhoireann. I rith an tsamhraidh bhí mé ag obair sa scoil mar bhí campa samhraidh ar siúl do na daltaí sa chéad bhliain.

Ar maidin d'imríomar peil agus haca ar na páirceanna imeartha agus tar éis lóin d'imríomar cispheil agus leadóg bhoird. Bhí sé ag cur báistí lá amháin agus d'fhanamar sa halla spóirt agus d'imríomar eitpheil. Ba champa iontach é agus bhain na daltaí an-taitneamh as.

a) Cén spórt a imríonn Eibhlín ar fhoireann na scoile?
b) Cathain a bhíonn cluiche acu?
c) Céard a bhuaigh siad anuraidh?
d) Cá raibh Eibhlín ag obair sa samhradh?
e) Ainmnigh na spóirt a d'imir siad leis na daltaí ar maidin.
f) Cár fhan siad nuair a bhí sé ag cur báistí?

6 Scríobh litir chuig do pheannchara agus déan cur síos ar na spóirt a imríonn tú.

9 Aonad a Naoi
An Bhéaltriail

Réamhrá	An Bhéaltriail	188
Leagan amach an scrúdaithe		188
Sraith pictiúr 1		190
Sraith pictiúr 2		192
Sraith pictiúr 3		194
Sraith pictiúr 4		196
Sraith pictiúr 5		198
Rólghlacadh	Scoil	200
Rólghlacadh	Caithimh aimsire	204
Rólghlacadh	Laethanta saoire	208
Rólghlacadh	Bia agus deoch	212
Comhrá samplach 1	Mé féin	217
Comhrá samplach 2	Mé féin agus mo theaghlach	218
Comhrá samplach 3	Mo theach	219
Comhrá samplach 4	Mo shaol sa bhaile	221
Comhrá samplach 5	Mo cheantar cónaithe	223
Comhrá samplach 6	Laethanta saoire	225
Comhrá samplach 7	An séasúr is fearr liom	226
Comhrá samplach 8	Lá ag siopadóireacht	227
Comhrá samplach 9	Na caithimh aimsire atá agam	228

Iontas 2

Réamhrá: An Bhéaltriail

- Beidh 40 faoin gcéad den mhóriomlán marcanna ag gabháil leis an mBéaltriail Roghnach i scrúdú Gaeilge an Teastais Shóisearaigh.
- Mairfidh an Bhéaltriail 11/12 nóiméad san in iomlán.
- Líon na marcanna don Bhéaltriail – 160 marc.

Leagan amach an scrúdaithe

❶ Fáiltiú   1 nóiméad   10 marc

- Ainm
- Scrúduimhir
- Dáta breithe
- Rang

❷ Cur síos ar shraith pictiúr   3 nóiméad   30 marc

- Beidh na topaicí bunaithe ar an siollabas don Teastas Sóisearach.
- Beidh cúig shraith pictiúr ann.
- Beidh seans agat na sraitheanna pictiúr a chleachtadh sa rang Gaeilge.
- Beidh na sraitheanna go léir béal faoi (*face down*) ar an mbord ar lá an scrúdaithe.
- Roghnóidh tú sraith pictiúr amháin go randamach (*randomly*).
- Gheobhaidh tú nóiméad amháin sa scrúdú chun an tsraith pictiúr a ullmhú.

❸ Rólghlacadh   3 nóiméad   40 marc

- Beidh ábhar na gcártaí a bheidh in úsáid don chuid seo den scrúdú bunaithe ar thopaicí as an siollabas don Teastas Sóisearach. Seo na topaicí thíos:

> Scoil   Caithimh Aimsire   Laethanta Saoire   Bia agus Deoch

- Beidh ocht gcártaí san iomlán ann, dhá chárta bunaithe ar gach ceann de na ceithre thopaic atá luaite thuas.
- Beidh na cártaí go léir béal faoi ar an mbord lá an scrúdaithe.
- Roghnóidh tú cárta amháin go randamach.
- Gheobhaidh tú nóiméad amháin sa scrúdú chun an cárta a ullmhú.
- Cuirfidh tú ceisteanna ar an scrúdaitheoir faoin gcárta.

❹ Comhrá   4/5 nóiméad   80 marc

- Cuirfidh an scrúdaitheoir ceisteanna ort bunaithe ar na topaicí atá leagtha amach sa siollabas don Teastas Sóisearach.
- Tosóidh an scrúdú le roinnt mioncheisteanna. Ní bheidh ach freagraí gairide simplí ón scrúdaitheoir ar na ceisteanna seo.
- Beidh na ceisteanna bunaithe ar do shaol.
- Gheobhaidh tú seans labhairt ar ábhair a bhfuil spéis agat iontu.

Aonad 9 An Bhéaltriail

An tSraith Pictiúr: Treoracha

- Beidh cúig shraith pictiúr ann.
- Beidh na sraitheanna pictiúr go léir béal faoi ar an mbord lá an scrúdaithe.
- Roghnóidh tú (an t-iarrthóir) sraith pictiúr amháin go randamach as na cúig shraith pictiúr. Beidh nóiméad amháin agat chun staidéar agus anailís a dhéanamh ar an tsraith a roghnóidh tú.
- Ansin déanfaidh tú cur síos ar ábhar na sraithe.
- Leanfaidh an chuid seo den scrúdú 3 nóiméad – nóiméad amháin chun an staidéar agus anailís a dhéanamh agus dhá nóiméad don chur síos a dhéanamh.
- Tá 30 marc ag dul don chur síos.

Cabhair!

Iontas 2

Sraith Pictiúr 1

Pictiúr 1

Pictiúr 2

Pictiúr 3

Pictiúr 4

I bpictiúr a haon / sa chéad phictiúr

Beirt atá sa phictiúr, deartháir agus deirfiúr ceapaim.

Breathnaíonn an bheirt acu an-chosúil lena chéile.

Tá gruaig dhubh ar an mbeirt acu.

Tá siad gléasta ina n-éide scoile.

Ceapaim go bhfuil siad ag freastal ar an scoil chéanna toisc go bhfuil an éide scoile chéanna orthu.

Caitheann siad geansaí, léine agus carbhat stríocach.

Tá Aoife agus Ciarán ag déanamh a gcuid obair bhaile.

Nílim cinnte cén obair bhaile atá á déanamh acu.

B'fhéidir go bhfuil siad ag déanamh taighde nó ag scríobh aiste.

Tá siad sa seomra suí.

Tá sé a cúig a chlog.

Tá lampa sa seomra agus tá pictiúr ar an mballa.

Tá siad ina suí ag bord.

Ag scríobh atá Aoife agus ag staidéar atá Ciarán.

Tá an chuma orthu go bhfuil siad ag staidéar go dian.

Tá leabhair os a gcomhair amach ar an mbord.

I bpictiúr a dó / sa dara pictiúr

Faigheann (nó cuireann) Aoife glao fóin.

Tá sé leathuair tar éis a cúig anois.

Fad is atá Aoife ag caint ar an bhfón tá Ciarán fós ag déanamh a chuid obair bhaile.

Tá sé an-díograiseach.

Tá Aoife ag caint is ag comhrá lena cara.

Féachann siad gealgháireach agus sona.

Tá meangadh mór ar a haghaidh.

Tá sí ag déanamh pleananna le cara léi dul amach go dtí an phictiúrlann.

I bpictiúr a trí / sa tríú pictiúr

Socraíonn Aoife agus Ciarán dul amach ach níl a dtuismitheoirí ag baile.

Tá Aoife ag cur ríomhphoist chuig a máthair ag míniú di go bhfuil sí féin agus Ciarán ag dul amach.

Tá sí ina suí os comhair an ríomhaire agus tá sí ag clóscríobh.

Tá a méara ar an méarchlár.

Is dócha go bhfuil sí ag insint dá máthair cá bhfuil siad ag dul agus cén uair a bheidh siad ar ais.

Níl a fhios agam cad a cheapfaidh a máthair faoi seo.

I bpictiúr a ceathair / sa cheathrú pictiúr

Tá Aoife, Ciarán agus cara leo ina seasamh taobh amuigh den phictiúrlann.

Tá siad ag dul chun scannán a fheiceáil.

Fuair (nó gheobhaidh) siad ticéid in oifig na dticéad.

Tá trí phictiúrlann san ionad.

Ceapaim go bhfuil an aimsir fuar mar go bhfuil siad go léir ag caitheamh cótaí.

Tá cuma ghealgháireach ar aghaidh gach duine acu.

Cairde atá iontu.

Is dócha go bhfuil áthas orthu briseadh a fháil ón staidéar.

Sraith Pictiúr 2

Pictiúr 1

Pictiúr 2 — DIOSCÓ ANOCHT 9 A CHLOG

Pictiúr 3 — NÍL MO THUISMITHEOIRÍ SA BHAILE

Pictiúr 4

Aonad 9 An Bhéaltriail

I bpictiúr a haon / sa chéad phictiúr

Tagann Eoin go dtí an doras agus osclaíonn Míde an doras dó.

Cailín ard í Míde agus tá gruaig fhada fhionn uirthi.

Tá Míde ag caitheamh sciorta agus t-léine le bláth deas uirthi.

Tá áthas uirthi Eoin a fheiceáil.

Tá meangadh mór áthais ar a haghaidh.

Tá Eoin ag caitheamh brístí géine agus t-léine dhubh.

Tá Eoin ard freisin agus tá gruaig ghearr dhubh air.

Tá aoibh an gháire ar a aghaidh.

B'fhéidir go bhfuil siad ag dul amach lena chéile.

Is léir go dtaitníonn siad lena chéile.

I bpictiúr a dó / sa dara pictiúr

Tá Eoin agus Míde ina suí sa seomra suí.

Tá siad ina suí ar chathaoir uilleann.

Tá teilifíseán le feiceáil ann chomh maith le leabhragán.

Tá pictiúr de bhád seoil ar crochadh ar an mballa.

Tá bord caife sa seomra agus vása le bláthanna istigh ann.

Tugann Eoin cuireadh do Mhíde teacht leis go dtí an dioscó a bheidh ar siúl ag a naoi a chlog an oíche sin.

Tá áthas ar Mhíde an cuireadh a fháil agus glacann sí go fonnmhar leis.

I bpictiúr a trí / sa tríú pictiúr

Míníonn Míde go bhfuil fadhb aici.

Níl a tuismitheoirí ag baile.

Níor mhaith léi imeacht gan an scéal a mhíniú dá tuismitheoirí.

Is cailín freagrach í.

Ba mhaith léi dul go dtí an dioscó le hEoin.

Tagann sí ar réiteach na faidhbe.

Socraíonn sí nóta a fhágáil ag míniú dá tuismitheoirí go bhfuil sí ag dul amach.

I bpictiúr a ceathair / sa cheathrú pictiúr

Tá Míde ag scríobh nóta chuig a tuismitheoirí.

Míníonn sí dóibh go bhfuil sí ag dul go dtí an dioscó le hEoin.

Deir sí leo cá bhfuil an dioscó ar siúl agus cén t-am a bheidh sí ar ais.

Tá sí féin agus Eoin ar mhuin na muice go bhfuil sí ábalta dul go dtí an dioscó.

Tá an bheirt acu sona sásta agus ag súil go mór leis an dioscó.

Iontas 2

Sraith Pictiúr 3

Pictiúr 1

Pictiúr 2

Pictiúr 3

Pictiúr 4

I bpictiúr a haon / sa chéad phictiúr

Tá Marcus agus Cáit ag siúl cois locha.

Tá gruaig dhubh ar Mharcus agus gruaig fhionn ar Cháit.

Is dócha go bhfuil siad amuigh don lá toisc go bhfuil mála droma an duine acu.

Tá siad ag caitheamh seaicéad agus brístí chomh maith le bróga siúil.

Tá siad ag caint is ag comhrá lena chéile.

Tá fear i mbád ag iascach ar an loch.

Tá an t-iascaire ag caitheamh seaicéad tarrthála.

Tá an bád ar ancaire aige.

Tá comhartha ann ag fógairt go mbaineann dainséar leis an uisce.

Is léir go bhfuil sé baolach dul ag snámh sa loch.

Tá plandaí agus cnocáin le feiceáil ar an taobh eile den loch.

I bpictiúr a dó / sa dara pictiúr

Ní thugann an bheirt acu aird ar bith ar an rabhadh agus téann siad isteach sa loch.

Tá a gcultacha snámha orthu.

Tá an chuma ar an scéal go bhfuil snámh brollaigh á dhéanamh ag Cáit ach fanann sí gar don bhád.

Téann Marcus níos faide amach sa loch.

Níl ciall ar bith acu mar deirtear go bhfuil baol ag baint leis an loch.

Is é mo thuairim go bhfuil siad as a meabhair ag snámh i loch dainséarach.

I bpictiúr a trí / sa tríú pictiúr

Tá Marcus i dtrioblóid.

Tá cabhair ag teastáil go géar uaidh.

Tá sé i mbaol a bháite.

B'fhéidir go bhfuil sruth láidir ann nó b'fhéidir go bhfuil sé i bhfostú sna plandaí atá ag fás sa loch.

B'fhéidir gur bhuail crampa é.

Tosaíonn sé ag screadach in ard a chinn is a ghutha.

Tá eagla an domhain air.

I bpictiúr a ceathair / sa cheathrú pictiúr

Tá an t-ádh dearg le Marcus go bhfuil an t-iascaire in aice láimhe.

Cloiseann an t-iascaire Marcus ag screadach agus rámhaíonn sé gan mhoill go dtí Marcus.

Beireann Marcus greim an duine bháite ar an iascaire.

Tarraingíonn an t-iascaire Marcus amach as an uisce.

Buíochas le Dia tá Marcus ceart go leor agus tá sé in ann siúl as an mbád nuair a shroicheann siad bruach an locha.

Tá áthas an domhain air a bheith ar ais ar thalamh tirim.

Tá slua bailithe faoin am seo agus cabhraíonn duine amháin leis chun teacht amach as an mbád.

Ní gá a rá go bhfuil faoiseamh mór ar Cháit go bhfuil a cara Marcus slán sábháilte.

Laoch a bhí san iascaire an lá sin agus amadán ab ea Marcus dul ag snámh i loch dainséarach.

Mar a deir an seanfhocal 'An chiall cheannaithe an chiall is fearr'.

Déarfainn gur fhoghlaim an bheirt acu ceacht an lá sin.

Iontas 2

Sraith Pictiúr 4

Pictiúr 1

Pictiúr 2

Pictiúr 3

Pictiúr 4

I bpictiúr a haon / sa chéad phictiúr

Tá Máire agus Liam san ionad siopadóireachta.

Tá mála gualainne ag Máire chomh maith le seaicéad agus brístí géine.

Tá siad ag féachaint isteach i bhfuinneog an tsiopa chrua-earraí.

Tá siad ag féachaint ar na hearraí leictreacha.

Tá teilifíseán agus seinnteoir dlúthdhiosca ar díol sa siopa.

Tá praghsanna éagsúla ar na hearraí.

'Ó Murchú' is ainm don siopa.

Tá an chuma ar an mbeirt go bhfuil siad sásta leis na praghsanna.

Tá siopa seodóra in aice le siopa Uí Mhurchú agus tá cloig le feiceáil san fhuinneog.

'Ó Sé' is ainm don siopa seodóra.

Tá siopa grósaera san ionad freisin darb ainm 'An Grianán' agus tá anainn ar díol ann.

Tá beirt seanóirí ina suí ar bhinse.

Tá maide siúil ag duine amháin de na seanóirí.

Tá siad ag caint is ag comhrá lena chéile.

Dar le clog an ionaid tá sé a trí a chlog.

I bpictiúr a dó / sa dara pictiúr

Feiceann siad cailín óg ag caoineadh.

Tá an cailín bocht tríd chéile toisc go bhfuil sí caillte.

Níl a fhios aici cá bhfuil a tuismitheoirí.

Tá gruaig dhubh uirthi agus tá sí ag caitheamh gúna, riteoga agus bróga.

Tá trua ag Máire agus Liam di.

I bpictiúr a trí / sa tríú pictiúr

Beireann Máire agus Liam greim láimhe ar an gcailín bocht agus téann siad go dtí an deasc eolais léi.

Tá bean ard ag obair ag an deasc.

Faigheann Máire agus Liam amach gur Bríd is ainm don chailín agus go bhfuil sí ceithre bliana d'aois.

Fógraíonn an bhean go bhfuil Bríd caillte agus cuireann sí an cur síos amach fúithi ar an gcallaire.

Beidh gach duine sa siopa ábalta an fógra a chloisteáil.

Tá bean ag siúl in aice leis an deasc eolais agus tá dhá mhála siopadóireachta aici.

I bpictiúr a ceathair / sa cheathrú pictiúr

Chuala tuismitheoirí Bhríde an fógra agus i bpreabadh na súl bhí siad ar ais lena n-iníon.

Bhí áthas an domhain ar Bhríd a tuismitheoirí a fheiceáil agus léim sí isteach i lámha a máthar.

Déarfainn go raibh imní an domhain ar a tuismitheoirí fad is a bhí Bríd caillte.

Tugann an t-athair €20 (fiche euro) do Mháire agus do Liam chun a bhuíochas a chur in iúl.

Tá críoch shona leis an scéal agus tá aoibh an gháire ar gach duine sa phictiúr.

Ní dhéanfaidh aon duine acu dearmad ar an lá sin go deo.

Iontas 2

Sraith Pictiúr 5

Pictiúr 1

Pictiúr 2

Pictiúr 3

Pictiúr 4

I bpictiúr a haon / sa chéad phictiúr

Tagann Pól go dtí an doras.

Buaileann sé cnag ar an doras.

Freagraíonn Ciarán, deartháir Aoife, an doras.

Tá Pól ag caitheamh t-léine dhubh agus tá gruaig chatach dhubh air freisin.

Caitheann Ciarán t-léine bhán le dearadh deas uirthi.

Tá gruaig dhíreach fhionn air.

Tá Pól ag iarraidh labhairt le hAoife agus fiafraíonn sé de an bhfuil Aoife sa bhaile.

I bpictiúr a dó / sa dara pictiúr

Míníonn Ciarán do Phól nach bhfuil Aoife ag baile.

De réir dealraimh chuaigh sí amach ní ba luaithe.

I bpictiúr a trí / sa tríú pictiúr

Tá Pól ag scríobh nóta d'Aoife.

Bhí an bheirt acu le dul amach an oíche sin.

Níl Pol in ann dul amach le hAoife anois.

Deir sé sa nóta go bhfuil brón air nach mbeidh sé in ann dul amach léi.

B'fhéidir go bhfuil air dul amach lena thuismitheoirí nó aire a thabhairt dá dheartháir óg.

Tá sé múinte mar fágann sé an nóta di.

Níor mhaith leis go rachadh Aoife go dtí an áit coinne agus nach mbeadh sé féin ann.

I bpictiúr a ceathair / sa cheathrú pictiúr

Tá an nóta scríofa ag Pól.

Iarrann Pól ar Chiarán an nóta a thabhairt d'Aoife dó.

Ar ndóigh, tá Ciarán lánsásta é sin a dhéanamh agus glacann sé leis an nóta.

Fágann Pól slán ag Ciarán ansin agus imíonn sé abhaile.

Iontas 2

Rólghlacadh

Is iad seo a leanas na topaicí don chuid seo den scrúdú: Scoil; Caithimh Aimsire; Laethanta Saoire; Bia agus Deoch.

Treoracha

- Beidh ocht gcárta san iomlán ann, dhá chárta bunaithe ar gach ceann de na ceithre thopaic atá luaite thuas.
- Beidh na cártaí béal faoi ar an mbord lá an scrúdaithe. Roghnóidh tú (an t-iarrthóir) cárta amháin go randamach as na hocht gcárta. Beidh nóiméad amháin agat chun staidéar agus anailís a dhéanamh ar an gcárta a roghnóidh tú.
- Ansin cuirfidh tú ceisteanna ar an scrúdaitheoir faoin gcárta a roghnóidh tú. Beidh an dara ceann den chárta céanna i seilbh an scrúdaitheora. Beidh ról idirghníomhach ag an scrúdaitheoir sa chuid seo den Bhéaltriail nuair is gá leis sin.
- Deich gceist ar fad a chuirfidh an t-iarrthóir.
- Leanfaidh an chuid seo den scrúdú 3 nóiméad – nóiméad amháin chun an staidéar agus anailís a dhéanamh agus trí nóiméad chun na ceisteanna a chur.
- Tá 40 marc ag dul don chur síos.

Rólghlacadh: Scoil

Tasc a haon

COLÁISTE BHRÍDE
GAELTACHT CHIARRAÍ

Trí chúrsa
Cúrsa A: 01/06/10 – 22/06/2010
Cúrsa B: 24/06/10 – 15/07/2010
Cúrsa C: 17/07/10 – 07/08/2010

Caitheamh Aimsire
Spórt
Ceol
Rince
Snámh
Siúlóidí
Céilí gach oíche

Beir leat uirlisí ceoil agus feisteas spóirt.

Táille €800

Teagmháil
Rúnaí – Liam Ó Sé
Teileafón – 066 34567
Suíomh gréasáin – www.colaistebhride.ie

Cabhair!

Aonad 9 An Bhéaltriail

1	An t-iarrthóir:	**Cad is ainm don choláiste?**
	An scrúdaitheoir:	*Coláiste Bhríde is ainm dó.*
2	An t-iarrthóir:	**Cá bhfuil Coláiste Bhríde?**
	An scrúdaitheoir:	*Tá sé i nGaeltacht Chiarraí.*
3	An t-iarrthóir:	**Cé mhéad cúrsa atá ar fáil ann?**
	An scrúdaitheoir:	*Tá trí chúrsa ar fáil ann.*
4	An t-iarrthóir:	**Céard iad na dátaí don chéad chúrsa?**
	An scrúdaitheoir:	*Tá cúrsa A ar siúl ón gcéad lá de mhí an Mheithimh go dtí an dara lá is fiche.*
5	An t-iarrthóir:	**Céard iad na dátaí do chúrsa B?**
	An scrúdaitheoir:	*Tá cúrsa B ar siúl ón gceathrú lá fichead de mhí an Mheithimh go dtí an cúigiú lá déag de mhí Iúil.*
6	An t-iarrthóir:	**Céard iad na dátaí do chúrsa C?**
	An scrúdaitheoir:	*Tá cúrsa C ar siúl ón seachtú lá déag de mhí Iúil go dtí an seachtú lá de mhí Lúnasa.*
7	An t-iarrthóir:	**An mbíonn spórt ar siúl ar na cúrsaí?**
	An scrúdaitheoir:	*Bíonn.*
8	An t-iarrthóir:	**An mbíonn ceol agus rince ar siúl sa choláiste?**
	An scrúdaitheoir:	*Bíonn.*
9	An t-iarrthóir:	**An féidir dul ag snámh ann?**
	An scrúdaitheoir:	*Is féidir.*
10	An t-iarrthóir:	**Cé chomh minic is a bhíonn céilí ar siúl?**
	An scrúdaitheoir:	*Bíonn céilí ar siúl gach oíche.*
11	An t-iarrthóir:	**Ar cheart dom aon rud a thabhairt liom?**
	An scrúdaitheoir:	*Ba cheart uirlisí ceoil agus feisteas spóirt a thabhairt leat.*
12	An t-iarrthóir:	**Cé mhéad a chosnaíonn an cúrsa?**
	An scrúdaitheoir:	*€800 (ocht gcéad euro).*
13	An t-iarrthóir:	**Cé hé rúnaí an choláiste?**
	An scrúdaitheoir:	*Liam Ó Sé.*
14	An t-iarrthóir:	**Cad é uimhir teileafóin an choláiste?**
	An scrúdaitheoir:	*066 34567.*
15	An t-iarrthóir:	**Cad é suíomh gréasáin an choláiste?**
	An scrúdaitheoir:	*www.colaistebhride.ie.*

Iontas 2

Rólghlacadh: Scoil
Tasc a dó

POBALSCOIL ÁINE
RÁTH MAONAIS
BAILE ÁTHA CLIATH

Scoil Chomhoideachais
Rogha Leathan Ábhar

Imeachtaí Eile
Spórt – sacar, eitpheil, cispheil
Cluichí boird – ficheall, beiriste
Díospóireachtaí

Áiseanna
Páirceanna imeartha
Halla spóirt
Linn snámha
Saotharlanna
Lárionad ríomhairí
Ceaintín

Teagmháil
Rúnaí – Úna de Bláca
Teileafón – 01 398 754
Suíomh gréasáin – www.pobalscoilaine.ie

Aonad 9 An Bhéaltriail

1	An t-iarrthóir: An scrúdaitheoir:	Cad is ainm don scoil? *Pobalscoil Áine is ainm don scoil.*
2	An t-iarrthóir: An scrúdaitheoir:	Cá bhfuil an scoil suite? *Tá an scoil suite i Ráth Maonais, Baile Átha Cliath.*
3	An t-iarrthóir: An scrúdaitheoir:	Cén cineál scoile í? *Is scoil chomhoideachais í.*
4	An t-iarrthóir: An scrúdaitheoir:	An bhfuil rogha leathan ábhar le fáil inti? *Tá.*
5	An t-iarrthóir: An scrúdaitheoir:	Cén spórt a imrítear sa scoil? *Imrítear sacar, eitpheil agus cispheil sa scoil.*
6	An t-iarrthóir: An scrúdaitheoir:	An mbíonn cluichí boird á n-imirt sa scoil? *Bíonn. Imrítear ficheall agus beiriste inti.*
7	An t-iarrthóir: An scrúdaitheoir:	An mbíonn díospóireachtaí ar siúl? *Bíonn.*
8	An t-iarrthóir: An scrúdaitheoir:	An bhfuil páirceanna imeartha agaibh? *Tá.*
9	An t-iarrthóir: An scrúdaitheoir:	An bhfuil halla spóirt agaibh? *Tá.*
10	An t-iarrthóir: An scrúdaitheoir:	An bhfuil aon áiseanna spóirt eile agaibh? *Tá linn snámha againn chomh maith.*
11	An t-iarrthóir: An scrúdaitheoir:	An bhfuil saotharlanna agus lárionad ríomhairí sa scoil? *Tá.*
12	An t-iarrthóir: An scrúdaitheoir:	Cá n-itheann na daltaí a lón? *Itheann siad a lón sa cheaintín.*
13	An t-iarrthóir: An scrúdaitheoir:	Cad is ainm do rúnaí na scoile? *Úna de Bláca is ainm di.*
14	An t-iarrthóir: An scrúdaitheoir:	Cad í uimhir theileafóin na scoile? *01 398 754.*
15	An t-iarrthóir: An scrúdaitheoir:	Cad é suíomh gréasáin na scoile? *www.pobalscoilaine.ie.*

Iontas 2

Rólghlacadh: Caithimh Aimsire
Tasc a haon

Club Óige
Baile na hInse
Daoine Óga idir 12 agus 16

Imeachtaí
Cluichí Páirce
Spórt Uisce
Drámaíocht
Dioscónna
Snúcar
Beárbaiciú sa Samhradh

Táille Bhallraíochta €20
Ar oscailt
Gach oíche
7.00 p.m. – 10.00 p.m.

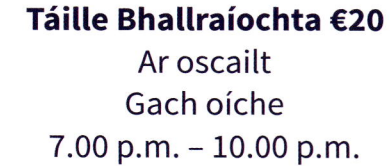

Tuilleadh eolais
Rúnaí an chlub – Cáit Ní Néill
Teileafón – 065 689 324
Suíomh gréasáin – www.cluboigenahinse.ie

Aonad 9 An Bhéaltriail

①	An t-iarrthóir: An scrúdaitheoir:	Cá bhfuil an Club Óige? *Tá sé i mBaile na hInse.*
②	An t-iarrthóir: An scrúdaitheoir:	Cé a bhíonn ag freastal ar an gclub? *Daoine óga idir dhá bhliain déag agus sé bliana déag.*
③	An t-iarrthóir: An scrúdaitheoir:	Céard iad na himeachtaí a bhíonn ar siúl ann? *Bíonn cluichí páirce, spóirt uisce agus snúcar ar siúl ann.*
④	An t-iarrthóir: An scrúdaitheoir:	Mura bhfuil suim agat sa spórt, an bhfuil aon rud ar siúl duit? *Bíonn drámaíocht ar siúl ann.*
⑤	An t-iarrthóir: An scrúdaitheoir:	An mbíonn dioscónna ar siúl sa chlub? *Bíonn.*
⑥	An t-iarrthóir: An scrúdaitheoir:	An mbíonn aon rud difriúil ar siúl sa samhradh? *Bíonn beárbaiciú ann sa samhradh.*
⑦	An t-iarrthóir: An scrúdaitheoir:	Cad é an táille ballraíochta? *Is é €20 (fiche euro) an táille.*
⑧	An t-iarrthóir: An scrúdaitheoir:	Cathain a bhíonn an club ar oscailt? *Bíonn sé ar oscailt gach oíche.*
⑨	An t-iarrthóir: An scrúdaitheoir:	Cén t-am a osclaíonn an club? *Osclaíonn sé ag a seacht gach oíche.*
⑩	An t-iarrthóir: An scrúdaitheoir:	Cén t-am a dhúnann an club san oíche? *Dúnann sé ag a deich gach oíche.*
⑪	An t-iarrthóir: An scrúdaitheoir:	Cé hé rúnaí an chlub? *Is í Cáit Ní Néill rúnaí an chlub.*
⑫	An t-iarrthóir: An scrúdaitheoir:	Cá bhfuil a thuilleadh eolais ar fáil? *Tá a thuilleadh eolais ar fáil ó rúnaí an chlub.*
⑬	An t-iarrthóir: An scrúdaitheoir:	Conas is féidir dul i dteagmháil leis an rúnaí? *Is féidir glao a chur uirthi ag 065 689 324.*
⑭	An t-iarrthóir: An scrúdaitheoir:	An bhfuil suíomh gréasáin ag an gclub? *Tá.*
⑮	An t-iarrthóir: An scrúdaitheoir:	Cad é seoladh an tsuímh? *www.cluboigenahinse.ie.*

Iontas 2

Rólghlacadh: Caithimh Aimsire
Tasc a dó

CEOLCHOIRM
O2
BLUR

Dé hAoine 09/10/10 – 12/10/10

Bannaí Ceoil Taca:
Rage Against the Machine
Kings of Leon
The Prodigy
The Verve

Láthair Champála
€20 ar champáil thar oíche

Ticéid ar fáil:
Ticketmaster
Praghas – €224.50

Tuilleadh Eolais
Teileafón – 0404 98345
Suíomh gréasáin – www.feilebhailephuinse.ie
Caithfidh duine fásta a bheith le déagóirí faoi 17 mbliana

Aonad 9 An Bhéaltriail

1
- **An t-iarrthóir:** Cad is ainm don cheolchoirm?
- **An scrúdaitheoir:** Oxegen is ainm don cheolchoirm.

2
- **An t-iarrthóir:** Cá mbeidh an cheolchoirm ar siúl?
- **An scrúdaitheoir:** Beidh sé ar siúl i mBaile Phuinse.

3
- **An t-iarrthóir:** Cathain a bheidh an cheolchoirm ar siúl?
- **An scrúdaitheoir:** Beidh sé ar siúl ón Aoine, an naoú lá de mhí Dheireadh Fómhair, go dtí an Luan, an dara lá déag de mhí Dheireadh Fómhair.

4
- **An t-iarrthóir:** Cén príomhghrúpa a bheidh ag seinm ann?
- **An scrúdaitheoir:** Is é Blur an príomhghrúpa a bheidh ag seinm.

5
- **An t-iarrthóir:** Cé mhéad banna ceoil taca a bheidh ag seinm?
- **An scrúdaitheoir:** Beidh ceithre bhanna ceoil taca ann.

6
- **An t-iarrthóir:** Céard iad na bannaí ceoil taca a bheidh ann?
- **An scrúdaitheoir:** Rage Against the Machine, Kings of Leon agus The Prodigy.

7
- **An t-iarrthóir:** An mbeidh The Verve ag seinm?
- **An scrúdaitheoir:** Beidh.

8
- **An t-iarrthóir:** An mbeidh láthair champála ar fáil?
- **An scrúdaitheoir:** Beidh.

9
- **An t-iarrthóir:** Cén costas a bheidh ar oíche sa láthair champála?
- **An scrúdaitheoir:** €20 (fiche euro) an costas atá ar champáil thar oíche.

10
- **An t-iarrthóir:** Cén praghas atá ar na ticéid?
- **An scrúdaitheoir:** Tá €224.50 (dhá chéad fiche ceathair euro agus caoga cent) ar na ticéid.

11
- **An t-iarrthóir:** Cá bhfuil na ticéid ar fáil?
- **An scrúdaitheoir:** Tá siad ar fáil ag Ticketmaster.

12
- **An t-iarrthóir:** Conas is féidir a thuilleadh eolais a fháil faoin gceolchoirm?
- **An scrúdaitheoir:** Tá a thuilleadh eolais ar fáil má ghlaonn tú ar 0404 98345.

13
- **An t-iarrthóir:** An bhfuil suíomh gréasáin ann?
- **An scrúdaitheoir:** Tá.

14
- **An t-iarrthóir:** Cad é seoladh an tsuímh?
- **An scrúdaitheoir:** www.feilebhailephuinse.ie.

15
- **An t-iarrthóir:** An bhfuil aon rialacha ann maidir le daoine óga?
- **An scrúdaitheoir:** Caithfidh duine fásta a bheith le déagóirí faoi seacht mbliana déag d'aois.

Rólghlacadh: Laethanta Saoire

Tasc a haon

MAIDRID
Saoire Faoin nGrian
Óstán Villa Real

Saoire choicíse – Mí Iúil

Beirt daoine fásta agus
beirt pháistí – €3000

Áiseanna
Club do naíonáin
Club do dhéagóirí
Seomra cluichí
Bialann
Teilifís satailíte
Turais eagraithe

Tabhair cuairt ar:
Tarbhchomhrac
agus
Estadio Santiago Bernabéu

Tuilleadh eolais
Gníomhaire Taistil Uí Néill
Teileafón – 094 98345
Suíomh gréasáin – www.gniomhairetaistiluineill.ie

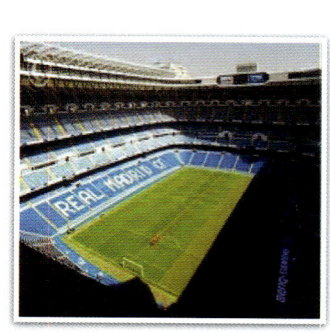

Aonad 9 An Bhéaltriail

❶	An t-iarrthóir:	Cén cineál saoire a bhíonn le fáil in Maidrid?
	An scrúdaitheoir:	Bíonn saoire faoin ngrian le fáil ann.
❷	An t-iarrthóir:	An molfá aon óstán le fanacht ann?
	An scrúdaitheoir:	Mholfainn Óstán Villa Real.
❸	An t-iarrthóir:	Cá fhad a bheidh an tsaoire?
	An scrúdaitheoir:	Saoire choicíse a bheidh ann.
❹	An t-iarrthóir:	Cén costas atá ar shaoire coicíse i mí Iúil?
	An scrúdaitheoir:	€3000 (trí mhíle euro).
❺	An t-iarrthóir:	Cé mhéad duine atá san áireamh sa phraghas sin?
	An scrúdaitheoir:	Ceathrar.
❻	An t-iarrthóir:	An bhfuil páistí agus daoine fásta i gceist sa phraghas sin?
	An scrúdaitheoir:	Tá beirt daoine fásta agus beirt pháistí i gceist.
❼	An t-iarrthóir:	Céard iad na háiseanna atá ann do pháistí?
	An scrúdaitheoir:	Tá club do naíonáin ann.
❽	An t-iarrthóir:	Céard iad na háiseanna atá ann do dhéagóirí?
	An scrúdaitheoir:	Tá club do dhéagóirí ann.
❾	An t-iarrthóir:	An féidir ithe san óstán?
	An scrúdaitheoir:	Is féidir. Tá bialann ann.
❿	An t-iarrthóir:	Céard iad na háiseanna eile atá ann?
	An scrúdaitheoir:	Tá seomra cluichí agus tá teilifís satailíte ann freisin.
⓫	An t-iarrthóir:	An mbíonn turais eagraithe ann?
	An scrúdaitheoir:	Bíonn.
⓬	An t-iarrthóir:	An mbeimid ábalta cuairt a thabhairt ar tharbhchomhrac agus ar Estadio Santiago Bernabéu?
	An scrúdaitheoir:	Beidh sibh, cinnte.
⓭	An t-iarrthóir:	Cá bhfuil a thuilleadh eolais ar fáil?
	An scrúdaitheoir:	Tá eolas le fáil ó Ghníomhaire Taistil Uí Néill.
⓮	An t-iarrthóir:	Cad í uimhir fóin an ghníomhaire?
	An scrúdaitheoir:	094 98345.
⓯	An t-iarrthóir:	An bhfuil suíomh gréasáin ag an ngníomhaire taistil?
	An scrúdaitheoir:	Tá. www.gniomhairetaistiluineill.ie.

Rólghlacadh: Laethanta Saoire
Tasc a dó

Láthair Champála
Mín na Leice
Dún na nGall

Áiseanna
Óstán Ghaoth Dobhair
Iascaireacht
Turas báid – Toraigh
Bádóireacht
Dreapadóireacht – An Earagail
Siúlóid – Páirc Ghleann Bheithe
Galf

Táille
Puball – €10 san oíche
Carbhán – €20 san oíche

Teagmháil
Rúnaí – Gearóid Ó Gallchóir
Teileafón – 074 34567
Suíomh gréasáin – www.campailminnaleice.ie

Aonad 9 An Bhéaltriail

1	An t-iarrthóir: An scrúdaitheoir:	Cá bhfuil an láthair champála? *Tá sé i Mín na Leice.*
2	An t-iarrthóir: An scrúdaitheoir:	Cá bhfuil Mín na Leice? *Tá sé i nDún na nGall.*
3	An t-iarrthóir: An scrúdaitheoir:	An bhfuil aon óstán in aice leis an láthair? *Tá Óstán Ghaoth Dobhair in aice leis.*
4	An t-iarrthóir: An scrúdaitheoir:	An féidir dul ag iascaireacht ann? *Is féidir.*
5	An t-iarrthóir: An scrúdaitheoir:	An bhfuil áiseanna eile ann? *Tá. Is féidir dul ar thuras báid nó dul ag bádóireacht.*
6	An t-iarrthóir: An scrúdaitheoir:	Cá dtéann tú ar an turas báid? *Tá turas báid go dtí Oileán Toraigh ann.*
7	An t-iarrthóir: An scrúdaitheoir:	An féidir dul ag dreapadóireacht ann? *Is féidir dul ag dreapadóireacht ar an Earagail.*
8	An t-iarrthóir: An scrúdaitheoir:	An bhfuil siúlóidí sa cheantar? *Tá siúlóid i bPáirc Ghleann Bheithe.*
9	An t-iarrthóir: An scrúdaitheoir:	An bhfuil galfchúrsa sa cheantar? *Tá.*
10	An t-iarrthóir: An scrúdaitheoir:	Céard é an táille chun puball a chur suas? *€10 (deich euro) don oíche.*
11	An t-iarrthóir: An scrúdaitheoir:	Agus cé mhéad a chosnaíonn sé fanacht i gcarbhán ann? *€20 (fiche euro) don oíche.*
12	An t-iarrthóir: An scrúdaitheoir:	Cé hé rúnaí an láthair champála? *Gearóid Ó Gallchóir.*
13	An t-iarrthóir: An scrúdaitheoir:	Conas is féidir dul i dteagmháil leis? *Is féidir glao air ar 074 34567.*
14	An t-iarrthóir: An scrúdaitheoir:	An bhfuil suíomh gréasáin ag an láthair? *Tá.*
15	An t-iarrthóir: An scrúdaitheoir:	Cad é seoladh an tsuímh? *www.campailminnaleice.ie.*

Rólghlacadh: Bia agus Deoch

Tasc a haon

MEARBHIA AN GORT

Rogha Leathan
Burgair
Sceallóga
Sicín
Pizza

Ceiliúir
Do Lá Breithe Linn

Deochanna ar phraghsanna ísle
Mianraí: €1 an ceann

Tairiscintí speisialta
roimh 8.00 p.m.

Ar oscailt
Dé Luain – Dé Domhnaigh
9.00 a.m. – 3.00 a.m.

Ordaigh ar líne

Teagmháil
Teileafón – 091 34567
Suíomh gréasáin – www.mearbhia.com

Aonad 9 An Bhéaltriail

1	An t-iarrthóir:	**Cad is ainm don siopa?**
	An scrúdaitheoir:	*'Mearbhia' is ainm don siopa.*
2	An t-iarrthóir:	**Cá bhfuil an siopa?**
	An scrúdaitheoir:	*Tá an siopa i nGort.*
3	An t-iarrthóir:	**An bhfuil rogha leathan bia ann?**
	An scrúdaitheoir:	*Tá.*
4	An t-iarrthóir:	**An bhfuil burgair agus sceallóga ar díol ann?**
	An scrúdaitheoir:	*Tá.*
5	An t-iarrthóir:	**An ndéanann sibh sicín agus píotsa?**
	An scrúdaitheoir:	*Déanaimid.*
6	An t-iarrthóir:	**An féidir breithlá a cheiliúradh ann?**
	An scrúdaitheoir:	*Is féidir, cinnte.*
7	An t-iarrthóir:	**Cén cineál praghsanna a bhíonn ar na deochanna?**
	An scrúdaitheoir:	*Tá praghsanna ísle ar na deochanna.*
8	An t-iarrthóir:	**Cé mhéad atá ar na mianraí?**
	An scrúdaitheoir:	*Euro an ceann.*
9	An t-iarrthóir:	**An mbíonn tairiscintí speisialta agaibh?**
	An scrúdaitheoir:	*Bíonn tairiscintí speisialta againn roimh a hocht a chlog.*
10	An t-iarrthóir:	**Céard iad na laethanta a bhíonn an siopa ar oscailt?**
	An scrúdaitheoir:	*Bímid oscailte gach lá, ón Luan go dtí an Domhnach.*
11	An t-iarrthóir:	**Cén t-am a bhíonn an siopa ar oscailt?**
	An scrúdaitheoir:	*Óna naoi ar maidin go dtí a trí ar maidin.*
12	An t-iarrthóir:	**An féidir bia a ordú ar líne?**
	An scrúdaitheoir:	*Is féidir.*
13	An t-iarrthóir:	**Conas is féidir dul i dteagmháil leis an siopa?**
	An scrúdaitheoir:	*Is féidir glao ar an siopa nó dul go dtí an suíomh gréasáin.*
14	An t-iarrthóir:	**Cad í an uimhir teileafóin?**
	An scrúdaitheoir:	*091 34567.*
15	An t-iarrthóir:	**Cad é suíomh gréasáin an tsiopa?**
	An scrúdaitheoir:	*www.mearbhia.com.*

Iontas 2

Rólghlacadh: Bia agus Deoch
Tasc a dó

An Siopa Áitiúil
Sráid Eoin
Loch Garman

Bia
Torthaí
Glasraí
Arán
Iasc
Feoil

Deochanna
Bainne
Uisce
Mianraí

Ar oscailt seacht lá na seachtaine
9.00 a.m. – 6.00 p.m.
Déanach Dé hAoine
9.00 a.m. – 9.00 p.m.

Praghsanna Ísle
Bainne / €1.00 an lítear
Builín aráin / 90 cent
6 úll / €1.00

Teagmháil
Teileafón – 053 34567
Suíomh gréasáin – www.siopaaitiuil.com

Aonad 9 An Bhéaltriail

1	An t-iarrthóir:	Cad is ainm don siopa?
	An scrúdaitheoir:	*'An Siopa Áitiúil' is ainm dó.*
2	An t-iarrthóir:	Cá bhfuil 'An Siopa Áitiúil'?
	An scrúdaitheoir:	*Tá sé ar Shráid Eoin i Loch Garman.*
3	An t-iarrthóir:	An ndíoltar torthaí agus glasraí sa siopa?
	An scrúdaitheoir:	*Díoltar.*
4	An t-iarrthóir:	An bhfuil iasc agus feoil ar díol ann?
	An scrúdaitheoir:	*Tá.*
5	An t-iarrthóir:	An ndíoltar deochanna sa siopa?
	An scrúdaitheoir:	*Díoltar.*
6	An t-iarrthóir:	An bhfuil bainne agus uisce ar díol ann?
	An scrúdaitheoir:	*Tá.*
7	An t-iarrthóir:	An bhfuil mianraí ar díol sa siopa freisin?
	An scrúdaitheoir:	*Tá.*
8	An t-iarrthóir:	Céard iad na laethanta a bhíonn an siopa ar oscailt?
	An scrúdaitheoir:	*Bímid oscailte seacht lá na seachtaine.*
9	An t-iarrthóir:	Cén t-am a bhíonn an siopa oscailte?
	An scrúdaitheoir:	*Óna naoi ar maidin go dtí a sé tráthnóna.*
10	An t-iarrthóir:	An mbíonn an siopa oscailte déanach ar an Aoine?
	An scrúdaitheoir:	*Bíonn, go dtí a naoi a chlog.*
11	An t-iarrthóir:	Cén praghas atá ar lítear bainne?
	An scrúdaitheoir:	*€1 (euro amháin).*
12	An t-iarrthóir:	Cén praghas atá ar bhuilín aráin?
	An scrúdaitheoir:	*Nócha cent.*
13	An t-iarrthóir:	Cad a chosnaíonn sé úll?
	An scrúdaitheoir:	*€1 (euro amháin).*
14	An t-iarrthóir:	Cad í uimhir theileafóin an tsiopa?
	An scrúdaitheoir:	*053 34567.*
15	An t-iarrthóir:	Cad é suíomh gréasáin an tsiopa?
	An scrúdaitheoir:	*www.siopaaitiuil.com.*

An Comhrá: Treoracha

- Déan cleachtadh don Bhéaltriail gach lá. Cleachtadh a dhéanann máistreacht!
- Féach ar TG4 go minic.
- Déan iarracht Gaeilge a labhairt le do chairde ag am lóin nó sa rang.
- Labhair Gaeilge sa rang Gaeilge.
- Faigh cóipleabhar agus scríobh freagraí ar na ceisteanna san aonad seo i do chóipleabhar.
- Téigh siar ar na ceisteanna atá dírithe ar an mBéaltriail i ngach aonad den leabhar seo.
- Éist leis na freagraí samplacha ar an dlúthdhiosca.
- Ná bí neirbhíseach … labhair amach!

Cabhair!

Clár

Comhrá samplach 1	Mé féin	CD 1 Rian 81
Comhrá samplach 2	Mé féin agus mo theaghlach	CD 1 Rian 82
Comhrá samplach 3	Mo theach	CD 1 Rian 83
Comhrá samplach 4	Mo shaol sa bhaile	CD 1 Rian 84
Comhrá samplach 5	Mo cheantar cónaithe	CD 1 Rian 85
Comhrá samplach 6	Laethanta saoire	CD 2 Rian 1
Comhrá samplach 7	An séasúr is fearr liom	CD 2 Rian 2
Comhrá samplach 8	Lá ag siopadóireacht	CD 2 Rian 3
Comhrá samplach 9	Na caithimh aimsire atá agam	CD 2 Rian 4

Aonad 9 An Bhéaltriail

Comhrá samplach 1: Mé féin
CD 1 Rian 81

Scrúdaitheoir:	Inis dom fút féin.
Pól:	Pól Ó Néill is ainm dom. Tá mé ceithre bliana déag d'aois. Rugadh mé ar an dara lá de Mhárta.
Scrúdaitheoir:	Cén dath atá ar do chuid gruaige?
Pól:	Tá gruaig chatach dhubh orm agus tá súile donna agam.
Scrúdaitheoir:	An-mhaith, a Phóil. Inis dom cén saghas duine tú.
Pól:	Is duine spórtúil, cairdiúil, cabhrach mé. Is aoibhinn liom bualadh le mo chairde ag an deireadh seachtaine. Téimid chuig an bpáirc agus imrímid peil.
Scrúdaitheoir:	An-mhaith, agus an imríonn tú a lán spóirt?
Pól:	Imrím peil agus iománaíocht leis an gclub áitiúil. Imrím cispheil ar scoil freisin.
Scrúdaitheoir:	An réitíonn tú go maith le do chairde?
Pól:	Gan dabht, réitím go han-mhaith le mo chairde. Bíonn an-chraic againn le chéile. Tá siad cairdiúil agus spórtúil, cosúil liomsa, ar ndóigh.

Pól

Leid don scrúdú!

Má chuireann an scrúdaitheoir ceist ort tabhair freagra maith ar an gceist. Ullmhaigh na ceisteanna samplacha ar an ábhar thuas. Agus tú ag déanamh cur síos ort féin ná déan dearmad dul siar ar na haidiachtaí.

Téigh siar ar an ábhar seo in Aonad a hAon.

Comhrá samplach 2: Mé féin agus mo theaghlach CD 1 Rian 82

Scrúdaitheoir:	Déan cur síos ort féin.
Áine:	Is mise Áine. Tá gruaig fhada fhionn orm agus tá súile donna agam.
Scrúdaitheoir:	Cén aois thú, a Áine?
Áine:	Tá mé cúig bliana déag d'aois. Rugadh mé ar an gceathrú lá de mhí na Nollag.
Scrúdaitheoir:	Céard a rinne tú ar do bhreithlá anuraidh?
Áine:	Tháinig mo chairde chuig an teach agus bhí cóisir againn. D'fhéachamar ar scannán. Bhí píotsa againn.
Scrúdaitheoir:	Cén saghas duine tú?
Áine:	Is cailín cainteach, beomhar mé. Is aoibhinn liom a bheith ag bualadh le mo chairde. Téimid isteach sa chathair ag siopadóireacht ag an deireadh seachtaine.
Scrúdaitheoir:	Déan cur síos ar do theaghlach.
Áine:	Tá ceathrar againn sa teaghlach. Tá deartháir amháin agam. Cormac is ainm dó. Tá sé naoi mbliana d'aois. Nuala an t-ainm atá ar mo Mham agus Seán an t-ainm atá ar mo Dhaid. Is mise an páiste is sine sa teaghlach.
Scrúdaitheoir:	Déan cur síos ar do dheartháir dom.
Áine:	Is buachaill cainteach, spórtúil é Cormac. Tá gruaig ghearr dhonn air agus tá dath donn ar a shúile.
Scrúdaitheoir:	An réitíonn tú go maith leis?
Áine:	Ní réitím go maith leis. Tagann sé isteach lena chairde agus déanann siad a lán torainn timpeall an tí.
Scrúdaitheoir:	Céard a tharlaíonn nuair a bhíonn argóint sa teach?
Áine:	Ní bhíonn mo thuismitheoirí róshásta linn nuair a bhíonn argóintí sa teach. Uaireanta múchann siad an teilifís nó bíonn orainn an seomra suí a ghlanadh. Ní tharlaíonn sé go rómhinic, buíochas le Dia.

Leid don scrúdú!

Má chuireann an scrúdaitheoir ceist ort fút féin nó faoi do theaghlach lean ar aghaidh ag caint. Ná tabhair freagraí gairide gonta! Ullmhaigh na ceisteanna samplacha ar an ábhar thuas.

Téigh siar ar an ábhar seo in Aonad a hAon.

Comhrá samplach 3: Mo theach
CD 1 Rian 83

Scrúdaitheoir:	Cá bhfuil tú i do chónaí?
Tomás:	Cónaím i dteach leathscoite in eastát tithíochta.
Scrúdaitheoir:	Céard iad na seomraí atá sa teach?
Tomás:	Tá a lán seomraí sa teach. Nuair a shiúlann tú isteach an príomhdhoras tá seomra teilifíse ar chlé agus seomra suí ar dheis. Tá cistin mhór againn freisin agus seomra folctha thíos staighre. Thuas staighre tá ceithre sheomra leapa agus seomra folctha amháin ann.
Scrúdaitheoir:	An bhfuil gairdín agaibh?
Tomás:	Cinnte. Tá gairdín beag os comhair an tí agus tá cúlghairdín an-mhór againn freisin.
Scrúdaitheoir:	An gcaitheann tú a lán ama sa ghairdín?
Tomás:	Ní chaithim. Nuair a bhí mé níos óige chaith mé a lán ama sa ghairdín ach anois téim chuig an bpáirc chun peil a imirt le mo chairde.
Scrúdaitheoir:	An maith le do thuismitheoirí an gairdín?
Tomás:	Is aoibhinn leo an gairdín. Caitheann mo Dhaid gach deireadh seachtaine ag obair sa ghairdín. Tá crann úll agus a lán bláthanna áille ag fás sa ghairdín.
Scrúdaitheoir:	An gcabhraíonn tú le do thuismitheoirí an teach a ghlanadh?
Tomás:	Ní chabhraím. Tá a lán staidéir le déanamh agam i mbliana agus ní bhíonn an t-am agam obair tí a dhéanamh. Ag an deireadh seachtaine glanaim mo sheomra leapa.
Scrúdaitheoir:	Cé a ullmhaíonn an dinnéar sa teach gach lá?
Tomás:	Ullmhaíonn mo thuismitheoirí an dinnéar i rith na seachtaine ach ag an deireadh seachtaine cabhraím leo sa chistin. Is aoibhinn le mo dheirfiúr Siobhán an dinnéar a dhéanamh. Bíonn orm na gréithe a ní tar éis an dinnéir. Is fuath liom an jab sin.

Iontas 2

Leid don scrúdú!

Má bhaineann an scrúdaitheoir úsáid as briathar sa cheist, bain úsáid as an mbriathar céanna i do fhreagra. Féach ar an sampla thíos.

Ceist: An gcabhraíonn tú...?   **Freagra:** *Cabhraím...*

Déan cleachtadh ar cheisteanna a fhreagairt sa rang.

Ceist: An dtéann tú...?   **Freagra:** _____
Ceist: An gcuireann tú...?   **Freagra:** _____
Ceist: An nglanann tú...?   **Freagra:** _____
Ceist: An dtéann tú...?   **Freagra:** _____

Téigh siar ar an ábhar seo in Aonad a Trí agus na briathra san Aimsir Láithreach in Aonad a Dó.

Aonad 9 An Bhéaltriail

Comhrá samplach 4: Mo shaol sa bhaile CD 1 Rian 84

Scrúdaitheoir:	Céard é an seomra is fearr leat sa teach?
Lísa:	Is é an seomra is fearr liom sa teach ná mo sheomra leapa.
Scrúdaitheoir:	Déan cur síos ar do sheomra leapa dom.
Lísa:	Bhuel, ní seomra mór é ach is seomra compordach é. I lár an tseomra tá leaba mhór chompordach. Tá cuirtíní ildaite ar na fuinneoga agus tá deasc in aice na fuinneoige. Déanaim mo chuid obair bhaile i mo sheomra leapa.
Scrúdaitheoir:	An dtagann do chairde chuig do theach go minic?
Lísa:	Cinnte. Gach Aoine tagann mo chairde chuig mo theach.
Scrúdaitheoir:	Céard a dhéanann sibh?
Lísa:	Uaireanta éistimid le ceol i mo sheomra agus uaireanta eile féachaimid ar an teilifís sa seomra teilifíse.
Scrúdaitheoir:	Déan cur síos ar an seomra teilifíse dom.
Lísa:	Is aoibhinn liom an seomra teilifíse. Tá dhá tholg againn os comhair na tine. Tá ruga deas ar an urlár agus tá lampa in aice an dorais. Tá teilifís mhór sa seomra agus caitheann mo thuismitheoirí a lán ama ag féachaint ar an teilifís.
Scrúdaitheoir:	An éiríonn tú go luath ar maidin?
Lísa:	Ní éirím, tá mé an-leisciúil. Sin a deir mo Mham! I rith na seachtaine éirím ar a hocht a chlog. Ullmhaíonn mo Dhaid mo lón dom agus bíonn cupán tae agus píosa tósta agam sa chistin. Fágaim an teach ar a leathuair tar éis a hocht.
Scrúdaitheoir:	An bhfanann tú sa leaba ag an deireadh seachtaine?
Lísa:	Fanaim sa leaba go dtí a deich a chlog nó mar sin.
Scrúdaitheoir:	Céard a dhéanann tú ina dhiaidh sin?
Lísa:	Déanaim mo chuid obair bhaile ar feadh tamaill agus ansin buailim le mo chairde. Uaireanta téimid isteach sa chathair ag siopadóireacht.
Scrúdaitheoir:	An bhfuil cónaí ar do theaghlach sa teach le fada?
Lísa:	Bhogamar chuig an teach seo thart ar dheich mbliana ó shin. Bhí mé an-óg ag an am.

Iontas 2

Leid don scrúdú!

Ullmhaigh píosa ar na seomraí is fearr leat sa teach. Bí cinnte go bhfuil tú ábalta cur síos a dhéanamh ar do sheomra leapa, ar an seomra teilifíse agus ar an gcistin. Ná déan dearmad na freagraí a scríobh i do chóipleabhar don scrúdú cainte. Ádh mór ort!

Téigh siar ar an ábhar seo in Aonad a Trí.

Aonad 9 An Bhéaltriail

Comhrá samplach 5: Mo cheantar cónaithe CD 1 Rian 85

Scrúdaitheoir:	Cá bhfuil tú i do chónaí?
Antaine:	Cónaím i sráidbhaile beag i Loch Garman. An Abhainn Dhubh an t-ainm atá ar an sráidbhaile.
Scrúdaitheoir:	Agus an maith leat an sráidbhaile?
Antaine:	Is aoibhinn liom An Abhainn Dhubh. Tá mo chairde ina gcónaí in aice láimhe.
Scrúdaitheoir:	Céard a dhéanann na déagóirí sa cheantar?
Antaine:	Bhuel, ag an deireadh seachtaine téann siad chuig an gclub óige. Buaileann na déagóirí le chéile sa halla, in aice an tséipeil. Bíonn dioscó ar siúl ann uair sa mhí.
Scrúdaitheoir:	An bhfuil a lán siopaí sa sráidbhaile?
Antaine:	Tá cúpla siopa ann. Tá ollmhargadh, oifig an phoist, siopa nuachtán agus gruagaire ann. Tá ceithre theach tábhairne sa sráidbhaile freisin.
Scrúdaitheoir:	An bhfuil do theach suite sa sráidbhaile?
Antaine:	Níl. Tá mo theach suite in aice na trá cúpla míle ón sráidbhaile.
Scrúdaitheoir:	An bhfuil tú i do chónaí ar fheirm?
Antaine:	Níl. Tá feirm mhór in aice linn. Tá capall agam agus téim ag marcaíocht ar mo chapall gach lá.
Scrúdaitheoir:	An dtéann tú ag siopadóireacht go minic?
Antaine:	Is fuath liom siopadóireacht. Téann mo thuismitheoirí chuig an ollmhargadh uair sa tseachtain. Ní théim leo. Nuair a thagann siad abhaile cabhraím leo an bia a chur sna cófraí.
Scrúdaitheoir:	An bhfuil pictiúrlann sa cheantar?
Antaine:	Tá pictiúrlann i Loch Garman. Téim ann anois is arís le mo chairde. Is aoibhinn linn dul chuig an bpictiúrlann.
Scrúdaitheoir:	Conas a théann tú ar scoil gach lá?
Antaine:	Faighim an bus ar scoil gach lá. Buailim le mo chairde sa sráidbhaile agus faighimid an bus le chéile.

Iontas 2

Leid don scrúdú!

Foghlaim liosta de na siopaí i do cheantar agus déan cleachtadh sa rang ag déanamh cur síos ar do cheantar. Foghlaim na nathanna cainte thíos:
- in aice na farraige
- in aice láimhe
- ar imeall an bhaile / ar imeall na cathrach
- i lár na cathrach / i lár an bhaile.

Téigh siar ar an ábhar seo in Aonad a Ceathair.

Aonad 9 An Bhéaltriail

Comhrá samplach 6: Laethanta saoire CD 2 Rian 1

Scrúdaitheoir:	An ndeachaigh tú ar laethanta saoire anuraidh?
Éilis:	Chuaigh. Chuaigh mé ag campáil le mo theaghlach chuig an bhFrainc.
Scrúdaitheoir:	Cár fhan sibh?
Éilis:	D'fhanamar in ionad campála in aice le Cannes.
Scrúdaitheoir:	Conas mar a chaith sibh an tsaoire?
Éilis:	Chaitheamar a lán ama ar an trá. Bhí an aimsir go hálainn agus bhí picnic dheas againn gach lá ar an trá.
Scrúdaitheoir:	Ar thaitin an Fhrainc leat?
Éilis:	Thaitin sé go mór liom. Bhí na daoine an-chairdiúil agus bhí an aimsir te grianmhar gach lá.
Scrúdaitheoir:	Ar bhuail tú le déagóirí eile ar an tsaoire?
Éilis:	Bhuail mé le beirt chailíní ó Chill Chainnigh. Bhí siad ag fanacht in árasán in Cannes. Chaitheamar a lán ama le chéile. Bhí siad an-deas.
Scrúdaitheoir:	Ar chuir tú glao orthu nuair a tháinig tú abhaile?
Éilis:	Chuir mé glao orthu cúpla seachtain ó shin agus tá siad ag teacht chuig mo theach ar cuairt an mhí seo chugainn.
Scrúdaitheoir:	Ar mhaith leat dul ar ais chuig an bhFrainc an samhradh seo chugainn?
Éilis:	Ba mhaith liom dul chuig an Iodáil an samhradh seo chugainn. Bhí mo chara ar saoire i Loch Garda i mbliana agus bhí saoire iontach aici.

Leid don scrúdú!

Ag ullmhú don ábhar seo foghlaim nathanna cainte ag déanamh cur síos ar an aimsir in Aonad a Cúig. Téigh siar ar na briathra san Aimsir Fháistineach in Aonad a Deich.

Iontas 2

Comhrá samplach 7: An séasúr is fearr liom CD 2 Rian 2

Scrúdaitheoir:	Cén séasúr is fearr leat?
Colm:	An séasúr is fearr liom ná an geimhreadh.
Scrúdaitheoir:	Cén fáth a dtaitníonn an geimhreadh leat?
Colm:	Faighimid laethanta saoire na Nollag ón scoil. Is aoibhinn liom an Nollaig. Faighim a lán bronntanas ó mo thuismitheoirí agus bíonn sos againn ón obair bhaile agus ón staidéar.
Scrúdaitheoir:	Céard a dhéanann tú lá Nollag?
Colm:	De ghnáth éirím go luath le mo dheartháir agus mo dheirfiúr. Osclaímid ár mbronntanais agus ansin tugaimid cuairt ar m'aintín agus m'uncail. Tagaimid abhaile ag am lóin agus bíonn dinnéar mór againn.
Scrúdaitheoir:	Céard a dhéanann sibh tar éis dinnéir?
Colm:	Tar éis dinnéir suímid os comhair na teilifíse agus titeann mo Dhaid ina chodladh. Tagann mo chol ceathrar ar cuairt agus féachaimid ar an teilifís le chéile.
Scrúdaitheoir:	An maith leat an aimsir sa gheimhreadh?
Colm:	Is fuath liom an aimsir sa gheimhreadh. Bíonn sé fuar agus fliuch go minic sa gheimhreadh. Éiríonn sé dorcha go luath freisin sa gheimhreadh. Ní maith liom an aimsir ar chor ar bith sa gheimhreadh.
Scrúdaitheoir:	An maith leat sneachta?
Colm:	Is aoibhinn liom nuair a thiteann sneachta. An geimhreadh seo caite fuaireamar lá saor ón scoil nuair a thit sneachta trom ar an talamh. Bhí áthas an domhain orm. Chaith mé an lá amuigh sa sneachta le mo chairde.

Leid don scrúdú!

Déan liosta de na rudaí a dhéanann tú sna séasúir éagsúla i do chóipleabhar.

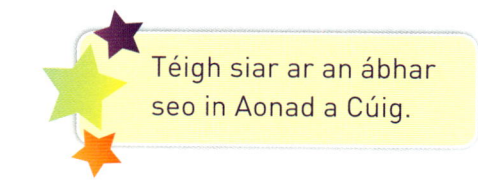

Téigh siar ar an ábhar seo in Aonad a Cúig.

Comhrá samplach 8: Lá ag siopadóireacht CD 2 Rian 3

Scrúdaitheoir:	An dtéann tú ag siopadóireacht go minic?
Úna:	Téim ag siopadóireacht gach Satharn le mo chairde.
Scrúdaitheoir:	Cá dtéann tú de ghnáth?
Úna:	Téimid isteach sa chathair.
Scrúdaitheoir:	Céard iad na rudaí a cheannaíonn tú nuair a théann tú ag siopadóireacht?
Úna:	Is aoibhinn liom éadaí. Téim isteach sna siopaí faisin. Ceannaím t-léine nó bríste géine de ghnáth.
Scrúdaitheoir:	Cá bhfaigheann tú an t-airgead chun dul ag siopadóireacht?
Úna:	Tugann mo thuismitheoirí airgead dom gach seachtain.
Scrúdaitheoir:	An mbíonn ort obair tí a dhéanamh chun an t-airgead a fháil?
Úna:	Bíonn orm an bord a leagadh don dinnéar gach lá agus glanaim mo sheomra leapa uair sa mhí.
Scrúdaitheoir:	Conas a théann tú isteach sa chathair?
Úna:	Buailim le mo chairde ag stad an bhus agus faighimid an bus le chéile. Bíonn an-chraic againn nuair a théimid ag siopadóireacht.

Téigh siar ar an ábhar seo in Aonad a Ceathair agus Aonad a Seacht.

Comhrá samplach 9: Na caithimh aimsire atá agam
CD 2 Rian 4

Scrúdaitheoir:	Céard iad na caithimh aimsire a thaitníonn leat?
Eoin:	Bhuel, taitníonn spórt go mór liom. Imrím rugbaí agus peil ar scoil agus imrím iománaíocht don chlub áitiúil.
Scrúdaitheoir:	An imríonn tú ar fhoireann na scoile?
Eoin:	Imrím peil ar fhoireann na scoile. Ní bhfuair mé áit ar fhoireann rugbaí na scoile i mbliana.
Scrúdaitheoir:	Cathain a bhíonn traenáil agaibh?
Eoin:	Bíonn traenáil againn dhá lá sa tseachtain tar éis scoile ar na páirceanna imeartha.
Scrúdaitheoir:	An maith leat féachaint ar chláir spóirt ar an teilifís?
Eoin:	Bhuel, tar éis mo chuid obair bhaile a dhéanamh is aoibhinn liom féachaint ar chláir spóirt ar an teilifís. Taitníonn galf go mór liom. Féachaim ar na comórtais mhóra le mo Dhaid.
Scrúdaitheoir:	An raibh tú riamh i bPáirc an Chrócaigh?
Eoin:	Bhí. Téim chuig Páirc an Chrócaigh go minic. Faigheann m'uncail ticéad dom agus téim ann leis nuair a bhíonn Ciarraí ag imirt. Ba mhaith liom imirt ar fhoireann Chiarraí lá éigin.
Scrúdaitheoir:	An bhfuil na háiseanna spóirt i do cheantar go maith?
Eoin:	Tá áiseanna den scoth againn sa bhaile. Tá ionad spóirt i lár an bhaile agus buaileann na déagóirí go léir ann ag an deireadh seachtaine. Bíonn an-chraic againn le chéile. Tá club leadóige sa cheantar freisin. Tar éis scoile ar an gCéadaoin imrím cluiche le mo chairde.

Aonad 9 An Bhéaltriail

Leid don scrúdú!

Ullmhaigh cúpla líne ar na hábhair thíos:
- Spóirt a imríonn tú ar scoil
- Clubanna spóirt i do cheantar
- Cuairt a thug tú ar Pháirc an Chrócaigh
- Na háiseanna spóirt i do scoil / do cheantar.

Téigh siar ar an ábhar seo in Aonad a hOcht.

10 Aonad a Deich
Gramadach

Na Briathra	231
An Aimsir Láithreach	232
An Aimsir Chaite	249
An Aimsir Fháistineach	265
An Aidiacht Shealbhach	281
Séimhiú	284
Urú	286
Céimeanna Comparáide na hAidiachta	288
Aidiachtaí Neamhrialta	291
Na Forainmneacha Réamhfhoclacha	292
Na hUimhreacha	298
An Chopail	301

Aonad 10 Gramadach

Na Briathra
Rialacha le foghlaim

Is féidir na briathra a roinnt in dhá ghrúpa, an chéad réimniú agus an dara réimniú.

An chéad réimniú
Briathra le siolla amháin
nó
Briathra le níos mó ná siolla amháin a chríochnaíonn ar -áil, -óil, -áin:

> dún, bris, fág, siúil, sábháil, úsáid, éist, caith, tiomáin, buaigh, dóigh

An dara réimniú
Briathra le níos mó ná siolla amháin:

> ceannaigh, dúisigh, oscail, labhair, foghlaim, scrúdaigh, fiosraigh, inis

Cleachtadh

Féach ar an liosta thíos agus abair an bhfuil an briathar sa chéad réimniú (1) nó sa dara réimniú (2).

bris	1	scríobh		can		foghlaim		fág
imigh		eitil	2	ól		léim		ceannaigh
rith		cabhraigh		smaoinigh		cas		codail
buail		imir		pós		tionóil		suigh

Na gutaí – a, e, i, o, u

- **Caol:** Tá na gutaí **i** agus **e** caol; mar shampla, imir, léim.
- **Leathan:** Tá na gutaí **a, o** agus **u** leathan; mar shampla, fág, scríobh, dún, scrios.
- **Consan caol:** Má tá **i** nó **e** roimh an gconsan deiridh sa bhriathar, tá an consan sin caol agus tá an briathar féin caol; mar shampla, fill, éist, smaoinigh, buail.
- **Consan leathan:** Má tá **a, o** nó **u** roimh an gconsan deiridh sa bhriathar, tá an consan sin leathan agus tá an briathar féin leathan; mar shampla, fág, scríobh.

Cleachtadh

Féach ar an liosta thíos agus abair an bhfuil an briathar leathan (L) nó caol (C).

bris	C	scríobh		léim		féach		scuab
bain		glan	L	ól		cuir		íoc
rith		dún		ceap		cas		buail
can		caith		pós		iarr		troid
líon		tuill		geall		béic		caill
díol		gearr		múin		tuig		meas

An Aimsir Láithreach

Úsáidtear an Aimsir Láithreach nuair atá tú ag caint faoi rudaí atá ag tarlú anois nó faoi rudaí a tharlaíonn go minic.

An chéad réimniú

Le foghlaim! Briathra leathana

An deireadh	Fág	Dún	Ól
-aim	fágaim	dúnaim	ólaim
-ann tú	fágann tú	dúnann tú	ólann tú
-ann se/sí	fágann sé/sí	dúnann sé/sí	ólann sé/sí
-aimid	fágaimid	dúnaimid	ólaimid
-ann sibh	fágann sibh	dúnann sibh	ólann sibh
-ann siad	fágann siad	dúnann siad	ólann siad
-tar	fágtar	dúntar	óltar
ní + séimhiú	ní fhágaim	ní dhúnaim	ní ólaim
an + urú	an bhfágann tú?	an ndúnann tú?	an ólann tú?

Cabhair!

Ní chuirtear **séimhiú** san Aimsir Láithreach ach amháin má bhíonn **ní** nó **má** roimh an mbriathar agus uaireanta tar éis **a**.

Samplaí

Fágann Máire an teach ag a hocht gach maidin chun dul ar scoil.
Dúnann an siopadóir an siopa gach oíche ag a naoi.
Ní ghlanann na páistí an teach go minic.

Labhair amach ... labhair os ard!

Freagair na ceisteanna seo ón múinteoir.

1. An scuabann tú an t-urlár go minic?
2. An bhféachann tú ar an teilifís gach oíche?
3. An ólann tú bainne?
4. Cén t-am a fhágann tú an teach le teacht ar scoil ar maidin?
5. Cén t-am a thosaíonn na ranganna ar scoil ar maidin?

Aonad 10 Gramadach

Cleachtadh ag scríobh

1 Líon na bearnaí thíos.

a) [Féach] _____ Seán ar an teilifís gach oíche.
b) [Fás] _____ bláthanna áille sa ghairdín san earrach.
c) [Cas] _____ na cairde lena chéile ag an gcluiche gach Satharn.
d) [Ní cíor] _____ an cailín sin a cuid gruaige riamh.
e) [An glan] _____ an t-úinéir sin suas i ndiaidh a mhadra?

2 Líon na bearnaí thíos.

a) _____ na páistí go nglanfaidh siad an teach gach Satharn ach ní _____ siad é.
b) Ní _____ a lán plandaí sa gheimhreadh.
c) _____ an cór sin sa séipéal gach Domhnach.
d) Ní _____ siar ar scoil aon lá.
e) An _____ tú leabhar amach ón leabharlann go minic?

fhásann, geallann, dtógann, canann, ghlanann, fhanaim

3 Ceartaigh na botúin sna habairtí thíos.

a) Ní fágann an bus an stáisiún roimh a sé aon mhaidin. _____
b) Scríobhimid aiste gach seachtain. _____
c) An féachann tú ar *Ros na Rún* go minic? _____
d) Caseann na cairde lena chéile sa bhaile mór gach Satharn. _____
e) Dhíolann an siopa sin éadaí deasa. _____

4 Líon na bearnaí thíos.

a) [Fás] _____ a lán bláthanna i bPáirc Naomh Áine.
b) [Íoc] _____ mo thuismitheoirí a lán airgid ar bhia gach seachtain.
c) [Ní ól] _____ aon duine i mo chlann bainne.
d) [Coimeád] _____ mo mháthair mo dhinnéar dom má bhím déanach.

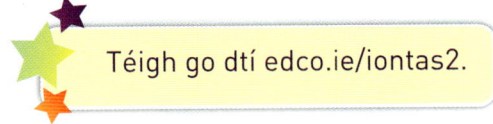

Téigh go dtí edco.ie/iontas2.

Iontas 2

Le foghlaim! Briathra caola

An deireadh	Fill	Éist	Tuig
-im	fillim	éistim	tuigim
-eann tú	filleann tú	éisteann tú	tuigeann tú
-eann se/sí	filleann sé/sí	éisteann sé/sí	tuigeann sé/sí
-imid	fillimid	éistimid	tuigimid
-eann sibh	filleann sibh	éisteann sibh	tuigeann sibh
-eann siad	filleann siad	éisteann siad	tuigeann siad
-tear	filltear	éistear	tuigtear
ní + séimhiú	ní fhillim	ní éistim	ní thuigim
an + urú	an bhfilleann tú?	an éisteann tú?	an dtuigeann tú?

Cabhair!

Ní chuirtear **séimhiú** san Aimsir Láithreach ach amháin má bhíonn **ní** nó **má** roimh an mbriathar agus uaireanta tar éis **a**.

Samplaí

Filleann an feall ar an bhfeallaire.
Éistimid leis an raidió go minic i mo theach.
Ní thuigim an Gearmánach in aon chor.

Labhair amach … labhair os ard!

Freagair na ceisteanna seo ón múinteoir.

1. An mbuaileann tú le do chairde ag an deireadh seachtaine?
2. An dtuilleann tú aon airgead ag an deireadh seachtaine?
3. An gcailleann tú rudaí go minic?
4. An múineann d'athair sa scoil seo?
5. An mbriseann ar fhoighne (*lose patience*) an mhúinteora go minic?

Aonad 10 Gramadach

Cleachtadh ag scríobh

1 Líon na bearnaí thíos.

a) _____ Seán a lán airgid ar chreidmheas don fhón gach seachtain.
b) Ní _____ an t-ábhar sin.
c) An _____ Katie Taylor go minic?
d) Ní _____ mo thuismitheoirí ón obair go dtí a sé gach oíche.
e) _____ le mo chairde go minic.

buailim, thuigim, caitheann, dtroideann, fhilleann

2 Ceartaigh na botúin sna habairtí thíos.

a) Fhilleann Peadar ar a theach ag a seacht gach oíche. _____
b) Ní tuigeann na daltaí an ghramadach chasta. _____
c) Ní éistaim leis an raidió go minic. _____
d) An n-ólann tú a lán tae? _____
e) Ní cuirim siúcra i mo thae riamh. _____

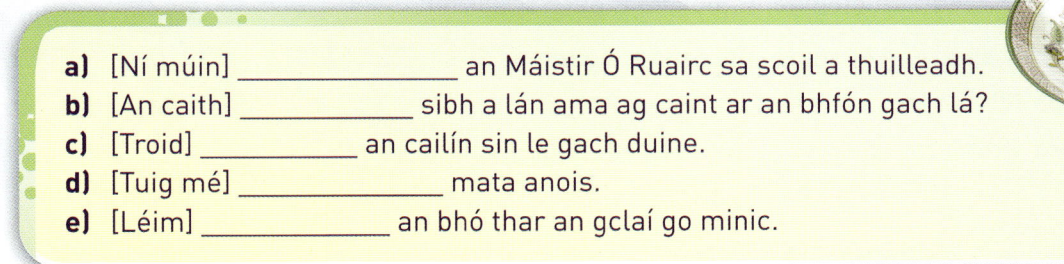

3 Líon na bearnaí thíos.

a) [Ní múin] _____ an Máistir Ó Ruairc sa scoil a thuilleadh.
b) [An caith] _____ sibh a lán ama ag caint ar an bhfón gach lá?
c) [Troid] _____ an cailín sin le gach duine.
d) [Tuig mé] _____ mata anois.
e) [Léim] _____ an bhó thar an gclaí go minic.

4 Líon na bearnaí thíos.

a) [Rith] _____ na madraí sa ghairdín gach lá.
b) [Ní buail] _____ na seanchairde lena chéile go minic anois.
c) [An caith] _____ tú an samhradh in Éirinn?
d) [Ní bris] _____ sé an chathaoir go minic.
e) [Tuill] _____ sé fiche euro nuair a thugann sé aire dá dheartháireacha.

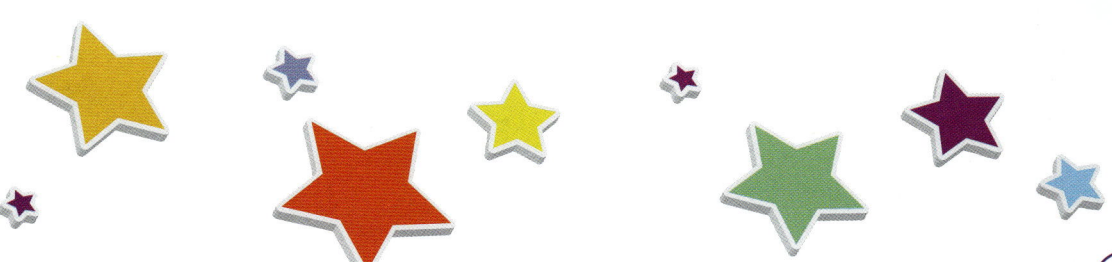

Iontas 2

Le foghlaim! Briathra le dhá shiolla ag críochnú ar -áil nó -áin

Sábháil	Taispeáin	Páirceáil	Tiomáin
sábhál**aim**	taispeán**aim**	páirceál**aim**	tiomáin**im**
sábhál**ann** tú	taispeán**ann** tú	páirceál**ann** tú	tiomáin**eann** tú
sábhál**ann** sé/sí	taispeán**ann** sé/sí	páirceál**ann** sé/sí	tiomáin**eann** sé/sí
sábhál**aimid**	taispeán**aimid**	páirceál**aimid**	tiomáin**imid**
sábhál**ann** sibh	taispeán**ann** sibh	páirceál**ann** sibh	tiomáin**eann** sibh
sábhál**ann** siad	taispeán**ann** siad	páirceál**ann** siad	tiomáin**eann** siad
sábháil**tear**	taispeán**tar**	páirceáil**tear**	tiomáin**tear**
ní **sh**ábhálaim	ní **th**aispeánaim	ní **ph**áirceálaim	ní **th**iomáinim
an sábhálann tú?	**an dt**aispeánann tú?	**an bp**áirceálann tú?	**an dt**iomáineann tú?

Labhair amach ... labhair os ard!

Freagair na ceisteanna seo ón múinteoir.

1. An dtaispeánann tú do mharcanna scrúdaithe do do chairde?
2. An bpáirceálann d'athair a charr gar dá oifig?
3. An mbácálann sibh go minic i do theach?
4. An sábhálann tú roinnt ama má thagann tú ar scoil ar do rothar?
5. An dtomáineann a lán múinteoirí ar scoil gach lá?

Cabhair!

Fanann an briathar **tiomáin** caol tríd síos.

Cabhair!

taispéain	show
páirceáil	park
tiomáin	drive
bácáil	bake

Cleachtadh ag scríobh

Líon na bearnaí thíos.

1. [Tiomáin] _____ an siopadóir go dtí a shiopa gach maidin.
2. [Taispéain] _____ an múinteoir scannán don rang.
3. [Sábháil] _____ a lán airgid má dhéantar athchúrsáil.
4. [Ní páirceáil mé] _____ mo charr ar an gcosán.
5. [An taispeáin] _____ an páiste an bronntanas ó Dhaidí na Nollag dá chara?

Téigh go dtí edco.ie/iontas2.

Aonad 10 Gramadach

Le foghlaim! Briathra ag críochnú le -gh

Suigh	Nigh	Luigh
suím	ním	luím
suíonn tú	níonn tú	luíonn tú
suíonn sé/sí	níonn sé/sí	luíonn sé/sí
suímid	nímid	luímid
suíonn sibh	níonn sibh	luíonn sibh
suíonn siad	níonn siad	luíonn siad
suitear	nitear	luitear
ní shuím	ní ním	ní luím
an suíonn tú?	an níonn tú?	an luíonn tú?

Labhair amach … labhair os ard!

Freagair na ceisteanna seo ón múinteoir.

1. An níonn tú na gréithe go minic?
2. An suíonn tú síos nuair a bhíonn tú ag féachaint ar an teilifís?
3. An luíonn an madra ar an mata i gcónaí?
4. An níonn tú do lámha roimh gach béile?
5. Cathain a shuíonn tú síos chun an dinnéar a ithe?

Cleachtadh ag scríobh

Líon na bearnaí thíos.

1. [Suigh] _____ an tseanbhean siar sa chathaoir go minic.
2. [Nigh mé] _____ an madra uair sa tseachtain.
3. [Luigh] _____ an fear sa leaba nuair a bhíonn sé tinn.
4. [Ní suigh] _____ mo mháthair síos go minic.
5. [An nigh] _____ na páistí na bréagáin go minic?

Iontas 2

Le foghlaim!

Buaigh	Glaoigh	Léigh
buaim	glaoim	léim
buann tú	glaonn tú	léann tú
buann sé/sí	glaonn sé/sí	léann sé/sí
buaimid	glaoimid	léimid
buann sibh	glaonn sibh	léann sibh
buann siad	glaonn siad	léann siad
buaitear	glaoitear	léitear
ní bhuaim	ní ghlaoim	ní léim
an mbuann tú?	an nglaonn tú?	an léann tú?

Briathra eile atá cosúil leis seo: luaigh, cráigh agus pléigh.

Labhair amach … labhair os ard!

Freagair na ceisteanna seo ón múinteoir.

1. An nglaonn tú ar do ghaolta go minic?
2. An léann tú go minic?
3. An mbuann d'fhoireann go minic?
4. An nglaonn tú ar na gardaí go minic?
5. An léann do rang a lán leabhar?

Cleachtadh ag scríobh

Líon na bearnaí thíos.

1. [Buaigh] _____ Cill Chainnigh an iománaíocht go rialta.
2. [An glaoigh] _____ an múinteoir an rolla ag tús gach ranga?
3. Cén fáth nach [léigh] _____ tú níos mó leabhar?
4. [Ní buaigh mé] _____ aon rud riamh.
5. [Glaoigh] _____ Síle ar a cara gach lá.

Aonad 10 Gramadach

An dara réimniú
Le foghlaim! Briathra leathana

An deireadh	Cabhraigh	Éalaigh	Gortaigh
-aím	cabhraím	éalaím	gortaím
-aíonn tú	cabhraíonn tú	éalaíonn tú	gortaíonn tú
-aíonn sé/sí	cabhraíonn sé/sí	éalaíonn sé/sí	gortaíonn sé/sí
-aímid	cabhraímid	éalaímid	gortaímid
-aíonn sibh	cabhraíonn sibh	éalaíonn sibh	gortaíonn sibh
-aíonn siad	cabhraíonn siad	éalaíonn siad	gortaíonn siad
-aítear	cabhraítear	éalaítear	gortaítear
ní + séimhiú	**ní ch**abhraím	**ní** éalaím	**ní gh**ortaím
an + urú	**an gc**abhraíonn tú?	**an** éalaíonn tú?	**an ng**ortaíonn tú?

Samplaí

Cabhraíonn na páistí sa teach i gcónaí.
Ní éalaím ó m'obair bhaile riamh.
An ngortaítear a lán peileadóirí le linn cluiche?

Labhair amach … labhair os ard!

Freagair na ceisteanna seo ón múinteoir.

1. An gcabhraíonn tú sa teach?
2. An ngortaíonn tú tú féin agus tú ag imirt spóirt?
3. An éalaíonn mórán gadaithe sa tír seo?
4. An gcabhraíonn do rang leis na múinteoirí?
5. An ngortaítear mórán capall ag na rásaí capall?

Téigh go dtí edco.ie/iontas2.

Cabhair!

fiafraigh	ask
ullmhaigh	prepare
breathnaigh	watch
sleamhnaigh	slip
roghnaigh	choose
cabhraigh	help
gortaigh	injure
tosaigh	start
éalaigh	escape
fiosraigh	investigate
ceartaigh	correct
socraigh	fix
brostaigh	hurry
scrúdaigh	examine
cuardaigh	search

Iontas 2

Cleachtadh ag scríobh

1. Líon na bearnaí thíos.

a) [Cuardaigh] _____ na gardaí an foirgneamh sin go minic.
b) [Ní ceartaigh] _____ an múinteoir na daltaí dána go minic.
c) [An fiafraigh] _____ do thuismitheoirí díot cá mbíonn tú ag dul?
d) [Brostaigh mé] _____ abhaile gach lá chun mo mhadra a fheiceáil.
e) Cén t-am a [tosaigh] _____ an clár sin?

2. Líon na bearnaí thíos.

a) _____ an dochtúir an t-othar nuair a bhíonn sé tinn.
b) Ní _____ an múinteoir mé do rud ar bith.
c) An _____ tú ar an gclár sin gach lá?
d) _____ a lán carranna ar an leac oighir.
e) Ní _____ sé do na scrúduithe riamh agus mar sin teipeann air.

mbreathnaíonn, ullmhaíonn, scrúdaíonn, sleamhnaíonn, roghnaíonn

3. Ceartaigh na botúin sna habairtí thíos.

a) Thosaíonn an rang ag a naoi gach lá. _____
b) Ní críochnaíonn an scoil go dtí a ceathair a chlog gach lá. _____
c) Fiosríonn na gardaí an suíomh má bhíonn timpiste ann. _____
d) An ceartaíonn an múinteoir na cóipleabhair go minic?_____
e) Shocraíonn na páistí isteach ar scoil tar éis cúpla lá i gcónaí. _____

4. Freagair na ceisteanna seo.

a) Cén t-am a chríochnaíonn an scoil gach lá? _____
b) An dtosaíonn tú ar d'obair bhaile chomh luath is a thagann tú abhaile? _____
c) An gceartaíonn tú na botúin a dhéanann tú i gcónaí? _____
d) Cé a ullmhaíonn na béilí i do theach de ghnáth?_____
e) Cén fáth nach n-ullmhaíonn tusa an dinnéar go minic?_____
f) An mbrostaíonn tú abhaile tar éis scoile gach lá?_____

Aonad 10 Gramadach

Le foghlaim! Briathra caola

An deireadh	Imigh	Ceistigh	Bailigh
-ím	im**ím**	ceist**ím**	bail**ím**
-íonn tú	im**íonn** tú	ceist**íonn** tú	bail**íonn** tú
-íonn sé/sí	im**íonn** sé/sí	ceist**íonn** sé/sí	bail**íonn** sé/sí
-ímid	im**ímid**	ceist**ímid**	bail**ímid**
-íonn sibh	im**íonn** sibh	ceist**íonn** sibh	bail**íonn** sibh
-íonn siad	im**íonn** siad	ceist**íonn** siad	bail**íonn** siad
-ítear	im**ítear**	ceist**ítear**	bail**ítear**
ní + séimhiú	**ní** imím	**ní ch**eistím	**ní bh**ailím
an + urú	**an** imíonn tú?	**an gc**eistíonn tú?	**an mb**ailíonn tú?

Samplaí

Imíonn an bhean ag a hocht gach maidin.
An gceistíonn na gardaí gach duine sa scoil nuair a bhíonn dóiteán ann?
Ní bhailíonn an múinteoir na cóipleabhair ar an Máirt.

Labhair amach … labhair os ard!

Freagair na ceisteanna seo ón múinteoir.

1. An mbailíonn sibh sméara dubha san fhómhar?
2. An imíonn sibh ar thuras scoile go minic?
3. An gcuidíonn tú ag baile go minic?
4. Cén t-am a éiríonn tú ag an deireadh seachtaine?
5. An gcóiríonn tú do leaba gach lá?

Cabhair!

cuimhnigh	remember
dúisigh	wake
cuidigh	help
cóirigh	make up
oibrigh	work
foilsigh	publish
bailigh	collect
smaoinigh	think
deisigh	fix
imigh	go
ceistigh	question
éirigh	get up

Téigh go dtí edco.ie/iontas2.

Iontas 2

Cleachtadh ag scríobh

1 Líon na bearnaí thíos.

a) [Cuimhnigh mé] _____ ar bhreithlá mo charad nuair a bhíonn sé ródhéanach.
b) [Ní dúisigh] _____ na daltaí go dtí meán lae ag an deireadh seachtaine.
c) [Cuidigh] _____ Máire lena tuismitheoirí an teach a ghlanadh gach Satharn.
d) [Cóirigh] _____ siad a leaba sula bhfágann siad an teach ar maidin.
e) [Oibrigh mé] _____ go dian roimh scrúduithe.

2 Ceartaigh na botúin sna habairtí thíos.

a) Cheistíonn na gardaí an buachaill sin i gcónaí. _____
b) Ní cuidíonn Máire sa teach riamh. _____
c) An n-éiríonn tú in am riamh? _____
d) Foilsaíonn an páipéar drochscéalta i gcónaí. _____
e) An deisíonn tú do rothar nuair a bhíonn sé briste? _____

3 Líon na bearnaí thíos.

a) _____ ar mo chara ar a breithlá gach bliain.
b) Ní _____ na tuismitheoirí na páistí in am ón gcóisir.
c) _____ an teicneoir an ríomhaire nuair a bhíonn sé briste.
d) _____ na páistí a lán rudaí ar scoil gach lá.
e) _____ na múinteoirí go dian gach lá.

bhailíonn, oibríonn, deisíonn, smaoiním, foghlaimíonn

4 Líon na bearnaí thíos.

a) [Ceistigh] _____ na gardaí gach duine sa siopa tar éis na robála.
b) [Imigh] _____ na daltaí abhaile gach lá i ndiaidh an lá scoile.
c) Ní [oibrigh] _____ Cian go dian agus ní [éirigh] _____ go maith leis sna scrúduithe.
d) An [bailigh] _____ na páistí ón scoil gach lá?
e) [Dúisigh] _____ an príomhoide go luath gach maidin chun an scoil a oscailt.

Le foghlaim! Briathra a chríochnaíonn ar -ail, -is, -ir, -il

Codail	Oscail	Inis
codlaím	osclaím	insím
codlaíonn tú	osclaíonn tú	insíonn tú
codlaíonn sé/sí	osclaíonn sé/sí	insíonn sé/sí
codlaímid	osclaímid	insímid
codlaíonn sibh	osclaíonn sibh	insíonn sibh
codlaíonn siad	osclaíonn siad	insíonn siad
codlaítear	osclaítear	insítear
ní chodlaím	ní osclaím	ní insím
an gcodlaíonn tú?	an osclaíonn tú?	an insíonn tú?

Briathra eile atá cosúil leis seo: freagair, labhair, imir, eitil, ceangail, bagair, cosain, iompair, múscail.

Labhair amach … labhair os ard!

Freagair na ceisteanna seo ón múinteoir.

1. An eitlíonn tú ar eitleán go minic?
2. An gceanglaíonn tú an bád le rópa?
3. An insíonn tú bréag riamh?
4. An gcodlaíonn tú go sámh ag an deireadh seachtaine?
5. Cé a fhreagraíonn an fón i do theach?

Cabhair!

eitil	fly
ceangail	tie
bagair	threaten
cosain	protect
iompair	carry
múscail	wake

Cleachtadh ag scríobh
Líon na bearnaí thíos.

1. [Labhair] _____ an príomhoide leis an scoil ar fad gach maidin.
2. [Cosain] _____ carr nua a lán airgid.
3. [Imir mé] _____ mar chúlaí ar m'fhoireann peile.
4. [Ní freagair] _____ an cailín cúthail aon cheist sa rang.
5. [Iompair] _____ an tuismitheoir an páiste nuair a éiríonn sé tuirseach.

Téigh go dtí edco.ie/iontas2.

Le foghlaim! Briathra neamhrialta

Bí		
táim	nílim	an bhfuilim?
tá tú	níl tú	an bhfuil tú?
tá sé/sí	níl sé/sí	an bhfuil sé/sí?
táimid	nílimid	an bhfuilimid?
tá sibh	níl sibh	an bhfuil sibh?
tá siad	níl siad	an bhfuil siad?
táthar	níltear	an bhfuiltear?

bím	ní bhím	an mbím?
bíonn tú	ní bhíonn tú	an mbíonn tú?
bíonn sé/sí	ní bhíonn sé/sí	an mbíonn sé/sí?
bímid	ní bhímid	an mbímid?
bíonn sibh	ní bhíonn sibh	an mbíonn sibh?
bíonn siad	ní bhíonn siad	an mbíonn siad?
bítear	ní bhítear	an mbítear?

Tar		
tagaim	ní thagaim	an dtagaim?
tagann tú	ní thagann tú	an dtagann tú?
tagann sé/sí	ní thagann sé/sí	an dtagann sé/sí?
tagaimid	ní thagaimid	an dtagaimid?
tagann sibh	ní thagann sibh	an dtagann sibh?
tagann siad	ní thagann siad	an dtagann siad?
tagtar	ní thagtar	an dtagtar?

Téigh		
téim	ní théim	an dtéim?
téann tú	ní théann tú	an dtéann tú?
téann sé/sí	ní théann sé/sí	an dtéann sé/sí?
téimid	ní théimid	an dtéimid?
téann sibh	ní théann sibh	an dtéann sibh?
téann siad	ní théann siad	an dtéann siad?
téitear	ní théitear	an dtéitear?

Feic

feicim	ní fheicim	an bhfeicim?
feiceann tú	ní fheiceann tú	an bhfeiceann tú?
feiceann sé/sí	ní fheiceann sé/sí	an bhfeiceann sé/sí?
feicimid	ní fheicimid	an bhfeicimid?
feiceann sibh	ní fheiceann sibh	an bhfeiceann sibh?
feiceann siad	ní fheiceann siad	an bhfeiceann siad?
feictear	ní fheictear	an bhfeictear?

Clois

cloisim	ní chloisim	an gcloisim?
cloiseann tú	ní chloiseann tú	an gcloiseann tú?
cloiseann sé/sí	ní chloiseann sé/sí	an gcloiseann sé/sí?
cloisimid	ní chloisimid	an gcloisimid?
cloiseann sibh	ní chloiseann sibh	an gcloiseann sibh?
cloiseann siad	ní chloiseann siad	an gcloiseann siad?
cloistear	ní chloistear	an gcloistear?

Abair

deirim	ní deirim	an ndeirim?
deir tú	ní deir tú	an ndeir tú?
deir sé/sí	ní deir sé/sí	an ndeir sé/sí?
deirimid	ní deirimid	an ndeirimid?
deir sibh	ní deir sibh	an ndeir sibh?
deir siad	ní deir siad	an ndeir siad?
deirtear	ní deirtear	an ndeirtear?

Ith

ithim	ní ithim	an ithim?
itheann tú	ní itheann tú	an itheann tú?
itheann sé/sí	ní itheann sé/sí	an itheann sé/sí?
ithimid	ní ithimid	an ithimid?
itheann sibh	ní itheann sibh	an itheann sibh?
itheann siad	ní itheann siad	an itheann siad?
itear	ní itear	an itear?

Iontas 2

Déan

déanaim	ní dhéanaim	an ndéanaim?
déanann tú	ní dhéanann tú	an ndéanann tú?
déanann sé/sí	ní dhéanann sé/sí	an ndéanann sé/sí?
déanaimid	ní dhéanaimid	an ndéanaimid?
déanann sibh	ní dhéanann sibh	an ndéanann sibh?
déanann siad	ní dhéanann siad	an ndéanann siad?
déantar	ní dhéantar	an ndéantar?

Faigh

faighim	ní fhaighim	an bhfaighim?
faigheann tú	ní fhaigheann tú	an bhfaigheann tú?
faigheann sé/sí	ní fhaigheann sé/sí	an bhfaigheann sé/sí?
faighimid	ní fhaighimid	an bhfaighimid?
faigheann sibh	ní fhaigheann sibh	an bhfaigheann sibh?
faigheann siad	ní fhaigheann siad	an bhfaigheann siad?
faightear	ní fhaightear	an bhfaightear?

Tabhair

tugaim	ní thugaim	an dtugaim?
tugann tú	ní thugann tú	an dtugann tú?
tugann sé/sí	ní thugann sé/sí	an dtugann sé/sí?
tugaimid	ní thugaimid	an dtugaimid?
tugann sibh	ní thugann sibh	an dtugann sibh?
tugann siad	ní thugann siad	an dtugann siad?
tugtar	ní thugtar	an dtugtar?

Beir

beirim	ní bheirim	an mbeirim?
beireann tú	ní bheireann tú	an mbeireann tú?
beireann sé/sí	ní bheireann sé/sí	an mbeireann sé/sí?
beirimid	ní bheirimid	an mbeirimid?
beireann sibh	ní bheireann sibh	an mbeireann sibh?
beireann siad	ní bheireann siad	an mbeireann siad?
beirtear	ní bheirtear	an mbeirtear?

Aonad 10 Gramadach

Cleachtadh ag scríobh

1 Líon na bearnaí thíos.

a) [Téigh mé] _____ amach le mo chairde gach deireadh seachtaine.
b) [Beir] _____ na gardaí ar na gadaithe nuair a éalaíonn siad.
c) [Faigh] _____ an rang seo an iomarca obair bhaile gach lá.
d) Ní [déan] _____ Pól a chuid obair bhaile i gceart riamh.
e) An [ith] _____ tusa torthaí gach lá?

2 Líon na bearnaí thíos.

a) _____ sí a cairde go minic.
b) Ní _____ an múinteoir Gaeilge an iomarca obair bhaile dúinn riamh.
c) _____ sé i gcónaí ag cur báistí in Éirinn.
d) _____ abhaile ón scoil ag a ceathair gach lá.
e) An _____ sibh an fhuaim aisteach sin, a chailíní?

tagaim, feiceann, bíonn, gcloiseann, thugann

3 Líon na bearnaí thíos.

a) [Clois sinn] _____ an chaint chéanna ón múinteoir gach mí.
b) [Tabhair] _____ mo thuismitheoirí airgead póca dom gach deireadh seachtaine.
c) [Abair] _____ mo mháthair liom i gcónaí an fhírinne a insint.
d) [Bí] _____ mo chara tinn faoi láthair.
e) Ní [déan] _____ mo dheartháir botún riamh ina chuid obair bhaile.

4 Freagair na ceisteanna seo.

a) An ndéanann tú d'obair bhaile gach lá? _____
b) An dtugann tú cabhair sa bhaile i gcónaí? _____
c) An itheann tú glasraí gach lá? _____
d) An bhfaigheann tú mórán airgead póca? _____
e) An dtéann tú amach ag siúl gach lá? _____

Téigh go dtí edco.ie/iontas2.

Iontas 2

Súil siar ar an Aimsir Láithreach

1 Líon na bearnaí thíos.
  a) [Creid] _____ na páistí gach a ndeirtear leo.
  b) [Bí] _____ an fhírinne searbh.
  c) [Codail] _____ Seán go dtí a haon a chlog gach Satharn.
  d) Ní [déan mé] _____ aon obair bhaile ar an Domhnach.
  e) An [tar] _____ do ghaolta ar cuairt go minic?
  f) [Foghlaim] _____ na páistí rudaí suimiúla ar scoil gach lá.

2 Líon na bearnaí thíos.
  a) Ní _____ m'fhoireann an corn riamh.
  b) _____ mo chara bronntanas dom ar mo bhreithlá gach bliain.
  c) _____ déanach go minic don scoil.
  d) Is peileadóir iontach é Ciarán agus _____ sé go maith i gcónaí.
  e) _____ abhaile ag a cúig gach lá.
  f) Ní _____ an cailín sin sa bhaile riamh.

  chabhraíonn, imríonn, bhuann, bím, fillim, tugann

3 Athscríobh an t-alt seo san Aimsir Láithreach.
Chuaigh Seán amach inné agus bhuail sé lena chairde. Bhí sé ar intinn acu dul go dtí an phictiúrlann ach nuair a shroich siad an áit baineadh siar astu toisc go raibh sé dúnta. Shocraigh siad ansin dul go dtí an pháirc. Thosaigh siad ag imirt peile. D'imir Seán go maith agus bhuaigh a fhoireann. D'fhill sé abhaile ina dhiaidh sin agus d'ith sé béile blasta.

4 Freagair na ceisteanna seo.
  a) An gceannaíonn tú milseáin go minic?
  b) An iarrann do mhúinteoir ort na cóipleabhair a bhailiú di go minic?
  c) An dtéann tú ag snámh sa gheimhreadh?
  d) An mbrostaíonn tú abhaile tar éis scoile gach lá?
  e) An gcaitheann tú mórán ama ar d'obair bhaile gach lá?
  f) An bhféachann tú ar an teilifís gach lá?

5 Líon na bearnaí thíos.
  a) [Scríobh] _____ mo rang aiste gach seachtain.
  b) [Abair] _____ mo mháthair liom i gcónaí mo dhícheall a dhéanamh.
  c) Ní [oscail] _____ an siopa roimh a deich aon lá.
  d) [Suigh] _____ Máire síos agus [léigh] _____ sí leabhar nua gach lá.
  e) Ní [éist] _____ na daltaí sa rang agus [bí] _____ siad i dtrioblóid.
  f) [Buaigh] _____ an fhoireann sin a lán cluichí.
  g) Ní [rothaigh] _____ ná ní [tiomáin] _____ m'athair riamh; [siúil] _____ sé gach áit.

An Aimsir Chaite

Úsáidtear an Aimsir Chaite nuair atá tú ag caint faoi rudaí a tharla cheana féin.

An chéad réimniú
Le foghlaim! Briathra leathana

Cabhair!

Cuirtear **séimhiú** ar an mbriathar san Aimsir Chaite agus **d'** roimh bhriathar ag tosú le guta nó le f.

An deireadh	Fág	Dún	Ól
mé	**d'fh**ág mé	**dh**ún mé	**d'ó**l mé
tú	**d'fh**ág tú	**dh**ún tú	**d'ó**l tú
sé/sí	**d'fh**ág sé/sí	**dh**ún sé/sí	**d'ó**l sé/sí
-amar	**d'fh**ágamar	**dh**únamar	**d'ó**lamar
sibh	**d'fh**ág sibh	**dh**ún sibh	**d'ó**l sibh
siad	**d'fh**ág siad	**dh**ún siad	**d'ó**l siad
-adh	fág**adh**	dún**adh**	ól**adh**
níor + séimhiú	**níor fh**ág mé	**níor dh**ún mé	**níor** ól mé
ar + séimhiú	**ar fh**ág tú?	**ar dh**ún tú?	**ar** ól tú?

Samplaí

D'fhág Máire an teach ag a hocht maidin inné chun dul ar scoil.
Dhún an siopadóir an siopa ag a naoi aréir.
Níor ghlan na páistí an teach inné.

Labhair amach … labhair os ard!

Freagair na ceisteanna seo ón múinteoir.

1. Ar scuab tú an t-urlár inné?
2. Ar fhéach tú ar an teilifís aréir?
3. Ar ól tú bainne riamh?
4. Cén t-am a d'fhág tú an teach le teacht ar scoil ar maidin?
5. Ar shiúil tú ar scoil ar maidin?

Iontas 2

Cleachtadh ag scríobh

1 Líon na bearnaí thíos.

a) [Féach] _____ Seán ar an teilifís aréir.
b) [Fás] _____ bláthanna áille sa ghairdín an t-earrach seo caite.
c) [Cas] _____ na cairde lena chéile ag an gcluiche Dé Sathairn seo caite.
d) [Níor cíor] _____ an cailín sin a cuid gruaige riamh.
e) [Ar glan] _____ an t-úinéir sin suas i ndiaidh a mhadra?

2 Líon na bearnaí thíos.

a) _____ na páistí go nglanfaidís an teach ar an Satharn ach níor _____ siad é.
b) Níor _____ a lán plandaí an geimhreadh seo caite.
c) _____ an cór sin sa séipéal an Domhnach seo caite.
d) Níor _____ siar ar scoil aon lá.
e) Ar _____ tú leabhar amach ón leabharlann inné?

fhás, gheall, thóg, chan, ghlan, fhan mé

3 Ceartaigh na botúin sna habairtí thíos.

a) Ní fhág an bus an stáisiún in am ar maidin. _____
b) Scríobhaimid aiste an tseachtain seo caite. _____
c) Ar d'fhéach tú ar *Ros na Rún* aréir? _____
d) Cas na cairde lena chéile sa bhaile mór an Satharn seo caite. _____
e) Ní dhíol an siopa sin éadaí deasa riamh. _____

4 Líon na bearnaí thíos.

a) [Íoc] _____ mo thuismitheoirí a lán airgid ar bhia an tseachtain seo caite.
b) [Níor ól] _____ aon duine i mo chlann bainne.
c) [Coimeád] _____ mo mháthair mo dhinnéar dom mar go raibh mé déanach.
d) Níor [fág] _____ Seán in am don scoil agus bhí sé déanach.
e) [Ceap] _____ Síle go bhfaca sí taibhse aréir.
f) Ar [iarr] _____ an múinteoir ort na cóipleabhair a bhailiú?
g) Níor [dún] _____ sé an doras agus rith an cat amach.

Aonad 10 Gramadach

Le foghlaim! Briathra caola

An deireadh	Fill	Éist	Tuig
mé	d'fhill mé	d'éist mé	thuig mé
tú	d'fhill tú	d'éist tú	thuig tú
sé/sí	d'fhill sé/sí	d'éist sé/sí	thuig sé/sí
-eamar	d'fhilleamar	d'éisteamar	thuigeamar
sibh	d'fhill sibh	d'éist sibh	thuig sibh
siad	d'fhill siad	d'éist siad	thuig siad
-eadh	filleadh	éisteadh	tuigeadh
níor + séimhiú	níor fhill mé	níor éist mé	níor thuig mé
ar + séimhiú	ar fhill tú?	ar éist tú?	ar thuig tú?

Samplaí

D'éisteamar leis an raidió i mo theach aréir.
Níor thuig mé an Gearmánach in aon chor.

Labhair amach ... labhair os ard!

Freagair na ceisteanna seo ón múinteoir.

1. Ar bhuail tú le do chairde an deireadh seachtaine seo caite?
2. Ar thuill tú aon airgead inné?
3. Ar chaill tú d'fhón arís?
4. Ar mhúin d'athair sa scoil seo?
5. Ar bhris ar fhoighne (*lost patience*) an mhúinteora arís?

Cabhair!

fill	return
éist	listen
tuig	understand
caith	spend
tuill	earn, deserve
bris	break
troid	fight
ól	drink
múin	teach
rith	run
cuir	put

Iontas 2

Cleachtadh ag scríobh

1. Líon na bearnaí thíos.

a) _____ Seán a lán airgid ar chreidmheas don fhón an tseachtain seo caite.
b) Níor _____ mé an t-ábhar sin.
c) Ar _____ Katie Taylor go minic?
d) Níor _____ mo thuismitheoirí ón obair go dtí a sé aréir.
e) _____ mé le mo chairde arú inné.

bhuail, thuig, chaith, throid, fhill

2. Ceartaigh na botúin sna habairtí thíos.

a) Fhill Peadar ar a theach ag a seacht aréir. _____
b) Ní thuig na daltaí an ghramadach chasta. _____
c) Níor éistim leis an raidió go minic. _____
d) Ar d'ól tú a lán tae ar maidin? _____
e) Níor cuir mé siúcra i mo thae riamh. _____

3. Líon na bearnaí thíos.

a) [Níor múin] _____ an Máistir Ó Ruairc sa scoil riamh.
b) [Ar caith] _____ sibh a lán ama ag caint ar an bhfón ar maidin?
c) [Troid] _____ mé an cailín sin le gach duine.
d) [Tuig] _____ mé mata inné.
e) [Léim] _____ an bhó thar an gclaí inné agus bhris sí a cos.

4. Líon na bearnaí thíos.

a) [Rith] _____ na madraí sa ghairdín inné.
b) [Níor buail] _____ na seanchairde lena chéile oiread agus uair amháin anuraidh.
c) [Ar caith] _____ tú an samhradh in Éirinn?
d) [Níor bris] _____ sé an chathaoir sin riamh.
e) [Tuill] _____ sé fiche euro nuair a thug sé aire dá dheartháireacha.

Aonad 10 Gramadach

Le foghlaim! Briathra le dhá shiolla ag críochnú ar -áil nó -áin

Sábháil	Taispeáin	Páirceáil	Tiomáin
shábháil mé	thaispeáin mé	pháirceáil mé	thiomáin mé
shábháil tú	thaispeáin tú	pháirceáil tú	thiomáin tú
shábháil sé/sí	thaispeáin sé/sí	pháirceáil sé/sí	thiomáin sé/sí
shábhálamar	**thaispeánamar**	**pháirceálamar**	**thiomáineamar**
shábháil sibh	thaispeáin sibh	pháirceáil sibh	thiomáin sibh
shábháil siad	thaispeáin siad	pháirceáil siad	thiomáin siad
sábhál**adh**	taispeán**adh**	páirceál**adh**	tiomáin**eadh**
níor shábháil mé	níor thaispeáin mé	níor pháirceáil mé	níor thiomáin mé
ar shábháil tú?	ar thaispeáin tú?	ar pháirceáil tú?	ar thiomáin tú?

Labhair amach … labhair os ard!

Freagair na ceisteanna seo ón múinteoir.

1. Ar thaispeáin tú do mharcanna scrúdaithe do do chairde?
2. Ar pháirceáil d'athair a charr gar dá oifig?
3. Ar bhácáil sibh go minic i do theach?
4. Ar shábháil tú roinnt ama nuair a tháinig tú ar scoil ar do rothar?
5. Ar thiomáin a lán múinteoirí ar scoil inné?

Cleachtadh ag scríobh
Líon na bearnaí thíos.

1. [Tiomáin] _____ an siopadóir go dtí a shiopa maidin inné.
2. [Taispeáin] _____ an múinteoir scannán don rang inné.
3. [Sábháil] _____ a lán airgid nuair a rinneadh athchúrsáil.
4. [Níor páirceáil] _____ mé mo charr ar an gcosán riamh.
5. [Ar taispeáin]_____ an páiste an bronntanas ó Dhaidí na Nollag dá chara?

Téigh go dtí edco.ie/iontas2.

Iontas 2

Le foghlaim! Briathra ag críochnú le -gh

Suigh	Nigh	Luigh
shuigh mé	nigh mé	luigh mé
shuigh tú	nigh tú	luigh tú
shuigh sé/sí	nigh sé/sí	luigh sé/sí
shuíomar	níomar	luíomar
shuigh sibh	nigh sibh	luigh sibh
shuigh siad	nigh siad	luigh siad
suíodh	níodh	luíodh
níor shuigh mé	níor nigh mé	níor luigh mé
ar shuigh tú?	ar nigh tú?	ar luigh tú?

Labhair amach … labhair os ard!

Freagair na ceisteanna seo ón múinteoir.

1. Ar nigh tú na gréithe inné?
2. Ar shuigh tú síos nuair a bhí tú ag féachaint ar an teilifís?
3. Ar luigh an madra ar an mata ar maidin?
4. Ar nigh tú do lámha ar maidin?
5. Cathain a shuigh tú síos chun an dinnéar a ithe?

Cleachtadh ag scríobh
Líon na bearnaí thíos.

1. [Suigh] _____ an tseanbhean siar sa chathaoir go minic.
2. [Nigh] _____ mé an madra uair sa tseachtain.
3. [Luigh] _____ an fear sa leaba nuair a bhí sé tinn.
4. [Níor suigh] _____ mo mháthair síos go minic.
5. [Ar nigh] _____ na páistí na bréagáin sular thosaigh siad ag súgradh leo?

Aonad 10 Gramadach

Le foghlaim!

Buaigh	Glaoigh	Léigh
bhuaigh mé	**gh**laoigh mé	léigh mé
bhuaigh tú	**gh**laoigh tú	léigh tú
bhuaigh sé/sí	**gh**laoigh sé/sí	léigh sé/sí
bhuamar	**ghlaomar**	**léamar**
bhuaigh sibh	**gh**laoigh sibh	léigh sibh
bhuaigh siad	**gh**laoigh siad	léigh siad
bu**adh**	gla**odh**	lé**adh**
níor bhuaigh mé	**níor gh**laoigh mé	**níor** léigh mé
ar bhuaigh tú?	**ar gh**laoigh tú?	**ar** léigh tú?

Briathra eile atá cosúil leis seo: luaigh, cráigh agus pléigh.

Labhair amach … labhair os ard!

Freagair na ceisteanna seo ón múinteoir.

1. Ar ghlaoigh tú ar do ghaolta go minic?
2. Ar léigh tú go minic?
3. Ar bhuaigh d'fhoireann go minic?
4. Ar ghlaoigh tú ar na gardaí riamh?
5. Ar léigh do rang a lán leabhar?

Cleachtadh ag scríobh

Líon na bearnaí thíos.

1. [Buaigh] _____ Cill Chainnigh an iománaíocht anuraidh.
2. [Ar glaoigh] _____ an múinteoir an rolla ag tús gach ranga inné?
3. Cén fáth nár [léigh] _____ tú níos mó leabhar?
4. [Níor buaigh] _____ mé aon rud riamh.
5. [Glaoigh] _____ Síle ar a cara inné.

Iontas 2

An dara réimniú
Le foghlaim! Briathra leathana

An deireadh	Cabhraigh	Éalaigh	Gortaigh
mé	**ch**abhraigh mé	**d'é**alaigh mé	**gh**ortaigh mé
tú	**ch**abhraigh tú	**d'é**alaigh tú	**gh**ortaigh tú
sé/sí	**ch**abhraigh sé/sí	**d'é**alaigh sé/sí	**gh**ortaigh sé/sí
-aíomar	**chabhraíomar**	**d'éalaíomar**	**ghortaíomar**
sibh	**ch**abhraigh sibh	**d'é**alaigh sibh	**gh**ortaigh sibh
siad	**ch**abhraigh siad	**d'é**alaigh siad	**gh**ortaigh siad
-aíodh	cabhr**aíodh**	éal**aíodh**	gort**aíodh**
níor + séimhiú	**níor ch**abhraigh mé	**níor** éalaigh mé	**níor gh**ortaigh mé
ar + séimhiú	**ar ch**abhraigh tú?	**ar** éalaigh tú?	**ar gh**ortaigh tú?

Samplaí

Chabhraigh na páistí sa teach inné.
Níor éalaigh mé ó m'obair bhaile riamh.
Ar gortaíodh a lán peileadóirí le linn an chluiche inné?

Labhair amach … labhair os ard!

Freagair na ceisteanna seo ón múinteoir.

1. Ar chabhraigh tú timpeall an tí aréir?
2. Ar ghortaigh tú tú féin nuair a bhí tú ag imirt spóirt?
3. Ar éalaigh mórán gadaithe ón bpríosún inné?
4. Ar chabhraigh do rang leis na múinteoirí?
5. Ar gortaíodh mórán capall ag na rásaí capall inné?

Cabhair!

cuardaigh	search
cabhraigh	help
éalaigh	escape
gortaigh	injure
críochnaigh	finish
brostaigh	hurry
fiafraigh	ask
glaoigh	call
fiosraigh	investigate
socraigh	organise
ullmhaigh	prepare
sleamhnaigh	slip
roghnaigh	choose
tosaigh	start

Téigh go dtí edco.ie/iontas2.

Aonad 10 Gramadach

Cleachtadh ag scríobh

1 Líon na bearnaí thíos.

a) [Cuardaigh] _____ na gardaí an foirgneamh sin aréir.
b) [Níor ceartaigh] _____ an múinteoir na daltaí dána riamh.
c) [Ar fiafraigh] _____ do thuismitheoirí díot cá raibh tú ag dul?
d) [Brostaigh] _____ mé abhaile inné chun mo mhadra nua a fheiceáil.
e) Cén t-am a [tosaigh] _____ an clár sin?

2 Líon na bearnaí thíos.

a) _____ an dochtúir an t-othar nuair a bhí sé tinn.
b) Níor _____ an múinteoir mé do rud ar bith.
c) Ar _____ tú ar an gclár sin aréir?
d) _____ a lán carranna ar an leac oighir.
e) Níor _____ sé do na scrúduithe riamh agus mar sin theip air.

fhéach, ullmhaigh, scrúdaigh, shleamhnaigh, roghnaigh

3 Ceartaigh na botúin sna habairtí thíos.

a) Tosaigh an rang ag a naoi maidin inné. _____
b) Ní chríochnaigh an scoil go dtí a ceathair a chlog inné. _____
c) Fiosraigh na gardaí an suíomh nuair a bhí timpiste ann. _____
d) An cheartaigh an múinteoir na cóipleabhair go minic?_____
e) Socraigh na páistí isteach ar scoil tar éis cúpla lá. _____

4 Líon na bearnaí thíos.

a) [Sleamhnaigh] _____ mé ar an leac oighir inné agus [gortaigh] _____ mé mo dhroim.
b) Níor [brostaigh] _____ mo dheirfiúr abhaile aréir agus bhí sí déanach.
c) Nuair a [críochnaigh] _____ mé m'obair bhaile [glaoigh] _____ mé ar mo chara.
d) [Fiafraigh] _____ an múinteoir díom cár fhág mé an aiste.
e) Níor [fiosraigh] _____ na gardaí an suíomh tar éis na timpiste.

257

Iontas 2

Le foghlaim! Briathra caola

An deireadh	Imigh	Ceistigh	Bailigh
mé	d'imigh mé	cheistigh mé	bhailigh mé
tú	d'imigh tú	cheistigh tú	bhailigh tú
sé/sí	d'imigh sé/sí	cheistigh sé/sí	bhailigh sé/sí
-íomar	d'imíomar	cheistíomar	bhailíomar
sibh	d'imigh sibh	cheistigh sibh	bhailigh sibh
siad	d'imigh siad	cheistigh siad	bhailigh siad
-íodh	imíodh	ceistíodh	bailíodh
níor + séimhiú	níor imigh	níor cheistigh	níor bhailigh mé
ar + séimhiú	ar imigh tú?	ar cheistigh tú?	ar bhailigh tú?

Samplaí

D'imigh an bhean ag a hocht maidin inné.
Ar cheistigh na gardaí gach duine sa scoil nuair a bhí an dóiteán ann?
Níor bhailigh an múinteoir na cóipleabhair Dé Máirt seo caite.

Labhair amach … labhair os ard!

Freagair na ceisteanna seo ón múinteoir.

1. Ar bhailigh sibh sméara dubha an fómhar seo caite?
2. Ar imigh sibh ar thuras scoile anuraidh?
3. Ar chuidigh tú ag baile inné?
4. Cén t-am a d'éirigh tú ag an deireadh seachtaine?
5. Ar chóirigh tú do leaba ar maidin?

Cabhair!

cuimhnigh	remember
dúisigh	wake
cuidigh	help
cóirigh	make up
oibrigh	work
foilsigh	publish
bailigh	collect
smaoinigh	think
deisigh	fix
imigh	go
ceistigh	question
éirigh	get up

Téigh go dtí edco.ie/iontas2.

Aonad 10 Gramadach

Cleachtadh ag scríobh

1 Líon na bearnaí thíos.

a) [Cuimhnigh] _____ mé ar bhreithlá mo charad nuair a bhí sé ródhéanach.
b) [Níor dúisigh] _____ na daltaí go dtí meán lae ag an deireadh seachtaine.
c) [Cuidigh] _____ Máire lena tuismitheoirí an teach a ghlanadh Dé Sathairn seo caite.
d) [Cóirigh] _____ siad a leaba sular fhág siad an teach ar maidin.
e) [Oibrigh] _____ mé go dian roimh scrúduithe na bliana seo caite.

2 Ceartaigh na botúin sna habairtí thíos.

a) Ceistigh na gardaí an buachaill sin inné. _____
b) Ní chuidigh Máire sa teach riamh. _____
c) Ar d'éirigh tú in am riamh? _____
d) Foilsigh an páipéar drochscéalta arís inné. _____
e) Ar deisigh tú do rothar nuair a bhí sé briste? _____

3 Líon na bearnaí thíos.

a) _____ mé ar mo chara ar a breithlá anuraidh.
b) Níor _____ na tuismitheoirí na páistí in am ón gcóisir.
c) _____ an teicneoir an ríomhaire nuair a bhí sé briste.
d) _____ na páistí a lán rudaí ar scoil inné.
e) _____ na múinteoirí go dian inné.

bhailigh, d'oibrigh, dheisigh, smaoinigh, d'fhoghlaim

Le foghlaim! Briathra a chríochnaíonn ar -ail, -is, -ir, -il

Codail	Oscail	Inis
chodail mé	**d'o**scail mé	**d'i**nis mé
chodail tú	**d'o**scail tú	**d'i**nis tú
chodail sé/sí	**d'o**scail sé/sí	**d'i**nis sé/sí
chodl**aío**mar	**d'o**scl**aío**mar	**d'i**ns**ío**mar
chodail sibh	**d'o**scail sibh	**d'i**nis sibh
chodail siad	**d'o**scail siad	**d'i**nis siad
codl**aíodh**	oscl**aíodh**	ins**íodh**
níor chodail mé	**níor** oscail mé	**níor** inis mé
ar chodail tú?	**ar** oscail tú?	**ar** inis tú?

Briathra eile atá cosúil leis seo: freagair, labhair, imir, eitil, ceangail, bagair, cosain, iompair, múscail.

Iontas 2

Labhair amach … labhair os ard!

Freagair na ceisteanna seo ón múinteoir.

1. Ar eitil tú ar eitleán go minic?
2. Ar cheangail tú an bád le rópa?
3. Ar inis tú bréag riamh?
4. Ar chodail tú go sámh ag an deireadh seachtaine?
5. Cé a d'fhreagair an fón i do theach aréir?

Cleachtadh ag scríobh

Líon na bearnaí thíos.

1. [Labhair] _____ an príomhoide leis an scoil ar fad maidin inné.
2. [Cosain] _____ an carr úrnua sin a lán airgid.
3. [Imir] _____ mé mar chúlaí ar m'fhoireann peile.
4. [Níor freagair] _____ an cailín cúthail aon cheist sa rang.
5. [Iompair] _____ an tuismitheoir an páiste nuair a d'éirigh sé tuirseach.

Le foghlaim! Briathra neamhrialta

Bí		
bhí mé	ní raibh mé	an raibh mé?
bhí tú	ní raibh tú	an raibh tú?
bhí sé/sí	ní raibh sé/sí	an raibh sé/sí?
bhíomar	ní rabhamar	an rabhamar?
bhí sibh	ní raibh sibh	an raibh sibh?
bhí siad	ní raibh siad	an raibh siad?
bhíothas	ní rabhthas	an rabhthas?

Téigh		
chuaigh mé	ní dheachaigh mé	an ndeachaigh mé?
chuaigh tú	ní dheachaigh tú	an ndeachaigh tú?
chuaigh sé/sí	ní dheachaigh sé/sí	an ndeachaigh sé/sí?
chuamar	ní dheachamar	an ndeachamar?
chuaigh sibh	ní dheachaigh sibh	an ndeachaigh sibh?
chuaigh siad	ní dheachaigh siad	an ndeachaigh siad?
chuathas	ní dheachthas	an ndeachthas?

Feic		
chonaic mé	ní fhaca mé	an bhfaca mé?
chonaic tú	ní fhaca tú	an bhfaca tú?
chonaic sé/sí	ní fhaca sé/sí	an bhfaca sé/sí?
chonaiceamar	ní fhacamar	an bhfacamar?
chonaic sibh	ní fhaca sibh	an bhfaca sibh?
chonaic siad	ní fhaca siad	an bhfaca siad?
chonacthas	ní fhacthas	an bhfacthas?

Déan		
rinne mé	ní dhearna mé	an ndearna mé?
rinne tú	ní dhearna tú	an ndearna tú?
rinne sé/sí	ní dhearna sé/sí	an ndearna sé/sí?
rinneamar	ní dhearnamar	an ndearnamar?
rinne sibh	ní dhearna sibh	an ndearna sibh?
rinne siad	ní dhearna siad	an ndearna siad?
rinneadh	ní dhearnadh	an ndearnadh?

Abair		
dúirt mé	ní dúirt mé	an ndúirt mé?
dúirt tú	ní dúirt tú	an ndúirt tú?
dúirt sé/sí	ní dúirt sé/sí	an ndúirt sé/sí?
dúramar	ní dúramar	an ndúramar?
dúirt sibh	ní dúirt sibh	an ndúirt sibh?
dúirt siad	ní dúirt siad	an ndúirt siad?
dúradh	ní dúradh	an ndúradh?

Faigh		
fuair mé	ní bhfuair mé	an bhfuair mé?
fuair tú	ní bhfuair tú	an bhfuair tú?
fuair sé/sí	ní bhfuair sé/sí	an bhfuair sé/sí?
fuaireamar	ní bhfuaireamar	an bhfuaireamar?
fuair sibh	ní bhfuair sibh	an bhfuair sibh?
fuair siad	ní bhfuair siad	an bhfuair siad?
fuarthas	ní bhfuarthas	an bhfuarthas?

Iontas 2

Tar		
tháinig mé	níor tháinig mé	ar tháinig mé?
tháinig tú	níor tháinig tú	ar tháinig tú?
tháinig sé/sí	níor tháinig sé/sí	ar tháinig sé/sí?
thángamar	níor thángamar	ar thángamar?
tháinig sibh	níor tháinig sibh	ar tháinig sibh?
tháinig siad	níor tháinig siad	ar tháinig siad?
thángthas	níor thángthas	ar thángthas?

Clois		
chuala mé	níor chuala mé	ar chuala mé?
chuala tú	níor chuala tú	ar chuala tú?
chuala sé/sí	níor chuala sé/sí	ar chuala sé/sí?
chualamar	níor chualamar	ar chualamar?
chuala sibh	níor chuala sibh	ar chuala sibh?
chuala siad	níor chuala siad	ar chuala siad?
chualathas	níor chualathas	ar chualathas?

Ith		
d'ith mé	níor ith mé	ar ith mé?
d'ith tú	níor ith tú	ar ith tú?
d'ith sé/sí	níor ith sé/sí	ar ith sé/sí?
d'itheamar	níor itheamar	ar itheamar?
d'ith sibh	níor ith sibh	ar ith sibh?
d'ith siad	níor ith siad	ar ith siad?
itheadh	níor itheadh	ar itheadh?

Beir		
rug mé	níor rug mé	ar rug mé?
rug tú	níor rug tú	ar rug tú?
rug sé/sí	níor rug sé/sí	ar rug sé/sí?
rugamar	níor rugamar	ar rugamar?
rug sibh	níor rug sibh	ar rug sibh?
rug siad	níor rug siad	ar rug siad?
rugadh	níor rugadh	ar rugadh?

Aonad 10 Gramadach

Tabhair		
thug mé	níor thug mé	ar thug mé?
thug tú	níor thug tú	ar thug tú?
thug sé/sí	níor thug sé/sí	ar thug sé/sí?
thugamar	níor thugamar	ar thugamar?
thug sibh	níor thug sibh	ar thug sibh?
thug siad	níor thug siad	ar thug siad?
tugadh	níor tugadh	ar tugadh?

Cleachtadh ag scríobh

1 Líon na bearnaí thíos.

a) [Faigh] _____ mé a lán obair bhaile aréir.
b) [Tabhair] _____ mo mhúinteoir amach dom inné mar nach raibh an aiste scríofa agam.
c) Ní [déan] _____ Seán aon rud le cabhrú sa teach.
d) [Bí] _____ mé ag troid le mo dheirfiúr inné.
e) [Beir] _____ na gardaí ar na príosúnaithe go léir a d'éalaigh ón bpríosún.

2 Líon na bearnaí thíos.

a) _____ mé mo chairde ag caint faoin gcóisir.
b) _____ mo mháthair liom gan a bheith déanach ag teacht ar ais.
c) Ní _____ mé mo chara ón mbunscoil le cúpla mí anois.
d) _____ mé bronntanas do mo chara an Nollaig seo caite.
e) _____ mé ar an madra sular éalaigh sé amach an doras.

fhaca, thug, chuala, rug, dúirt

3 Líon na bearnaí thíos.

a) [Abair] _____ mé le mo chara go mbuailfinn léi an lá dar gcionn.
b) [Feic] _____ Cian a chara ag an bpictiúrlann inné.
c) Ní [téigh] _____ Máire ar scoil inné toisc go raibh sí tinn.
d) An [déan] _____ tusa d'obair bhaile go fóill?
e) [Tabhair] _____ mo chara cabhair dom le mata.

4 Freagair na ceisteanna seo.

a) An ndeachaigh tú amach ag an deireadh seachtaine? _____
b) Ar thug tú an leabhar ar ais do do chara inné? _____
c) An ndearna tú botún san aiste? _____
d) An raibh tú ag ceolchoirm riamh? _____
e) An bhfuair tú bronntanais dheasa ar do bhreithlá? _____

Súil siar ar an Aimsir Chaite

1 Líon na bearnaí thíos.
   a) [Cuir] _____ an múinteoir an milleán orm inné agus [bí] _____ fearg orm.
   b) [Fág] _____ mé an teach ag a hocht ar maidin ach fós bhí mé déanach.
   c) Níor [oscail] _____ an siopa go dtí a deich ar maidin toisc go raibh an siopadóir tinn.
   d) Ní [déan] _____ mé aon obair bhaile Dé Domhnaigh seo caite.
   e) [Tar] _____ m'aintín ar cuairt inné.
   f) An [faigh] _____ an rang a lán obair bhaile aréir?

2 Líon na bearnaí thíos.
   a) Níor _____ Caitríona aon leabhar le fada an lá.
   b) Ní _____ mé dearmad ar bhreithlá mo charad riamh.
   c) _____ mé déanach don scoil ar maidin.
   d) _____ mo sheanathair scéalta suimiúla dúinn faoina óige.
   e) _____ mé mo bhaile ag a cúig inné.
   f) Níor _____ sé na ceisteanna deacra agus _____ air sa scrúdú.

   dhearna, shroich, theip, léigh, bhí, d'inis, thuig

3 Athscríobh an t-alt seo san Aimsir Chaite.
   Tabharfaidh an múinteoir an iomarca obair bhaile dúinn ag an deireadh seachtaine. Déanfaidh mé cuid di ar an Aoine ach ar an Satharn beidh mé ag dul amach le mo chairde. Rachaimid go dtí an t-ionad siopadóireachta agus ceannóimid éadaí nua. Íosfaimid béile sa bhialann ansin. Fillfidh mé abhaile ag a sé agus críochnóidh mé m'obair bhaile ansin.

4 Freagair na ceisteanna seo.
   a) Ar cheannaigh tú an leabhar nua sin go fóill? _____
   b) An ndearna tú d'obair bhaile go fóill? _____
   c) An ndeachaigh tú amach le do chairde ag an deireadh seachtaine? _____
   d) Ar fhág tú an teach in am ar maidin? _____
   e) Ar ghlan tú do sheomra leapa inné? _____
   f) An bhfaca tú an príomhoide ar maidin? _____
   g) Ar éist tú leis an nuacht ar maidin? _____

5 Líon na bearnaí thíos.
   a) [Scríobh] _____ mo rang aiste an tseachtain seo caite.
   b) [Abair] _____ mo mháthair liom i gcónaí mo dhícheall a dhéanamh.
   c) Níor [oscail] _____ an siopa roimh a deich inné.
   d) [Suigh] _____ Máire síos agus [léigh] _____ sí leabhar nua inné.
   e) Níor [éist] _____ na daltaí sa rang agus [bí] _____ siad i dtrioblóid.
   f) Ar [tabhair] _____ tú an bronntanas do do chara fós?

An Aimsir Fháistineach

Úsáidtear an Aimsir Fháistineach nuair atá tú ag caint faoi rudaí nár tharla fós.

An chéad réimniú
Le foghlaim! Briathra leathana

Cabhair!

Ní chuirtear **séimhiú** san Aimsir Fháistineach ach amháin má bhíonn **ní** roimh an mbriathar agus uaireanta tar éis **a**.

An deireadh	Fág	Dún	Ól
-faidh mé	fág**faidh** mé	dún**faidh** mé	ól**faidh** mé
-faidh tú	fág**faidh** tú	dún**faidh** tú	ól**faidh** tú
-faidh sé/sí	fág**faidh** sé/sí	dún**faidh** sé/sí	ól**faidh** sé/sí
-faimid	fág**faimid**	dún**faimid**	ól**faimid**
-faidh sibh	fág**faidh** sibh	dún**faidh** sibh	ól**faidh** sibh
-faidh siad	fág**faidh** siad	dún**faidh** siad	ól**faidh** siad
-far	fág**far**	dún**far**	ól**far**
ní + séimhiú	**ní fh**ágfaidh mé	**ní dh**únfaidh mé	**ní** ólfaidh
an + urú	**an bhf**ágfaidh tú?	**an nd**únfaidh tú?	**an** ólfaidh tú?

Samplaí

Fágfaidh Máire an teach ag a hocht maidin amárach chun dul ar scoil.
Dúnfaidh an siopadóir an siopa ag a naoi anocht.
Ní ghlanfaidh na páistí an teach an deireadh seachtaine seo chugainn.

Labhair amach ... labhair os ard!

Freagair na ceisteanna seo ón múinteoir.

1. An scuabfaidh tú an t-urlár amárach?
2. An bhféachfaidh tú ar an teilifís anocht?
3. An léifidh tú an leabhar nua le J.K. Rowling?
4. An ólfaidh tú bainne amárach?
5. Cén t-am a fhágfaidh tú an teach le teacht ar scoil maidin amárach?

Iontas 2

Cleachtadh ag scríobh

1 Líon na bearnaí thíos.

a) [Féach] _____ Seán ar an teilifís san oíche amárach.
b) [Fás] _____ bláthanna áille sa ghairdín an t-earrach seo chugainn.
c) [Cas] _____ na cairde lena chéile ag an gcluiche Dé Sathairn seo chugainn.
d) [Ní dún] _____ an fear an oifig roimh a sé amárach.
e) [An glan] _____ na páistí an teach tar éis na cóisire?

2 Líon na bearnaí thíos.

a) _____ na páistí go nglanfaidh siad an teach gach Satharn ach ní _____ siad é.
b) Ní _____ a lán plandaí an geimhreadh seo chugainn.
c) _____ an cór sin sa séipéal Dé Domhnaigh seo chugainn.
d) Ní _____ mé siar ar scoil aon lá an tseachtain seo chugainn.
e) An _____ tú leabhar amach ón leabharlann dom amárach?

fhásfaidh, geallfaidh, dtógfaidh, canfaidh, ghlanfaidh, fhanfaidh

3 Ceartaigh na botúin sna habairtí thíos.

a) Ní fágfaidh an bus an stáisiún roimh a sé maidin amárach. _____
b) Scríobhfimid aiste an tseachtain seo chugainn. _____
c) An féachfaidh tú ar *Ros na Rún* anocht? _____
d) Chasfaidh na cairde lena chéile sa bhaile mór Dé Sathairn seo chugainn. _____
e) Díolfidh an siopa sin éadaí deasa an samhradh seo chugainn. _____

4 Líon na bearnaí thíos.

a) [Pós] _____ a lán daoine in Éirinn an bhliain seo chugainn.
b) [Íoc] _____ mo thuismitheoirí a lán airgid ar bhia an tseachtain seo chugainn.
c) [Ní ól] _____ aon duine i mo chlann bainne riamh.
d) [Coimeád] _____ mo mháthair mo dhinnéar dom má bhím déanach.

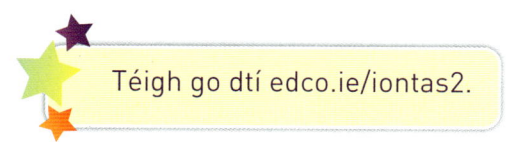

Téigh go dtí edco.ie/iontas2.

Aonad 10 Gramadach

An chéad réimniú
Le foghlaim! Briathra caola

An deireadh	Fill	Éist	Tuig
-fidh mé	fill**fidh** mé	éist**fidh** mé	tuig**fidh** mé
-fidh tú	fill**fidh** tú	éist**fidh** tú	tuig**fidh** tú
-fidh sé/sí	fill**fidh** sé/sí	éist**fidh** sé/sí	tuig**fidh** sé/sí
-fimid	fill**fimid**	éist**fimid**	tuig**fimid**
-fidh sibh	fill**fidh** sibh	éist**fidh** sibh	tuig**fidh** sibh
-fidh siad	fill**fidh** siad	éist**fidh** siad	tuig**fidh** siad
-fear	fill**fear**	éist**fear**	tuig**fear**
ní + séimhiú	**ní fh**illfidh	**ní** éistfidh	**ní th**uigfidh mé
an + urú	**an bh**fillfidh tú?	**an** éistfidh tú?	**an dt**uigfidh tú?

Samplaí

Fillfidh an páiste abhaile tar éis a lá scoile.
Éistfimid leis an raidió maidin amárach.
Ní shroichfidh mé mo theach in am mura bhfágaim ag a hocht.

Cabhair!

Ní chuirtear **séimhiú** san Aimsir Fháistineach ach amháin má bhíonn **ní** roimh an mbriathar agus uaireanta tar éis **a**.

Labhair amach … labhair os ard!

Freagair na ceisteanna seo ón múinteoir.

1. An mbuailfidh tú le do chairde an deireadh seachtaine seo chugainn?
2. An dtuillfidh tú aon airgead an samhradh seo chugainn?
3. An gcaillfidh tú do sparán amárach?
4. An múinfidh tú an t-ábhar seo dom, led' thoil?
5. An mbrisfidh ar fhoighne (*will lose patience*) an mhúinteora má bhíonn na páistí dána?

Iontas 2

Cleachtadh ag scríobh

① Líon na bearnaí thíos.

a) _____ Seán a lán airgid ar chreidmheas don fhón an tseachtain seo chugainn.
b) Ní _____ mé an t-ábhar sin go deo.
c) An _____ Katie Taylor go minic an bhliain seo chugainn?
d) Ní _____ mo thuismitheoirí ón obair go dtí a sé anocht.
e) _____ mé le mo chairde go minic an samhradh seo chugainn.

buailfidh, thuigfidh, caithfidh, dtroidfidh, fhillfidh

② Ceartaigh na botúin sna habairtí thíos.

a) Fillfaidh Peadar ar a theach ag a seacht san oíche amárach. _____
b) Ní tuigfidh na daltaí an ghramadach chasta. _____
c) Ní héistfidh mé leis an raidió anocht. _____
d) An ólfadh tú a lán tae i rith na seachtaine seo chugainn? _____
e) Ní cuirfidh mé siúcra i mo thae riamh. _____

③ Líon na bearnaí thíos.

a) [Ní múin] _____ an Máistir Ó Ruairc sa scoil ón samhradh ar aghaidh.
b) [An caith] _____ sibh a lán ama ag caint ar an bhfón anocht?
c) [Troid] _____ an cailín sin le gach duine ar scoil amárach.
d) [Ní tuig] _____ mé mata go deo.
e) [Léim] _____ an bhó thar an gclaí amárach.

④ Líon na bearnaí thíos.

a) [Rith] _____ na madraí sa ghairdín amárach.
b) [Ní buail] _____ na seanchairde lena chéile riamh arís.
c) [An caith] _____ tú an samhradh seo chugainn in Éirinn?
d) [Ní bris] _____ sé an chathaoir riamh arís.
e) [Tuill] _____ sé fiche euro ag tabhairt aire dá dheartháireacha amárach.

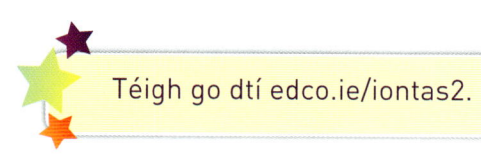

Téigh go dtí edco.ie/iontas2.

Aonad 10 Gramadach

Le foghlaim! Briathra le dhá shiolla ag críochnú ar -áil nó -áin

Sábháil	Taispeáin	Páirceáil	Tiomáin
sábhál**faidh** mé	taispeán**faidh** mé	páirceál**faidh** mé	tiomáin**fidh** mé
sábhál**faidh** tú	taispeán**faidh** tú	páirceál**faidh** tú	tiomáin**fidh** tú
sábhál**faidh** sé/sí	taispeán**faidh** sé/sí	páirceál**faidh** sé/sí	tiomáin**fidh** sé/sí
sábhál**faimid**	taispeán**faimid**	páirceál**faimid**	tiomáin**fimid**
sábhál**faidh** sibh	taispeán**faidh** sibh	páirceál**faidh** sibh	tiomáin**fidh** sibh
sábhál**faidh** siad	taispeán**faidh** siad	páirceál**faidh** siad	tiomáin**fidh** siad
sábhál**far**	taispeán**far**	páirceál**far**	tiomáin**fear**
ní shábhálfaidh mé	**ní th**aispeánfaidh mé	**ní ph**áirceálfaidh mé	**ní th**iomáinfidh mé
an sábhálfaidh tú?	**an dt**aispeánfaidh tú?	**an bp**áirceálfaidh tú?	**an dt**iomáinfidh tú?

Labhair amach … labhair os ard!

Freagair na ceisteanna seo ón múinteoir.

1. An dtaispeánfaidh tú do mharcanna scrúdaithe do do chairde?
2. An bpáirceálfaidh d'athair a charr gar dá oifig amárach?
3. An mbácálfaidh sibh cáca anocht?
4. An sábhálfaidh tú roinnt ama má thagann tú ar scoil ar do rothar?
5. An dtaispeánfaidh tú d'obair bhaile dom?

Cleachtadh ag scríobh
Líon na bearnaí thíos.

1. [Tiomáin] _____ an siopadóir go dtí a shiopa maidin amárach.
2. [Taispeáin] _____ an múinteoir scannán don rang amárach.
3. [Sábháil] _____ a lán airgid má dhéantar athchúrsáil.
4. [Ní páirceáil] _____ mé mo charr ar an gcosán riamh arís.
5. [An taispeáin] _____ an páiste an bronntanas ó Dhaidí na Nollag dá chara?
6. An [bácáil] _____ do chara cáca duit ar do bhreithlá?
7. Ní [tiomáin] _____ sé riamh toisc go bhfuil eagla air.
8. An [páirceáil] _____ tú in aice leis an trá amárach?
9. Ní [sábháil] _____ sí aon airgead mura stopann sí ag ceannach.

Iontas 2

Le foghlaim! Briathra ag críochnú le -gh

Suigh	Nigh	Luigh
suífidh	nífidh mé	luífidh mé
suífidh tú	nífidh tú	luífidh tú
suífidh sé/sí	nífidh sé/sí	luífidh sé/sí
suífimid	nífimid	luífimid
suífidh sibh	nífidh sibh	luífidh sibh
suífidh siad	nífidh siad	luífidh siad
suífear	nífear	luífear
ní shuífidh mé	ní nífidh mé	ní luífidh mé
an suífidh tú?	an nífidh tú?	an luífidh tú?

Labhair amach … labhair os ard!

Freagair na ceisteanna seo ón múinteoir.

1. An nífidh tú na gréithe anocht?
2. An suífidh tú síos agus tú ag féachaint ar an teilifís?
3. An luífidh an madra ar an mata má bhíonn tuirse air?
4. An nífidh tú do lámha anois?
5. Cathain a shuífidh tú síos chun an dinnéar a ithe?

Cleachtadh ag scríobh

Líon na bearnaí thíos.

1. [Suigh] _____ an tseanbhean siar sa chathaoir anois.
2. [Nigh] _____ mé an madra an tseachtain seo chugainn.
3. [Luigh] _____ an fear sa leaba má bhíonn sé tinn.
4. [Ní suigh] _____ mo mháthair ar fhéar fliuch riamh.
5. [An nigh] _____ na páistí na bréagáin go luath?

Aonad 10 Gramadach

Le foghlaim!

Buaigh	Glaoigh	Léigh
bua**faidh** mé	glao**faidh** mé	léi**fidh** mé
bua**faidh** tú	glao**faidh** tú	léi**fidh** tú
bua**faidh** sé/sí	glao**faidh** sé/sí	léi**fidh** sé/sí
bua**faimid**	glao**faimid**	léi**fimid**
bua**faidh** sibh	glao**faidh** sibh	léi**fidh** sibh
bua**faidh** siad	glao**faidh** siad	léi**fidh** siad
bua**far**	glao**far**	léi**fear**
ní bhuafaidh mé	**ní gh**laofaidh mé	**ní** léifidh mé
an mbuafaidh tú?	**an ng**laofaidh tú?	**an** léifidh tú?

Briathra eile atá cosúil leis seo: luaigh, cráigh agus pléigh.

Labhair amach … labhair os ard!

Freagair na ceisteanna seo ón múinteoir.

1. An nglaofaidh tú ar do ghaolta amárach?
2. An léifidh tú an leabhar nua sin anois?
3. An mbuafaidh d'fhoireann an cluiche amárach?
4. An nglaofaidh tú ar na gardaí má fheiceann tú timpiste?
5. An léifidh do rang a lán leabhar má thugann an múinteoir leabhair dóibh?

Cleachtadh ag scríobh

Líon na bearnaí thíos.

1. [Buaigh] _____ Cill Chainnigh an chraobh iománaíochta amárach.
2. [An glaoigh] _____ an múinteoir an rolla ag tús an ranga amárach?
3. Cén fáth nach [léigh] _____ tú níos mó leabhar?
4. [Ní buaigh] _____ mé aon rud sa chrannchur amárach.
5. [Glaoigh] _____ Síle ar a cara amárach.

Téigh go dtí edco.ie/iontas2.

Iontas 2

An dara réimniú
Le foghlaim! Briathra leathana

An deireadh	Cabhraigh	Éalaigh	Gortaigh
-óidh mé	cabhróidh mé	éalóidh mé	gortóidh mé
-óidh tú	cabhróidh tú	éalóidh tú	gortóidh tú
-óidh sé/sí	cabhróidh sé/sí	éalóidh sé/sí	gortóidh sé/sí
-óimid	cabhróimid	éalóimid	gortóimid
-óidh sibh	cabhróidh sibh	éalóidh sibh	gortóidh sibh
-óidh siad	cabhróidh siad	éalóidh siad	gortóidh siad
-ófar	cabhrófar	éalófar	gortófar
ní + séimhiú	ní chabhróidh mé	ní éalóidh mé	ní ghortóidh mé
an + urú	an gcabhróidh tú?	an éalóidh tú?	an ngortóidh tú?

Samplaí

Cabhróidh na páistí sa teach an Satharn seo chugainn.
Ní éalóidh mé ó m'obair bhaile riamh.
An ngortófar a lán peileadóirí le linn an chluiche amárach?

Labhair amach … labhair os ard!

Freagair na ceisteanna seo ón múinteoir.

1. An gcabhróidh tú timpeall an tí amárach?
2. An ngortóidh tú tú féin nuair a bheidh tú ag imirt spóirt?
3. An éalóidh mórán gadaithe ó na príosúin amárach?
4. An gcabhróidh do rang leis na múinteoirí ag an gcéad aonach saothair eile?
5. An ngortófar mórán imreoirí le linn an chluiche amárach?

Téigh go dtí edco.ie/iontas2.

Aonad 10 Gramadach

Cleachtadh ag scríobh

1 Líon na bearnaí thíos.

a) [Cuardaigh] _____ na gardaí an foirgneamh sin amárach.
b) [Ní ceartaigh] _____ an múinteoir na daltaí dána arís.
c) [An fiafraigh] _____ do thuismitheoirí díot cá mbeidh tú ag dul?
d) [Brostaigh] _____ mé abhaile amárach chun mo mhadra nua a fheiceáil.
e) Cén t-am a [tosaigh] _____ an clár sin anocht?

2 Líon na bearnaí thíos.

a) _____ an dochtúir an t-othar má bhíonn sé tinn.
b) Ní _____ an múinteoir mé do rud ar bith.
c) An _____ tú ar an gclár sin amárach?
d) _____ a lán carranna ar an leac oighir an geimhreadh seo chugainn.
e) Ní _____ sé do na scrúduithe agus mar sin teipfidh air.

mbreathnóidh, ullmhóidh, scrúdóidh, sleamhnóidh, roghnóidh

3 Ceartaigh na botúin sna habairtí thíos.

a) Thosóidh an rang ag a naoi maidin amárach. _____
b) Ní críochnóidh an scoil go dtí a ceathair a chlog amárach. _____
c) D'fiosróidh na gardaí an suíomh má bhíonn timpiste ann. _____
d) An ceartóidh an múinteoir na cóipleabhair sin anocht? _____
e) Ná bí buartha, shocróidh na páistí isteach ar scoil tar éis cúpla lá. _____

Le foghlaim! Briathra caola

An deireadh	Imigh	Ceistigh	Bailigh
-eoidh mé	imeoidh mé	ceisteoidh mé	baileoidh mé
-eoidh tú	imeoidh tú	ceisteoidh tú	baileoidh tú
-eoidh sé/sí	imeoidh sé/sí	ceisteoidh sé/sí	baileoidh sé/sí
-eoimid	imeoimid	ceisteoimid	baileoimid
-eoidh sibh	imeoidh sibh	ceisteoidh sibh	baileoidh sibh
-eoidh siad	imeoidh siad	ceisteoidh siad	baileoidh siad
-eofar	imeofar	ceisteofar	baileofar
ní + séimhiú	**ní** imeoidh mé	**ní ch**eisteoidh mé	**ní bh**aileoidh mé
an + urú	**an** imeoidh tú?	**an gc**eisteoidh tú?	**an mb**aileoidh tú?

Iontas 2

Samplaí

Imeoidh an bhean ag a hocht maidin amárach.
An gceisteoidh na gardaí gach duine sa scoil má bhíonn dóiteán ann?
Ní bhaileoidh an múinteoir na cóipleabhair Dé Máirt seo chugainn.

Labhair amach … labhair os ard!

Freagair na ceisteanna seo ón múinteoir.

1. An mbaileoidh sibh sméara dubha an fómhar seo chugainn?
2. An imeoidh sibh ar thuras scoile an samhradh seo chugainn?
3. An gcuideoidh tú ag baile amárach?
4. Cén t-am a éireoidh tú an deireadh seachtaine seo chugainn?
5. An gcóireoidh tú do leaba sula bhfágfaidh tú an teach?

Cleachtadh ag scríobh

1 Líon na bearnaí thíos.

a) [Cuimhnigh] _____ mé ar bhreithlá mo charad amárach.
b) [Ní dúisigh] _____ na daltaí go dtí meán lae an deireadh seachtaine seo chugainn.
c) [Cuidigh] _____ Máire lena tuismitheoirí an teach a ghlanadh Dé Sathairn seo chugainn.
d) [Cóirigh] _____ siad a leaba sula bhfágfaidh siad an teach maidin amárach.
e) [Oibrigh] _____ mé go dian roimh na scrúduithe an tseachtain seo chugainn.

2 Ceartaigh na botúin sna habairtí thíos.

a) Ní ceisteoidh na gardaí an buachaill sin amárach. _____
b) Chabhróidh Máire sa teach níos déanaí. _____
c) An n-éireoidh tú in am riamh? _____
d) Foilsóidh an páipéar drochscéalta i gcónaí. _____
e) An deiseoidh tú do rothar má bhíonn sé briste? _____

Aonad 10 Gramadach

3 Líon na bearnaí thíos.

a) _____ ar mo chara ar a breithlá an bhliain seo chugainn.
b) Ní _____ na tuismitheoirí na páistí in am ón gcóisir.
c) _____ an teicneoir an ríomhaire má bhíonn sé briste.
d) _____ na páistí a lán rudaí ar scoil amárach.
e) _____ na múinteoirí go dian amárach.

bhaileoidh, oibreoidh, deiseoidh, smaoineoidh, foghlaimeoidh

An dara réimniú
Le foghlaim! Briathra a chríochnaíonn ar -ail, -is, -ir, -il

Codail	Oscail	Inis
codlóidh mé	osclóidh mé	inseoidh mé
codlóidh tú	osclóidh tú	inseoidh tú
codlóidh sé/sí	osclóidh sé/sí	inseoidh sé/sí
codlóimid	osclóimid	inseoimid
codlóidh sibh	osclóidh sibh	inseoidh sibh
codlóidh siad	osclóidh siad	inseoidh siad
codlófar	osclófar	inseofar
ní chodlóidh mé	**ní** osclóidh mé	**ní** inseoidh
an gcodlóidh tú?	**an** osclóidh tú?	**an** inseoidh tú?

Briathra eile atá cosúil leis seo: freagair, labhair, imir, eitil, ceangail, bagair, cosain, iompair, múscail.

Labhair amach ... labhair os ard!

Freagair na ceisteanna seo ón múinteoir.

1 An eitleoidh tú ar eitleán beag riamh?
2 An gceanglóidh tú an bád le rópa le linn stoirme?
3 An inseoidh tú bréag riamh?
4 An gcodlóidh tú go sámh an deireadh seachtaine seo chugainn?
5 Cé a fhreagróidh an fón má chuirim glao?

Iontas 2

Cleachtadh ag scríobh
Líon na bearnaí thíos.

1. [Labhair] _____ an príomhoide leis an scoil ar fad maidin amárach.
2. [Cosain] _____ carr nua a lán airgid an bhliain seo chugainn.
3. [Imir] _____ mé mar chúlaí ar m'fhoireann peile má fhaighim deis.
4. [Ní freagair] _____ an cailín cúthail aon cheist sa rang amárach.
5. [Iompair] _____ an tuismitheoir an páiste má éiríonn sé tuirseach.

Le foghlaim! Briathra neamhrialta

Bí		
beidh mé	ní bheidh mé	an mbeidh mé?
beidh tú	ní bheidh tú	an mbeidh tú?
beidh sé/sí	ní bheidh sé/sí	an mbeidh sé/sí?
beimid	ní bheimid	an mbeimid?
beidh sibh	ní bheidh sibh	an mbeidh sibh?
beidh siad	ní bheidh siad	an mbeidh siad?
beifear	ní bheifear	an mbeifear?

Tar		
tiocfaidh mé	ní thiocfaidh mé	an dtiocfaidh mé?
tiocfaidh tú	ní thiocfaidh tú	an dtiocfaidh tú?
tiocfaidh sé/sí	ní thiocfaidh sé/sí	an dtiocfaidh sé/sí?
tiocfaimid	ní thiocfaimid	an dtiocfaimid?
tiocfaidh sibh	ní thiocfaidh sibh	an dtiocfaidh sibh?
tiocfaidh siad	ní thiocfaidh siad	an dtiocfaidh siad?
tiocfar	ní thiocfar	an dtiocfar?

Téigh		
rachaidh mé	ní rachaidh mé	an rachaidh mé?
rachaidh tú	ní rachaidh tú	an rachaidh tú?
rachaidh sé/sí	ní rachaidh sé/sí	an rachaidh sé/sí?
rachaimid	ní rachaimid	an rachaimid?
rachaidh sibh	ní rachaidh sibh	an rachaidh sibh?
rachaidh siad	ní rachaidh siad	an rachaidh siad?
rachfar	ní rachfar	an rachfar?

Beir

béarfaidh mé	ní bhéarfaidh mé	an mbéarfaidh mé?
béarfaidh tú	ní bhéarfaidh tú	an mbéarfaidh tú?
béarfaidh sé/sí	ní bhéarfaidh sé/sí	an mbéarfaidh sé/sí?
béarfaimid	ní bhéarfaimid	an mbéarfaimid?
béarfaidh sibh	ní bhéarfaidh sibh	an mbéarfaidh sibh?
béarfaidh siad	ní bhéarfaidh siad	an mbéarfaidh siad?
béarfar	ní bhéarfar	an mbéarfar?

Feic

feicfidh mé	ní fheicfidh mé	an bhfeicfidh mé?
feicfidh tú	ní fheicfidh tú	an bhfeicfidh tú?
feicfidh sé/sí	ní fheicfidh sé/sí	an bhfeicfidh sé/sí?
feicfimid	ní fheicfimid	an bhfeicfimid?
feicfidh sibh	ní fheicfidh sibh	an bhfeicfidh sibh?
feicfidh siad	ní fheicfidh siad	an bhfeicfidh siad?
feicfear	ní fheicfear	an bhfeicfear?

Clois

cloisfidh mé	ní chloisfidh mé	an gcloisfidh mé?
cloisfidh tú	ní chloisfidh tú	an gcloisfidh tú?
cloisfidh sé/sí	ní chloisfidh sé/sí	an gcloisfidh sé/sí?
cloisfimid	ní chloisfimid	an gcloisfimid?
cloisfidh sibh	ní chloisfidh sibh	an gcloisfidh sibh?
cloisfidh siad	ní chloisfidh siad	an gcloisfidh siad?
cloisfear	ní chloisfear	an gcloisfear?

Abair

déarfaidh mé	ní déarfaidh mé	an ndéarfaidh mé?
déarfaidh tú	ní déarfaidh tú	an ndéarfaidh tú?
déarfaidh sé/sí	ní déarfaidh sé/sí	an ndéarfaidh sé/sí?
déarfaimid	ní dearfaimid	an ndéarfaimid?
déarfaidh sibh	ní déarfaidh sibh	an ndéarfaidh sibh?
déarfaidh siad	ní déarfaidh siad	an ndéarfaidh siad?
déarfar	ní déarfar	an ndéarfar?

Iontas 2

Ith		
íosfaidh mé	ní íosfaidh mé	an íosfaidh mé?
íosfaidh tú	ní íosfaidh tú	an íosfaidh tú?
íosfaidh sé/sí	ní íosfaidh sé/sí	an íosfaidh sé/sí?
íosfaimid	ní íosfaimid	an íosfaimid?
íosfaidh sibh	ní íosfaidh sibh	an íosfaidh sibh?
íosfaidh siad	ní íosfaidh siad	an íosfaidh siad?
íosfar	ní íosfar	an íosfar?

Déan		
déanfaidh mé	ní dhéanfaidh mé	an ndéanfaidh mé?
déanfaidh tú	ní dhéanfaidh tú	an ndéanfaidh tú?
déanfaidh sé/sí	ní dhéanfaidh sé/sí	an ndéanfaidh sé/sí?
déanfaimid	ní dhéanfaimid	an ndéanfaimid?
déanfaidh sibh	ní dhéanfaidh sibh	an ndéanfaidh sibh?
déanfaidh siad	ní dhéanfaidh siad	an ndéanfaidh siad?
déanfar	ní dhéanfar	an ndéanfar?

Faigh		
gheobhaidh mé	ní bhfaighidh mé	an bhfaighidh mé?
gheobhaidh tú	ní bhfaighidh tú	an bhfaighidh tú?
gheobhaidh sé/sí	ní bhfaighidh sé/sí	an bhfaighidh sé/sí?
gheobhaimid	ní bhfaighimid	an bhfaighimid?
gheobhaidh sibh	ní bhfaighidh sibh	an bhfaighidh sibh?
gheobhaidh siad	ní bhfaighidh siad	an bhfaighidh siad?
gheofar	ní bhfaighfear	an bhfaighfear?

Tabhair		
tabharfaidh mé	ní thabharfaidh mé	an dtabharfaidh mé?
tabharfaidh tú	ní thabharfaidh tú	an dtabharfaidh tú?
tabharfaidh sé/sí	ní thabharfaidh sé/sí	an dtabharfaidh sé/sí?
tabharfaimid	ní thabharfaimid	an dtabharfaimid?
tabharfaidh sibh	ní thabharfaidh sibh	an dtabharfaidh sibh?
tabharfaidh siad	ní thabharfaidh siad	an dtabharfaidh siad?
tabharfar	ní thabharfar	an dtabharfar?

Aonad 10 Gramadach

Cleachtadh ag scríobh

1 Líon na bearnaí thíos.

a) An [téigh] _____ tú go dtí an dioscó ag an deireadh seachtaine?
b) An [clois] _____ tú ó do chara pinn go luath?
c) [Tabhair] _____ mé cabhair duit le d'obair bhaile más mian leat.
d) [Beir] _____ na gardaí ar an bhfear sin má éalaíonn sé arís.
e) [Bí] _____ slua mór ag an aonach arís amárach.

2 Líon na bearnaí thíos.

a) Tá súil agam go _____ mé mo chara amárach.
b) _____ mé a lán bronntanas ar mo bhreithlá, táim cinnte de.
c) Ní _____ mé bia gasta riamh arís.
d) An _____ sé ag cur sneachta an geimhreadh seo chugainn?
e) _____ m'aintín ar cuairt amárach.

gheobhaidh, íosfaidh, tiocfaidh, bhfeicfidh, mbeidh

3 Líon na bearnaí thíos.

a) [Ith] _____ mé béile blasta sula bhfágfaidh mé an teach.
b) [Tar] _____ mo chairde go léir go dtí an scannán anocht.
c) Ní [déan] _____ Seán dearmad ar a mhála scoile go deo arís.
d) [Téigh] _____ mé go dtí an Spáinn ar mo laethanta saoire an bhliain seo chugainn.
e) Ní [faigh] _____ an rang aon obair bhaile ag an deireadh seachtaine.

4 Freagair na ceisteanna seo.

a) An rachaidh tú go dtí an dráma amárach? _____
b) An bhfaighidh sibh mórán obair bhaile anocht? _____
c) An íosfaidh tú sa bhialann sin arís? _____
d) An dtabharfaidh tú iasacht airgid dom? _____
e) An dtiocfaidh do ghaolta ar cuairt an samhradh seo chugainn? _____

Téigh go dtí edco.ie/iontas2.

Iontas 2

Súil siar ar an Aimsir Fháistineach

1. Líon na bearnaí thíos.
   a) [Téigh] _____ an rang ar thuras scoile ag deireadh na bliana.
   b) [Ceannaigh] _____ mé bróga nua nuair a bheidh an t-airgead agam.
   c) Ní [faigh sinn] _____ aon obair bhaile anocht má bhíonn an múinteoir as láthair.
   d) [Tar] _____ na gardaí má bhristear isteach sa teach.
   e) [Úsáid] _____ sé a rothar nua den chéad uair amárach.
   f) [Brostaigh] _____ mé abhaile amárach toisc go mbeidh m'aintín ag teacht ar cuairt.

2. Líon na bearnaí thíos.
   a) Níl maitheas ar bith san fhoireann sin; ní _____ siad aon rud riamh.
   b) _____ sé an leabhar nua sin anocht.
   c) Má thiteann an leanbh isteach sa loch _____ an garda é.
   d) _____ siad ar ais go dtí an Fhrainc an bhliain seo chugainn.
   e) Ní _____ mé an bia sin riamh arís.
   f) Ní _____ mé aon rud sa siopa sin arís mar ní maith liom an t-úinéir.

   sábhálfaidh, íosfaidh, cheannóidh, rachaidh, bhuafaidh, léifidh

3. Athscríobh an t-alt seo san Aimsir Fháistineach.

Téann Máire amach ag an deireadh seachtaine. Buaileann sí lena gaolta. Caitheann sí an tráthnóna ar fad ag caint leo. Ina dhiaidh sin tagann sí abhaile agus déanann sí an obair tí. Glanann sí a seomra agus níonn sí na hurláir. Ansin ullmhaíonn sí béile blasta agus itheann sí é. Tá a muintir an-sásta léi agus tugann siad deich euro di. Ceannaíonn sí leabhar nua leis an airgead.

4. Freagair na ceisteanna seo.
   a) An bhfiafróidh tú de do chara an mbeidh sí ar scoil amárach? _____
   b) An bhfaighidh tú peata go deo? _____
   c) An imreoidh tú ar fhoireann na scoile amárach? _____
   d) An gcaithfidh tú an deireadh seachtaine ag staidéar? _____
   e) An mbeidh do dheartháir ag teacht go dtí an cheolchoirm anocht? _____
   f) An ndéanfaidh tú d'obair bhaile nuair a rachaidh tú abhaile? _____
   g) Cá rachaidh tú ar do laethanta saoire an samhradh seo chugainn? _____

5. Líon na bearnaí thíos.
   a) [Scríobh] _____ mo rang aiste an tseachtain seo chugainn.
   b) [Abair] _____ mo mháthair liom mo dhícheall a dhéanamh.
   c) Ní [oscail] _____ an siopa roimh a deich amárach.
   d) [Suigh] _____ Máire síos agus [léigh] _____ sí leabhar nua amárach.
   e) Mura n-éisteann na daltaí sa rang [bí] _____ siad i dtrioblóid.

Aonad 10 Gramadach

An Aidiacht Shealbhach

Nuair a chuirtear an aidiacht shealbhach roimh ainmfhocal ag tosú le consan, tá rialacha le cur i bhfeidhm.

Rialacha le foghlaim!

mo + séimhiú	mo chara	ár + urú	ár gcara
do + séimhiú	do chara	bhur + urú	bhur gcara
a (his) + séimhiú	a chara	a (their) + urú	a gcara
a (her)	a cara		

Seo roinnt samplaí eile:

mo mhadra	mo theach	mo cheantar	mo sheanchara
do mhadra	do theach	do cheantar	do sheanchara
a mhadra	a theach	a cheantar	a sheanchara
a madra	a teach	a ceantar	a seanchara
ár madra	ár dteach	ár gceantar	ár seanchara
bhur madra	bhur dteach	bhur gceantar	bhur seanchara
a madra	a dteach	a gceantar	a seanchara

Cleachtadh ag scríobh

1 Líon na bearnaí thíos.

a) Cheannaigh mé bronntanas do mo [cara] _____ inné.
b) Bhí Síle agus a [máthair] _____ sa chathair inné.
c) Bhris Seán a [cos] _____ inné.
d) Bhí áthas an domhain orainn nuair a bhuaigh ár [foireann] _____ an chraobh.
e) Rinne Ciarán dearmad ar a [mála scoile] _____ agus bhí sé i dtrioblóid lena [múinteoir] _____.

2 Ceartaigh na botúin sna habairtí thíos.

a) Scríobh Máire a sheoladh ar an gclúdach litreach. _____
b) Rinne na buachaillí dearmad ar a bhróga reatha inné. _____
c) Cén aois í do deirfiúr? _____
d) Cár fhág mé mo bpeann? _____
e) Chuaigh Siún agus a theaghlach ar saoire. _____

Iontas 2

3 Líon na bearnaí thíos.

a) Bhí áthas air toisc go raibh a [torthaí] _____ go hiontach.
b) Téann Proinsias agus a [peata] _____ gach áit le chéile.
c) Baineadh geit as an tseanbhean nuair a léim a [cat] _____ uirthi.
d) Bíonn na fir sin i gcónaí ag troid lena [comharsana] _____.
e) Níl ach fiche teach ar mo [bóthar] _____.

4 Líon na bearnaí thíos.

a) Chuaigh Tara agus a _____ ag siopadóireacht inné.
b) Bhí mé i dtrioblóid nuair a d'fhág mé mo _____ scoile sa bhaile.
c) Cheannaíomar ár _____ sa siopa nua.
d) Bhí áthas ar na cailíní nuair a bhuaigh a _____ an cluiche.
e) Bhí díomá ar mo Dhaid nuair a rinne a _____ dearmad ar a _____.

mhála, bhreithlá, gcóipleabhair, cara, bhfoireann, chara

Roimh ainmfhocal ag tosú le guta
Rialacha le foghlaim!

Nuair a chuirtear an aidiacht shealbhach roimh ainmfhocal ag tosú le guta, tá rialacha le cur i bhfeidhm.

m'	m'athair	ár + n-	ár **n**-athair
d'	d'athair	bhur + n-	bhur **n**-athair
a (*his*)	a athair	a (*their*) + n-	a **n**-athair
a (*her*) + h	a **h**athair		

Seo roinnt samplaí eile.

m'ainm	i m'aonar	m'oifig	m'obair bhaile
d'ainm	i d'aonar	d'oifig	d'obair bhaile
a ainm	ina aonar	a oifig	a obair bhaile
a **h**ainm	ina **h**aonar	a **h**oifig	a **h**obair bhaile
ár **n**-ainm	inár **n**-aonar	ár **n**-oifig	ár **n**-obair bhaile
bhur **n**-ainm	in bhur **n**-aonar	bhur **n**-oifig	bhur **n**-obair bhaile
a **n**-ainm	ina **n**-aonar	a **n**-oifig	a **n**-obair bhaile

Aonad 10 Gramadach

Cleachtadh ag scríobh

❶ Líon na bearnaí thíos.

a) Bhí gach duine ag stánadh orm agus bhí [mo aghaidh] _____ dearg.
b) Scríobh Máire a [ainm] _____ ar a leabhar.
c) Bhuail Seán lena [aintín] _____ inné.
d) Bhí díomá ar an rang nuair a fuaireamar marc íseal inár [aistí] _____.
e) Is aoibhinn le Tomás a [áit] _____ dhúchais.

❷ Ceartaigh na botúin sna habairtí thíos.

a) Scríobh mé mo ainm ar mo chóipleabhar. _____
b) Bhí áthas ar Sheán mar go raibh a haiste an-mhaith. _____
c) Níor bhuaileamar lenár aintíní le fada. _____
d) D'fhág Máire a uachtar reoite ar an urlár agus bhí a mháthair ar buile léi. _____
e) Is é Inis Meáin ár oileán dúchais. _____

❸ Líon na bearnaí thíos.

a) Bhí na mná ina [aonar] _____ don lá ar fad.
b) Cad is ainm do [do oide] _____?
c) Bhí an-bhrón ar Aoife nuair a fuair a [eilifint] _____ bás.
d) Ní maith le Seán a [eastát] _____ tithíochta.
e) Bhuaileamar lenár [uncail] _____ le gairid.

❹ Líon na bearnaí thíos.

a) Bhí an cailín beag ina _____ agus bhí eagla uirthi.
b) Chuir Seán a chroí agus a _____ isteach san obair.
c) Bhí brón orthu mar nach raibh an múinteoir sásta lena _____.
d) Tá na cailíní an-bhródúil as a _____.
e) Thosaigh Seán ar a _____ fada go dtí an Astráil ar maidin.

anam, n-áit dhúchais, aistear, haonar, n-aistí

Iontas 2

Séimhiú

Bíonn séimhiú de ghnáth ar chonsan i ndiaidh na bhfocal thíos.

❶ An Aidiacht Shealbhach: tar éis *mo*, *do* agus *a* (*his*):

| mo chara | do chara | a chara |

❷ Tar éis na n-uimhreacha 1–6:

| aon chapall | dhá bhád | trí dhoras |
| ceithre mhála | cúig fheirm | sé gheata |

❸ Tar éis na réamhfhocal a leanas:

de	D'fhiafraigh mé dé Phól.	**den**	Thuirling mé den bhus.
do	Thug mé leabhar do Sheán.	**don**	Thug mé leabhar don chailín.
ar	Bhí áthas ar Shíle.	**faoi**	Bhí sé ag magadh faoi Mháire.
ó	D'éalaigh sé ó phríosún.	**roimh**	Tá fáilte roimh chách.
trí	Chuaigh an teach trí thine.	**sa (i + an)**	sa bhaile

❹ Tar éis na bhfocal a leanas:

nuair a	nuair a dhéanaim m'obair bhaile	nuair a fhillim abhaile	nuair a cheannaíonn sé
ró	rómhór	róchainteach	róbheag
an-	an-chostasach	an-mhaith	an-fhada
má	má thagaim	má fheicim	má chloiseann sé

Cabhair! Eisceachtaí: d, n, t, l, s

Má chríochnaíonn focal amháin le **d**, **n**, **t**, **l** nó **s** agus má thosaíonn an chéad fhocal eile le **d**, **n**, **t**, **l** nó **s**, ní chuirtear séimhiú isteach.

| aon doras | den sagart | don taoiseach |
| an-deas | an-simplí | an-te |

Cabhair!

Ní chuirtear séimhiú ar an bhfocal i ndiaidh **sa** má thosaíonn an focal le **d**, **t** nó **s**: sa dán, sa siopa, sa tír.

Aonad 10 Gramadach

Cleachtadh ag scríobh

1 Líon na bearnaí thíos.

a) Bhí an rang [rócainteach] _____ agus bhí an múinteoir [an-crosta] _____.
b) D'fhan sé sa [baile] _____ inné toisc go raibh sé tinn.
c) Bhí eagla ar [Cáit] _____ nuair a chuala sí torann san oíche.
d) Bhuaigh mé dhá [ticéad] _____ don [ceolchoirm] _____ agus thóg mé mo [cara] _____ liom.
e) Nuair a [feiceann] _____ sé a [cara] _____ bíonn sé ag caint leis.

2 Ceartaigh na botúin sna habairtí thíos.

a) Chuaigh mé isteach sa shiopa sin ar maidin. _____
b) Níl ach trí dteach ar mo bóthar. _____
c) Tá an rothar sin i bhfad ródaor. _____
d) An gcuirfidh tú glao orm nuair a fillfidh tú abhaile? _____
e) Chuir mé fáilte roimh gcuairteoir go dtí an scoil. _____

3 Líon na bearnaí thíos.

a) Is breá liom ainmhithe: tá cúig [madra] _____, sé [coinín] _____ agus trí [cat] _____ agam.
b) Bhí díomá ar [Pádraig] _____ nuair a chaill sé a [ticéad] _____ don [cluiche] _____.
c) Chuaigh siad isteach sa [cathair] _____ inné agus bhí siad istigh i dtrí [bialann] _____ agus sé [siopa] _____.
d) Níor chuala mé scéal ar bith ó [Ciara] _____ ó d'fhág sí an baile coicís ó [sin] _____.
e) Ní raibh aon [garda] _____ ná aon [siopadóir] _____ le fáil inné.

4 Líon na bearnaí thíos.

a) Tá dhá _____ agus sé _____ ar mo _____.
b) Chuaigh an siopadóir isteach sa _____ ach chuaigh an siopa trí _____.
c) Nuair a _____ abhaile déanaim m'obair bhaile.
d) Bhí mo _____ an-sásta liom mar go raibh m'aiste _____.
e) Bhí díomá ar a _____ nuair a chaill sé a _____ póca nua.

siopa, fhón, bhóthar, fhillim, an-mhaith, chara, mhúinteoir, theach, thine, charr

Iontas 2

Urú

Bíonn urú de ghnáth ar chonsan i ndiaidh na bhfocal thíos.

❶ An Aidiacht Shealbhach: tar éis *ár*, *bhur*, *a* (*their*):

| ár **g**cara | bhur **g**cara | a **g**cara |

❷ Tar éis na n-uimhreacha 7–10:

| seacht **g**capall | ocht **m**bád | naoi **n**doras | deich **n**geata |

❸ Tar éis na réamhfhocal a leanas agus *an*:

ag an	Tá rothar nua ag an **g**cailín.	**roimh an**	fáilte roimh an **g**cuairteoir
ar an	Bhí áthas ar an **m**buachaill.	**faoin**	ag gáire faoin **g**clár
as an	Baineadh geit as an **g**cat.	**ón**	ag éalú ón **b**príosún
leis an	ag caint leis an **bh**fear	**tríd an**	ag léim tríd an **b**poll

(ó + an = ón, faoi + an = faoin)

❹ Tar éis na bhfocal a leanas:

| **i** | i **g**cónaí/i **d**trioblóid | **dá** | dá **m**beadh | **mura** | mura **n**déanfainn |

Cabhair! Eisceachtaí

Ní chuirtear urú ar an bhfocal tar éis réamhfhocail agus **an** (ar an, leis an...) má thosaíonn an focal eile le **d**, **n**, **t**, **l** nó **s**.

ag an doras   as an teach   leis an siopadóir

Cuirtear **t** roimh **s** má tá an focal baininscneach sna cásanna seo; mar shampla: leis an tseanbhean.

Cleachtadh ag scríobh

❶ Líon na bearnaí thíos.

a) Bhíomar inár seasamh in aice leis an [teach] _____ nuair a chonaiceamar ár [cairde] _____.
b) Bhí eagla orm roimh an [dorchadas] _____ agus mar sin d'fhan mé i [teach] _____ mo charad.
c) Bhí seacht [timpiste] _____ ar an [bóthar] _____ sin inné.
d) Bíonn Úna i [cónaí] _____ ag caint sa rang agus i [trioblóid] _____ leis an [príomhoide] _____ mar gheall air sin.
e) Dá [buafainn] _____ an crannchur náisiúnta cheannóinn seacht [caisleán] _____ agus deich [bád] _____.

Aonad 10 Gramadach

❷ Ceartaigh na botúin sna habairtí thíos.

a) Fuair an cailín naoi choinín dá bhreithlá. _____
b) Bhí sceitimíní ar an bean nuair a thit sí i ghrá. _____
c) Mura mbeinn ag féachaint ar an dtine thitfeadh an gual amach ar an cairpéad. _____
_____
d) Bhí díomá ar an buachaill mar nár tháinig aon bhronntanas tríd an post. _____
_____
e) Cheannaigh mé seacht ticéad ach níor bhuaigh mé aon dhuais. _____
_____

❸ Líon na bearnaí thíos.

a) Bhí na mílte ag an [ceolchoirm] _____ mar go raibh cáil mhór ar an [banna] _____.
b) D'éalaigh na daoine tríd an [fuinneog] _____ nuair a chuaigh an teach trí [tine] _____.
c) Bhí a lán cainte ar an [teilifís] _____ faoin [taoiseach] _____ agus faoin [tánaiste] _____.
d) Bhí an fear bocht sáinnithe i [poll] _____ a bhí thíos faoin [talamh] _____.
e) Bhí áthas ar an [dochtúir] _____ nuair a fuair sé bronntanas ón [fear] _____ a leigheas sé.

❹ Líon na bearnaí thíos.

a) Tógadh seacht _____ nua ar mo bhóthar le déanaí.
b) Tháinig an bád i _____ sa chuan ar maidin.
c) Dá _____ mo chara duais mhór airgid cheannódh sí teach nua.
d) Bhí bród ar a _____ nuair a bhuaigh siad an rás.
e) Chuir mé fáilte roimh an _____ a tháinig anall as Meiriceá.

gcuairteoir, dteach, mbuafadh, dtír, dtuismitheoirí

Téigh go dtí edco.ie/iontas2.

Céimeanna Comparáide na hAidiachta

Úsáidtear céimeanna comparáide na haidiachta nuair atáimid ag cur rudaí nó daoine i gcomparáid lena chéile.

Samplaí

> Tá Éabha *níos sine* ná Ciara. Is í Éabha an cailín *is sine* sa rang.
> Tá Éire *níos fliche* ná an Fhrainc. Is í Albain an tír *is fliche* ar fad.

Úsáidtear *chomh* chun a rá go bhfuil dhá rud/beirt mar an gcéanna.

Samplaí

> Tá Máire chomh deas le Ciara.
> Níl luch chomh mór le cat.

Grúpa 1: Aidiachtaí ag críochnú ar -ach nó -each

- Má chríochnaíonn an aidiacht ar **-ach**, athraítear í go dtí **-aí** sa bhreischéim agus sa tsárchéim. Mar shampla: uafás**ach** → níos/is uafás**aí.**
- Má chríochnaíonn an aidiacht ar **-each**, athraítear í go dtí **-í** sa bhreischéim agus sa tsárchéim. Mar shampla: foighn**each** → níos/is foighn**í**.

Bunchéim	Breischéim	Sárchéim
brón**ach**	níos brón**aí**	is brón**aí**
fearg**ach**	níos fearg**aí**	is fearg**aí**
neirbhís**each**	níos neirbhís**í**	is neirbhís**í**
uaign**each**	níos uaign**í**	is uaign**í**

Grúpa 2: Aidiachtaí ag críochnú ar -úil

Má chríochnaíonn an aidiacht ar **-úil**, athraítear í go dtí **-úla** sa bhreischéim agus sa tsárchéim. Mar shampla: flaithi**úil** → níos/is flaithi**úla**.

Bunchéim	Breischéim	Sárchéim
leisci**úil**	níos leisci**úla**	is leisci**úla**
éirim**úil**	níos éirim**úla**	is éirim**úla**
cairdi**úil**	níos cairdi**úla**	is cairdi**úla**
fuinni**úil**	níos fuinni**úla**	is fuinni**úla**

Cleachtadh ag scríobh

1 Líon na bearnaí thíos.

a) Is é Seán an dalta is [leisciúil] _____ sa rang.
b) Is í Tríona an bhean is [mífhoighneach] _____ ar an mbaile.
c) Ceapann an t-aisteoir sin gurb é an duine is [dathúil] _____ ar domhan é.
d) Is í mo mhúinteoir Gaeilge an múinteoir is [cantalach] _____ sa scoil.
e) Tá Bróna i bhfad níos [faiteach] _____ ná aon chailín eile sa rang.

2 Líon na bearnaí thíos.

a) Is é One Direction an banna ceoil is _____ faoi láthair.
b) Tá muintir na hÉireann níos _____ ná daoine in aon tír eile.
c) Tá 'Oisín i dTír na nÓg' ar cheann de na scéalta is _____ dá bhfuil ann.
d) Ní dóigh liom go bhfuil daoine chomh _____ anois is a bhí siad cúpla bliain ó shin.
e) Tá mo rang níos _____ ná aon rang eile sa scoil mar bailíonn siad a lán airgid do Concern gach bliain.

brónaí, cáiliúla, flaithiúla, santach, cairdiúla

Grúpa 3: Aidiachtaí eile a chríochnaíonn le consan

Má chríochnaíonn an aidiacht le consan, caolaítear í (más gá) agus cuirtear **-e** leis. Mar shampla: sean → níos/is sin**e**, saibhir → níos/is saibhr**e**, ciúin → níos/is ciúin**e**.

Bunchéim	Breischéim	Sárchéim
óg	níos óig**e**	is óig**e**
deas	níos deis**e**	is deis**e**
bocht	níos boicht**e**	is boicht**e**
glic	níos glic**e**	is glic**e**

Téigh go dtí edco.ie/iontas2.

Iontas 2

Grúpa 4: Aidiachtaí ag críochnú le guta

Má chríochnaíonn an aidiacht ar ghuta, de ghnáth ní athraítear í sa bhreischéim ná sa tsárchéim. Mar shampla: cliste → níos/is cliste.

Bunchéim	Breischéim	Sárchéim
cneasta	níos cneasta	is cneasta
cróga	níos cróga	is cróga
iontaofa	níos iontaofa	is iontaofa
macánta	níos macánta	is macánta

Cleachtadh ag scríobh

1 Líon na bearnaí thíos.

a) Is í m'aintín Nóra an duine is [cneasta] _____ sa teaghlach.
b) Bíonn teach níos [daor] _____ ná árasán, de ghnáth.
c) Éiríonn an aimsir níos [fuar] _____ san fhómhar.
d) Mar a deir an seanfhocal, 'Is [gar] _____ cabhair Dé ná an doras'.
e) Deir an múinteoir i gcónaí gurb é seo an rang is [glórmhar] _____ sa scoil.

2 Líon na bearnaí thíos.

a) Is é mo dhaideo an duine is _____ sa teaghlach; tá sé céad bliain d'aois.
b) Tá sioráf níos _____ ná capall.
c) Tá sé níos _____ rothar a chur faoi ghlas nuair a bhíonn tú sa chathair.
d) Gan aon amhras, tá an dornálaí sin níos _____ ná mise.
e) Bíonn an oíche níos _____ nuair a bhíonn an ghealach lán.

ciallmhaire, sine, gile, airde, láidre

3 Líon na bearnaí thíos.

a) Is é mo dheartháir an duine is [cliste] _____ sa chlann.
b) Tá mata níos [éasca] _____ ná Fraincis.
c) Tá an garpháiste níos [óg] _____ ná a mhamó.
d) Tá an aimsir ag éirí níos [fuar] _____ anois.
e) Tá seomra mo thuismitheoirí níos [glan] _____ agus níos [néata] _____ ná mo sheomra.

Aidiachtaí Neamhrialta
Le foghlaim!

Bunchéim	Breischéim	Sárchéim
fada	níos faide	is faide
gearr	níos giorra	is giorra
maith	níos fearr	is fearr
mór	níos mó	is mó
beag	níos lú	is lú
olc	níos measa	is measa
tapaidh	níos tapúla	is tapúla
te	níos teo	is teo

Cleachtadh ag scríobh

1 Líon na bearnaí thíos.

a) Mar is eol do gach duine tá luch níos [beag] _____ ná francach.
b) Tá fadhb na ndrugaí ag éirí níos [olc] _____ gach bliain.
c) Tá níos [mór] _____ seans ag Cill Chainnigh an corn a bhuachan ná aon fhoireann eile.
d) Tá an cúrsa Béarla níos [gearr] _____ ná an cúrsa Gaeilge.
e) Tá sé chomh [fada] _____ sin ó bhí m'athair ar scoil, tá dearmad déanta aige ar a chuid Gaeilge.

2 Líon na bearnaí thíos.

a) Is é 21 Nollaig an lá is _____ sa bhliain.
b) Mar a deir an seanfhocal, 'Is _____ déanach ná choíche'.
c) Tá Usain Bolt níos _____ ná mise ag rith.
d) Gan amhras tá an Spáinn níos _____ ná Éire.
e) Éiríonn na laethanta níos _____ san earrach.

tapúla, teo, giorra, faide, fearr

Téigh go dtí edco.ie/iontas2.

Iontas 2

Na Forainmneacha Réamhfhoclacha
Le foghlaim!

Ar	Mothúcháin/Tinnis	Briathra
orm	áthas/fliú orm	féach ar
ort	brón/slaghdán ort	teip ar
air	díomá/tuirse air	iarr ar
uirthi	fearg/tinneas cinn uirthi	glaoigh ar
orainn	uaigneas/ocras orainn	beir ar
oraibh	eagla/tart oraibh	déan dearmad ar
orthu	imní/galar orthu	cuir fios ar

Cleachtadh ag scríobh

1 Líon na bearnaí thíos.

a) Bhí imní ____ an gcailín nuair a chuala sí an torann agus bhí eagla _____ freisin.
b) Theip ____ ina scrúdú agus bhí a thuismitheoirí crosta leis.
c) Bhí na páistí amuigh sa bháisteach agus bhí slaghdán _____ an lá dar gcionn.
d) Níor itheamar le tamall agus bhí ocras mór _____.
e) Ní fhaca mé mo chairde le tamall agus bhí uaigneas _____.

2 Líon na bearnaí thíos.

a) Níor ól sí le fada agus bhí tart _____.
b) Ghlaoigh mé ____ an otharcharr nuair a chonaic mé timpiste bhóthair.
c) Chaith sé seacht n-uaire ag staidéar agus bhí tuirse an domhain ____.
d) Nuair a rith na gadaithe as an mbanc rug na gardaí _____.
e) An mbíonn tinneas cinn _____ go minic?

ort, air, uirthi, orthu, ar

3 Líon na bearnaí thíos.

a) Bhí áthas _____ ar fad nuair a dúirt an múinteoir go rabhamar go hiontach.
b) Bhí an fliú ____ mo chara Úna inné agus bhí teocht ard _____ freisin.
c) Tá gruaig fhada chatach _____ agus tá sé an-bhródúil as féin.
d) Nuair a d'iarr an múinteoir _____ an seomra a ghlanadh bhí siad lánsásta é a dhéanamh.
e) Bhí díomá _____ an mbean nuair a rinne a clann dearmad _____ a breithlá.

Aonad 10 Gramadach

Le foghlaim!

Le	An chopail	Briathra
liom	is/ní maith liom	éist le
leat	is/ní fuath leat	labhair le
leis	is/ní fearr leis	éirigh leis
léi	is/ní cuimhin léi	cabhraigh le
linn	is/ní féidir linn	cuir stop le
libh	is/ní gráin libh	ag caint le
leo	is/ní aoibhinn leo	ag obair le

Cleachtadh ag scríobh

1 Líon na bearnaí thíos.

a) Is maith ___ Siobhán Béarla agus is aoibhinn _____ a bheith ag léamh.
b) Bhí áthas ar Sheán mar gur éirigh go hiontach _____ ina scrúdú.
c) Bhí na páistí ag troid ach chuir a máthair stop _____.
d) Ní cuimhin _____ an lá a rugadh mé.
e) Dúirt an tUachtarán gurbh fhéidir _____.

2 Líon na bearnaí thíos.

a) Bhí an cailín crosta toisc nach raibh aon duine ag éisteacht _____ ag canadh.
b) Bhí mo sheantuismitheoirí tinn agus chabhraigh mé _____ sa teach.
c) Bhí mo mháthair ag _____ lena cara aréir.
d) An féidir _____ deireadh a chur le foréigean sa domhan?
e) An _____ leat an uair a thit tú den chrann?

leo, linn, cuimhin, léi, caint

3 Líon na bearnaí thíos.

a) Is aoibhinn _____ One Direction agus beidh mé ag dul go dtí a gceolchoirm amárach.
b) Toisc nach raibh Seán ag éisteacht _____ an múinteoir níor thuig sé go raibh obair bhaile aige.
c) Tá siad an-deas agus chabhraigh siad _____ na páistí lena n-obair bhaile.
d) Is fuath _____ a bheith ag glanadh agus tá a dteach ina phraiseach.
e) Bhí an príomhoide ag caint _____ inné faoi na scrúduithe agus bhíomar go léir ag éisteacht.

Iontas 2

Le foghlaim!

Ag	Nathanna	
agam	Tá airgead agam.	Tá an-ghráin agam ar…
agat	Tá aithne agat ar…	Tá suim agat i…
aige	Tá eolas aige ar…	Tá meas aige ar…
aici	Tá a fhios aici…	Tá trua aici do…
againn	Tá súil againn…	Tá sé déanta/briste againn.
agaibh	Tá grá agaibh ar…	Tá snámh agaibh.
acu	Tá muinín acu as…	Tá an leabhar léite acu.

Cleachtadh ag scríobh

1 Líon na bearnaí thíos.

a) Tá suim mhór _____ sa cheol agus bím i gcónaí ag éisteacht le ceol ar an raidió.
b) Tá aithne _____ ar an mbean sin ó bhí sí ina cailín óg.
c) Fuaireamar leabhair nua inné agus bhí siad léite _____ taobh istigh de chúpla uair an chloig.
d) Ní bhíonn airgead riamh ____ Seán agus ní féidir leis aon rud a cheannach.
e) Tá meas mór _____ ar an bpeileadóir sin agus téann siad go dtí a chluichí go léir.

2 Líon na bearnaí thíos.

a) Tá Ciara an-eolach; tá _____ aici ar gach rud.
b) Ní dheachaigh sé isteach sa linn snámha toisc nach bhfuil _____ aige.
c) Tá an-ghráin _____ ar fheoil; ní íosfainn í ar ór na cruinne.
d) Tá suim ____ Máire sa stair agus léann sí a lán leabhar staire.
e) Bhí uaigneas ar Pheadar toisc nach raibh _____ aige ar aon duine san áit.

agam, eolas, aithne, snámh, ag

3 Líon na bearnaí thíos.

a) Bhí a athair ar buile leis toisc go raibh an fón caillte _____ arís.
b) Dá mbeadh an t-airgead _____ rachainn timpeall an domhain ar long.
c) Níl meas dá laghad _____ ar a deartháir toisc go mbíonn sé i gcónaí ag troid.
d) Tá teach álainn _____ faoin tuath agus téann siad ann go minic.
e) Tá mo mháthair an-chliste; tá eolas _____ ar gach rud.

Aonad 10 Gramadach

Le foghlaim!

Do	Briathra	Ó	Briathra
dom	tabhair do	**uaim**	ceannaigh ó
duit	inis do	**uait**	teastaíonn ó
dó	taispeáin do	**uaidh**	éalaigh ó
di	lig do	**uaithi**	fill ó
dúinn	geall do	**uainn**	creid ó
daoibh	déan do	**uaibh**	sábháil ó
dóibh	géill do	**uathu**	goid ó

Cleachtadh ag scríobh

1 Líon na bearnaí thíos.

a) Nuair a bhí mé caillte thaispeáin an bhean an tslí _____.
b) D'éalaigh na príosúnaithe __ phríosún le déanaí.
c) Bhí Aoife tinn agus rinne mé an obair ____.
d) Cheannaigh mé seanleabhar ____ chailín i mbliain a ceathair.
e) Thug mé m'obair bhaile ____ mo mhúinteoir ar maidin.

2 Líon na bearnaí thíos.

a) Níor _____ an carr ag na soilse tráchta agus bhí timpiste ann.
b) Ní chreidfinn focal ____ bhéal an chailín sin.
c) Bhí teach nua ag _____ uathu nuair a chuaigh a dteach trí thine.
d) Insíonn ár seanathair scéalta iontacha _____ i gcónaí.
e) Nuair a d'fhill mé ó _____ bhí blas Meiriceánach agam.

ó, Mheiriceá, ghéill, teastáil, dúinn

3 Líon na bearnaí thíos.

a) Nuair a d'fhill mo chara ____ Mheiriceá thug sí bronntanas _____.
b) Ní thugann an múinteoir staire aon obair bhaile _____ rang ar an Aoine.
c) Gheall sé _____ nach rachadh sé amach san oíche arís ach bhí sé ag insint bréige ____ agus bhí fearg uirthi.
d) Tá siad an-leisciúil agus ní theastaíonn _____ aon obair a dhéanamh riamh.
e) Bhí an múinteoir ag insint _____ faoin timpiste agus bhíomar go léir ag éisteacht.

Iontas 2

Le foghlaim!

Faoi	Nathanna	Roimh	Nathanna
fúm	ag magadh faoi	romham	eagla ar ... roimh
fút	ag gáire faoi	romhat	cuir fáilte roimh
faoi	ag caint faoi	roimhe	doicheall roimh
fúithi	ag labhairt faoi	roimpi	roimh mhaidin
fúinn	ag cloisteáil faoi	romhainn	romhainn amach
fúibh	ag cur faoi	romhaibh	caol díreach romhaibh
fúthu	ag troid faoi	rompu	féach rompu

Cleachtadh ag scríobh

1 Líon na bearnaí thíos.

a) Bhí brón ar an gcailín toisc go raibh gach duine ag magadh _____.
b) Ní raibh na buachaillí ag féachaint amach _____ agus thit siad isteach san abhainn.
c) Tháinig beirt ón nGearmáin go dtí mo theach agus chuir mo mháthair fáilte mhór _____.
d) Ní raibh ach bréagán amháin sa teach agus bhí na páistí go léir ag troid _____.
e) Nuair a bhí mé óg bhí mé ag cur _____ faoin tuath.

2 Líon na bearnaí thíos.

a) Thosaigh mé ag caoineadh nuair a chuala mé na daltaí eile ag magadh _____.
b) Ní fheiceann an seanfhear an siopa cé go bhfuil sé caol _____ roimhe.
c) Níor _____ Máire aon rud faoin scoil a bheith dúnta agus chuaigh sí isteach.
d) Bhí eagla an domhain ar an bpáiste _____ an taibhse.
e) Is fuath liom daoine a bhíonn ag _____ faoi dhaoine eile.

chuala, fúm, cúlchaint, díreach, roimh

3 Líon na bearnaí thíos.

a) Chuaigh mé ar scoil inné ag a seacht ach ní raibh aon duine ann _____.
b) Ar chuala tú _____ bhfear a bhuaigh an crannchur?
c) Is fuath léi é nuair a bhíonn daoine ag cúlchaint _____.
d) Bhí brón ar an tseanbhean toisc nár chuir aon duine fáilte _____ san áit.
e) Nuair a chuala an páiste an scéal _____ taibhse bhí eagla an domhain air _____.

Aonad 10 Gramadach

Le foghlaim!

As	Nathanna	De	Nathanna
asam	bain geit as	díom	fiafraigh de
asat	bain triail as	díot	greamaigh de
as	bain úsáid as	de	léim de
aisti	éirigh as	di	ceangail de
asainn	bain taitneamh as	dínn	bain de
asaibh	muinín ag … as	díbh	lean de
astu	bród ar … as	díobh	stad de

Cleachtadh ag scríobh

1 Líon na bearnaí thíos.

a) Bhí na páistí ina gcodladh agus baineadh geit _____ nuair a chuala siad torann an-ard.
b) Bhíomar amuigh sa stoirm agus nuair a thángamar isteach bhaineamar ár n-éadaí fliucha _____.
c) Bhí bród ar an traenálaí ___ a fhoireann toisc gur bhuaigh siad an cluiche.
d) Bhí gliú ar an mbord agus bhí mo lámh greamaithe ____.
e) Bhí seanphinn sa seomra agus bhaineamar úsáid _____.

2 Líon na bearnaí thíos.

a) D'éirigh an fear ____ obair nuair a bhí sé cúig bliana is seasca.
b) Baineadh _____ as an bpáiste nuair a rith luch ar a bhord.
c) Dúirt an múinteoir linn stad _____ chaint nuair a shiúil sé isteach sa rang.
d) Ní maith léi aon rud nua agus níl sí sásta _____ a bhaint as aon bhia nua.
e) Thaitin an seó go mór linn agus bhaineamar _____ as.

den, as, triail, geit, taitneamh

3 Líon na bearnaí thíos.

a) Stad an rang go léir _____ chaint nuair a shiúil an príomhoide isteach.
b) D'éirigh sé ____ an rugbaí nuair a bhris sé a chos.
c) Bhí fearg orainn toisc gur bhain na cailíní úsáid _____ chun an obair a dhéanamh dóibh.
d) Bhain siad a gcuid éadaí _____ nuair a bhí siad ag dul isteach san fharraige.
e) Baineadh geit _____ nuair a léim an púca amach rompu.

Iontas 2

Na hUimhreacha

Grúpa 1: Ag comhaireamh rudaí a thosaíonn le consan

Rialacha le foghlaim!

- 1–6 + séimhiú
- 7–10 + urú
- 11–16 + séimhiú
- 17–19 + urú

1 aon charr	11 aon charr déag	21 aon charr is fiche
2 dhá charr	12 dhá charr déag	22 dhá charr is fiche
3 trí charr	13 trí charr déag	23 trí charr is fiche
4 ceithre charr	14 ceithre charr déag	24 ceithre charr is fiche
5 cúig charr	15 cúig charr déag	25 cúig charr is fiche
6 sé charr	16 sé charr déag	26 sé charr is fiche
7 seacht gcarr	17 seacht gcarr déag	27 seacht gcarr is fiche
8 ocht gcarr	18 ocht gcarr déag	28 ocht gcarr is fiche
9 naoi gcarr	19 naoi gcarr déag	29 naoi gcarr is fiche
10 deich gcarr	20 fiche carr	30 tríocha carr

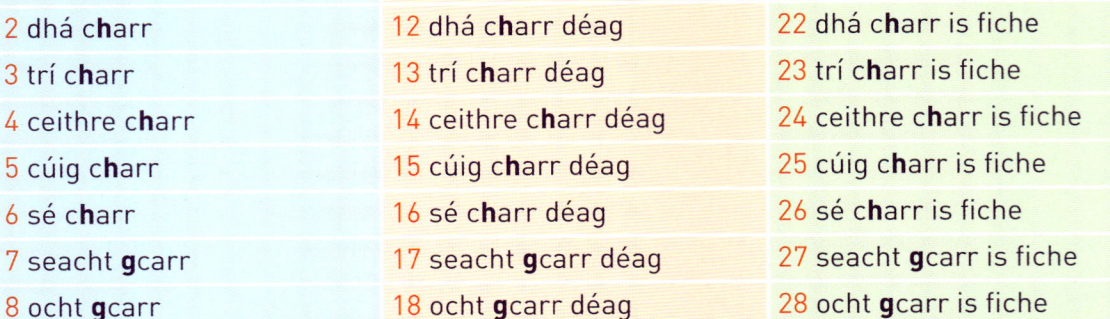

Cabhair! Eisceachtaí: d, t, s

Má thosaíonn an focal le **d**, **t** nó **s**, ní chuirtear séimhiú air i ndiaidh **aon**.
Mar shampla: aon teach, aon siopa, aon dán.

Cleachtadh ag scríobh

1 Líon na bearnaí thíos.

a) Tá ceithre [teach] _____ ar mo bhóthar.
b) Tá seacht [capall] _____ is tríocha sa pháirc sin.
c) Bhí deich [post] _____ nua fógartha sa pháipéar inné.
d) An bhfuil aon [tír] _____ ann gan fhadhbanna?
e) Bhí an rang ar buile nuair a fuair siad sé [ceacht] _____ déag le déanamh.

2 Líon na bearnaí thíos.

a) Bhí deich _____ le freagairt ach níor fhreagair mé ach ceann amháin.
b) Bhí uafás ar an múinteoir nuair a chonaic sí cúig _____ is tríocha sa seomra ranga.
c) Níor ceannaíodh ach fiche _____ an mhí seo caite.
d) Níl ach an t-aon _____ amháin ar an mbaile.
e) Déarfainn go bhfuil ocht _____ póca ar a laghad caillte agam.

carr, gceist, bhfón, fhrancach, siopa

Aonad 10 Gramadach

Ainmfhocail a thosaíonn le guta agus ainmfhocail a chríochnaíonn le guta

Rialacha le foghlaim!

- 1–6: Ní chuirtear aon rud ar an ainmfhocal. Mar shampla: dhá éan, ceithre oileán.
- 7–10: Cuirtear **n-** roimh an ainmfhocal. Mar shampla: seacht **n-**éan, ocht **n-**oileán.
- Má chríochnaíonn an t-ainmfhocal ar ghuta, cuirtear séimhiú ar an bhfocal **déag**. Mar shampla: trí c**h**óta d**h**éag.

1 aon áit	1 aon c**h**óta	1 aon oíche
2 dhá áit	2 dhá c**h**óta	2 dhá oíche
3 trí áit	3 trí c**h**óta	3 trí oíche
4 ceithre áit	4 ceithre c**h**óta	4 ceithre oíche
5 cúig áit	5 cúig c**h**óta	5 cúig oíche
6 sé áit	6 sé c**h**óta	6 sé oíche
7 seacht **n-**áit	7 seacht **g**cóta	7 seacht **n-**oíche
8 ocht **n-**áit	8 ocht **g**cóta	8 ocht **n-**oíche
9 naoi **n-**áit	9 naoi **g**cóta	9 naoi **n-**oíche
10 deich **n-**áit	10 deich **g**cóta	10 deich **n-**oíche
11 aon áit déag	11 aon c**h**óta d**h**éag	11 aon oíche d**h**éag
12 dhá áit déag	12 dhá c**h**óta d**h**éag	12 dhá oíche d**h**éag
13 trí áit déag	13 trí c**h**óta d**h**éag	13 trí oíche d**h**éag
14 ceithre áit déag	14 ceithre c**h**óta d**h**éag	14 ceithre oíche d**h**éag
15 cúig áit déag	15 cúig c**h**óta d**h**éag	15 cúig oíche d**h**éag
16 sé áit déag	16 sé c**h**óta d**h**éag	16 sé oíche d**h**éag
17 seacht **n-**áit déag	17 seacht **g**cóta d**h**éag	17 seacht **n-**oíche d**h**éag
18 ocht **n-**áit déag	18 ocht **g**cóta d**h**éag	18 ocht **n-**oíche d**h**éag
19 naoi **n-**áit déag	19 naoi **g**cóta d**h**éag	19 naoi **n-**oíche d**h**éag
20 fiche áit	20 fiche cóta	20 fiche oíche
21 aon áit is fiche	22 dhá c**h**óta is fiche	23 trí oíche is fiche

Cleachtadh ag scríobh

Líon na bearnaí thíos.

1. Bhí [14 fógra] _____ ar an gclár fógraíochta ar maidin.
2. Bhí [7 tine] _____ ar lasadh Oíche Shamhna.
3. Chonaic mé [27 eala] _____ ar an loch inné.
4. Tá ar a laghad [5 íomhá] _____ sa dán sin.
5. D'ith an fathach [12 béile] _____ inné.

Iontas 2

Na huimhreacha pearsanta

1 duine amháin	1 cailín amháin	1 fear amháin
2 beirt	2 beirt chailíní	2 beirt fhear
3 triúr	3 triúr cailíní	3 triúr fear
4 ceathrar	4 ceathrar cailíní	4 ceathrar fear
5 cúigear	5 cúigear cailíní	5 cúigear fear
6 seisear	6 seisear cailíní	6 seisear fear
7 seachtar	7 seachtar cailíní	7 seachtar fear
8 ochtar	8 ochtar cailíní	8 ochtar fear
9 naonúr	9 naonúr cailíní	9 naonúr fear
10 deichniúr	10 deichniúr cailíní	10 deichniúr fear
11 aon duine dhéag	11 aon chailín déag	11 aon fhear déag
12 dháréag	12 dháréag cailíní	12 dháréag fear
13 trí dhuine dhéag	13 trí chailín déag	13 trí fhear déag
14 ceithre dhuine dhéag	14 ceithre chailín déag	14 ceithre fhear déag
15 cúig dhuine dhéag	15 cúig chailín déag	15 cúig fhear déag
16 sé dhuine dhéag	16 sé chailín déag	16 sé fhear déag
17 seacht nduine dhéag	17 seacht gcailín déag	17 seacht bhfear déag
18 ocht nduine dhéag	18 ocht gcailín déag	18 ocht bhfear déag
19 naoi nduine dhéag	19 naoi gcailín déag	19 naoi bhfear déag
20 fiche duine	20 fiche cailín	20 fiche fear
21 aon duine is fiche	32 dhá chailín is tríocha	43 trí fhear is daichead
57 seacht nduine is caoga	68 ocht gcailín is seasca	79 naoi bhfear is seachtó

Cleachtadh ag scríobh

1 Líon na bearnaí thíos.
  a) Tá [23 buachaill] _____ i mo rang tíreolais.
  b) Bhí [50 feirmeoir] _____ ag an gcruinniú aréir.
  c) Bhí [12 garda] _____ ar dualgas ag an gcluiche inné.
  d) Tá [9 aintín agus 16 col ceathrar] _____ agam.
  e) Chaill [55 duine] _____ a bpost inné.

2 Líon na bearnaí thíos.
  a) Ghlac seacht _____ _____ páirt sa chomórtas iascaigh.
  b) D'éirigh le _____ ghardaí an cailín a shábháil.
  c) Níl ach cúigear _____ ar mo chúrsa filíochta.
  d) Bhí tuairim is ocht _____ déag ag bailiú a bpáistí ag an scoil inné.
  e) Tá _____ múinteoirí éagsúla agam i mbliana.

naonúr, dtuismitheoir, filí, beirt, n-iascaire dhéag

Aonad 10 Gramadach

An Chopail

Ceanglaíonn an chopail dhá chuid den abairt le chéile agus tugann an chéad chuid eolas faoin dara cuid.

An Aimsir Láithreach

An fhoirm dhearfach	is
An fhoirm dhiúltach	ní
An fhoirm cheisteach	an

Samplaí

Is dalta neirbhíseach mé.
Ní imreoir leadóige maith tú.
Is peileadóir maith é (an buachaill sin).
Is cailín cliste í (an cailín sin).
Ní dochtúir cineálta é (an fear sin).
Ní bean chairdiúil í (an bhean sin).
Is múinteoirí foighneacha sinn.
An amadáin sibh?
Ní dánta maithe iad.

Úsáidtear an chopail le focail áirithe agus *le* chun abairtí a dhéanamh: is cuimhin liom, is féidir liom, is maith liom, is aoibhinn liom.

Cleachtadh ag scríobh

1 Líon na bearnaí thíos.

a) ____ cuimhin liom an uair a bhuaigh m'fhoireann an chraobh.
b) ____ duine deas é; bíonn sé i gcónaí ag troid le daoine.
c) An peileadóirí maithe _____ na fir ar an bhfoireann sin?
d) ____ aoibhinn léi an dán sin; ceapann sí go bhfuil sé go hiontach.
e) ____ scéal suimiúil é an scéal sin; tá sé an-leadránach.

2 Líon na bearnaí thíos.

a) Is _____ iontacha iad na cailíní sin ó bhí siad i mbliain a haon.
b) ____ leabhar suimiúil é *Harry Potter* agus tá gach duine sa rang á léamh.
c) Ní _____ liom rith ó bhris mé mo chos.
d) ____ duine deas í in aon chor; bíonn sí i gcónaí ag cúlchaint faoi dhaoine.
e) Is rang _____ é ár rang agus bímid i gcónaí i dtrioblóid.

is, torannach, cairde, ní, féidir

11 Aonad a hAon Déag
An Chluastuiscint

Triail a hAon	303
Triail a Dó	306
Triail a Trí	309
Triail a Ceathair	312
Triail a Cúig	315

Aonad 11 An Chluastuiscint

Triail a hAon CD 2 Rian 6–14

Nótaí

Foghlaim na nótaí thíos le cuidiú leat sa Chluastuiscint.

Cuid A

Le foghlaim!

Cloisfidh tú na focail seo a leanas nuair a éistfidh tú le cuid A ar an dlúthdhiosca.

cóisir	party	ciúin	quiet
cainteach	chatty	foighneach	patient
spórtúil	sporty	ródhian	too hard
greannmhar	funny	feirm	farm
ag tnúth go mór leis	looking forward to it	scannán	film

Cuid B

Le foghlaim!

Cloisfidh tú na focail seo a leanas nuair a éistfidh tú le cuid B ar an dlúthdhiosca.

foireann cispheile	basketball team	gortaíodh beirt chailíní	two girls were injured
cluiche leathcheannais	semi-final match	fliuch agus sleamhain	wet and slippery
clós na scoile	the school yard	na hothair	the patients
ceolchoirm	concert	i dtaobh na timpiste	in relation to the accident
an t-airgead a bhaileofar	the money that will be collected	ag lorg eolais	looking for information
ospidéal na leanaí	the children's hospital	cuir glao	call

Cuid C

Le foghlaim!

Cloisfidh tú na focail seo a leanas nuair a éistfidh tú le cuid C ar an dlúthdhiosca.

póstaer a chrochadh	to hang a poster	bosca lóin	lunch box
eastát tithíochta	housing estate	Béarla líofa	fluent English
ag seoladh ríomhphoist	sending an email	scoil chónaithe	boarding school

Iontas 2

Cuid A

Cloisfidh tú giota cainte ó bheirt sa chuid seo. Cloisfidh tú na giotaí **faoi dhó**.
Éist go cúramach leo agus líon isteach an t-eolas atá á lorg sna greillí thíos.

1 An Chéad Chainteoir

Ainm	Aoife Ní Cheallaigh
Cén aois í Sinéad anois?	
Céard a thug Aoife do Shinéad dá breithlá?	
Cé mhéad deirfiúr atá ag Sinéad?	

2 An Dara Cainteoir

Ainm	Eoin Ó Ruairc
Cén dath atá ar shúile Eoin?	
Ainmnigh an páiste is sine sa teaghlach.	
Cén aois é Eoin?	

Cuid B

Cloisfidh tú fógra agus píosa nuachta sa chuid seo. Cloisfidh tú gach ceann díobh **faoi dhó**. Éist go cúramach leo.

1 Fógra

a) Cén pictiúr a théann leis an bhfógra seo? ☐
b) Céard a bheidh ar siúl i halla na scoile Dé hAoine seo chugainn? ☐

    (a) cluiche cispheile   **(b)** cluiche peile   **(c)** ceolchoirm mhór   **(d)** seó faisin

2 Píosa Nuachta

a) Cén pictiúr a théann leis an bpíosa nuachta seo? ☐
b) Céard í uimhir fóin na nGardaí? ☐

    (a) 087 475 6891   **(b)** 087 475 6552   **(c)** 086 475 6893   **(d)** 087 937 4854

Aonad 11 An Chluastuiscint

Cuid C

Cloisfidh tú **dhá** chomhrá sa chuid seo. Cloisfidh tú gach comhrá díobh **faoi dhó**. Cloisfidh tú an comhrá ó thosach deireadh an chéad uair. Ansin cloisfidh tú é ina **dhá** mhír an dara huair.

1 Comhrá a hAon

An Chéad Mhír

a) Cá raibh Leo?

An Dara Mír

b) Roghnaigh an abairt ceart.

(a) Tá súile dubha ag Millie agus tá spota bán ar a haghaidh.
(b) Tá súile donna ag Millie agus tá spota dubh ar a haghaidh.
(c) Tá súile donna ag Millie agus tá spota bán ar a haghaidh.
(d) Tá súile gorma ag Millie agus tá spota bán ar a haghaidh.

2 Comhrá a Dó

An Chéad Mhír

a) Cén fáth nach bhfuil Mam sásta?

An Dara Mír

b) Céard iad na teangacha a labhraíonn Leo?

(a) Gaeilge, Béarla agus Fraincis
(b) Gaeilge, Iodáilis agus Gearmáinis
(c) Béarla, Fraincis agus Iodáilis
(d) Spáinnis, Fraincis agus Béarla

Iontas 2

Triail a Dó CD 2 Rian 15–23

Nótaí

Foghlaim na nótaí thíos le cuidiú leat sa Chluastuiscint.

Cuid A

Le foghlaim!

Cloisfidh tú na focail seo a leanas nuair a éistfidh tú le cuid A ar an dlúthdhiosca.

teach scoite	detached house	**tinneas cinn**	headache
ar imeall na cathrach	on the outskirts of the city	**úrscéal**	novel
iománaíocht	hurling	**mífhoighneach**	impatient

Cuid B

Le foghlaim!

Cloisfidh tú na focail seo a leanas nuair a éistfidh tú le cuid B ar an dlúthdhiosca.

monarcha	factory	**timpiste bhóthair**	road accident
Dún Dealgan	Dundalk	**ag taisteal**	travelling
éadaí spóirt	sports clothes	**sciorr an gluaisrothar**	the motorbike skidded
post lánaimseartha	full-time job	**soilse tráchta**	traffic lights
post páirtaimseartha	part-time job	**leac oighir**	ice
tuilleadh eolais	more information	**drochaimsir**	bad weather

Cuid C

Le foghlaim!

Cloisfidh tú na focail seo a leanas nuair a éistfidh tú le cuid C ar an dlúthdhiosca.

éad	jealousy	**ag feitheamh**	waiting
dódh an clubtheach	the club house was burned	**cluiche ceannais**	final
ag fiosrú an scéil	investigating the story	**teach tábhairne**	pub
seantroscán	old furniture	**síob**	a lift
dóiteán	fire	**an phictiúrlann**	the cinema

Aonad 11 An Chluastuiscint

Cuid A

Cloisfidh tú giota cainte ó bheirt sa chuid seo. Cloisfidh tú na giotaí **faoi dhó**.
Éist go cúramach leo agus líon isteach an t-eolas atá á lorg sna greillí thíos.

1 An Chéad Chainteoir

Ainm	Antaine Ó Máille
Cá gcónaíonn Antaine?	
Cén post atá ag a Mham?	
Ainmnigh an spórt is fearr le Mícheál.	

2 An Dara Cainteoir

Ainm	Aoibhinn Ní Laoi
Cén scrúdú a bhí ag Aoibhinn ar maidin?	
Céard a rinne a Mam di?	
Cathain a fhillfidh sí ar scoil?	

Cuid B

Cloisfidh tú fógra agus píosa nuachta sa chuid seo. Cloisfidh tú gach ceann díobh **faoi dhó**. Éist go cúramach leo.

1 Fógra

a) Cén pictiúr a théann leis an bhfógra seo? ☐

b) Cé mhéad a íocfar le daltaí scoile a bheidh ag obair go páirtaimseartha sa mhonarcha? ☐

(a) cúig euro san uair (b) seacht euro san uair (c) ocht euro san uair (d) deich euro san uair

2 Píosa Nuachta

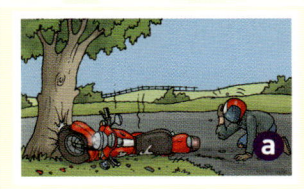

a) Cén pictiúr a théann leis an bpíosa nuachta seo? ☐

b) Céard a bhí ar an mbóthar ag an am? ☐

(a) sneachta (b) uisce (c) leac oighir (d) ola

Iontas 2

Cuid C

Cloisfidh tú dhá chomhrá sa chuid seo. Cloisfidh tú gach comhrá díobh faoi dhó. Cloisfidh tú an comhrá ó thosach deireadh an chéad uair. Ansin cloisfidh tú é ina dhá mhír an dara huair.

1 Comhrá a hAon

An Chéad Mhír

a) Cá raibh Ciarán ag an deireadh seachtaine?

An Dara Mír

b) Céard a tharla don chlubtheach?

- (a) Bhí stoirm ann agus rinneadh damáiste don chlubtheach.
- (b) Briseadh na fuinneoga sa chlubtheach.
- (c) Bhí timpiste sa chlubtheach.
- (d) Dódh an clubtheach go talamh.

2 Comhrá a Dó

An Chéad Mhír

a) Cá bhfuil Lorcán agus Daid ag dul?

An Dara Mír

b) Cé mhéad airgead a thugann Daid do Lorcán?

(a) caoga euro (b) fiche euro (c) deich euro (d) cúig euro

Aonad 11 An Chluastuiscint

Triail a Trí CD 2 Rian 24–32

Nótaí

Foghlaim na nótaí thíos le cuidiú leat sa Chluastuiscint.

Cuid A

Le foghlaim!

Cloisfidh tú na focail seo a leanas nuair a éistfidh tú le cuid A ar an dlúthdhiosca.

an club leadóige áitiúil	the local tennis club	tá an-tuirse orm	I am very tired
foireann cispheile	basketball team	cóisir	party
scóráil mé dhá chúl	I scored two goals	ar fheabhas	excellent
campa spóirt	sports camp	ag deireadh na hoíche	at the end of the night
pobalscoil áitiúil	local community school	ní mó ná sásta a bhí sé	he was not very happy

Cuid B

Le foghlaim!

Cloisfidh tú na focail seo a leanas nuair a éistfidh tú le cuid B ar an dlúthdhiosca.

ionad spóirt	sports centre	meán lae	midday
an tUachtarán	the President	thit meall mór sneachta	big snowfall
oscailt oifigiúil	official opening	urlabhraí	spokesperson
áiseanna spóirt den scoth	excellent sports facilities	rúdbhealach	runway
in aghaidh na míosa	per month	suíomh idirlín	website
foireann an ionaid	staff of the centre	réamhaisnéis na haimsire	weather forecast

Cuid C

Le foghlaim!

Cloisfidh tú na focail seo a leanas nuair a éistfidh tú le cuid C ar an dlúthdhiosca.

seó faisin	fashion show	fón póca	mobile phone
ceapairí	sandwiches	ceolchoirm	concert
díon nua	new roof	síob	lift

Iontas 2

Cuid A

Cloisfidh tú giota cainte ó bheirt sa chuid seo. Cloisfidh tú na giotaí **faoi dhó**. Éist go cúramach leo agus líon isteach an t-eolas atá á lorg sna greillí thíos.

1 An Chéad Chainteoir

Ainm	Clíona Ní Bhrádaigh
Ainmnigh spórt amháin a imríonn Clíona.	
Cathain a d'imir Clíona sa chluiche ceannais?	
Céard a bheidh ar siúl sa samhradh?	

2 An Dara Cainteoir

Ainm	Peadar Ó Máille
Cá raibh Peadar aréir?	
Cé mhéad a bhí ar na ticéid?	
Cé a thug síob abhaile dóibh ag deireadh na hoíche?	

Cuid B

Cloisfidh tú fógra agus píosa nuachta sa chuid seo. Cloisfidh tú gach ceann díobh **faoi dhó**. Éist go cúramach leo.

1 Fógra

a)   Cén pictiúr a théann leis an bhfógra seo?

b)   Cathain a bheidh an lá oscailte ar siúl?

(a) ar an dara lá de mhí Mheán Fómhair   (b) ar an dara lá de mhí Eanáir
(c) ar an dara lá de mhí Lúnasa   (d) ar an dara lá déag de mhí Lúnasa

2 Píosa Nuachta

a)   Cén pictiúr a théann leis an bpíosa nuachta seo?

b)   Cén sórt aimsire a bheidh ann i rith an lae?

(a) Beidh sé fliuch agus gaofar.   (b) Titfidh tuilleadh sneachta.
(c) Beidh sé te agus grianmhar.   (d) Beidh sé gaofar.

Aonad 11 An Chluastuiscint

Cuid C

Cloisfidh tú **dhá** chomhrá sa chuid seo. Cloisfidh tú gach comhrá díobh **faoi dhó**. Cloisfidh tú an comhrá ó thosach deireadh an chéad uair. Ansin cloisfidh tú é ina **dhá** mhír an dara huair.

1 Comhrá a hAon

An Chéad Mhír

a) Céard a bhí ar siúl sa scoil aréir?

An Dara Mír

b) Cathain a chuirfear an díon nua ar an halla spóirt?

    (a) ag tús mhí Lúnasa   (b) ag tú mhí Feabhra
    (c) ag tús mhí Dheireadh Fómhair   (d) ag tús mhí Mheán Fómhair

2 Comhrá a Dó

An Chéad Mhír

a) Cá bhfuil na cailíní ag dul?

An Dara Mír

b) Cá bhfaca Mam na ticéid?

    (a) faoin leaba   (b) ar an mbord sa seomra suí
    (c) in aice na teilifíse sa seomra suí   (d) ar an mbord sa chistin

Iontas 2

Triail a Ceathair CD 2 Rian 33–41

Nótaí

Foghlaim na nótaí thíos le cuidiú leat sa Chluastuiscint.

Cuid A

Le foghlaim!

Cloisfidh tú na focail seo a leanas nuair a éistfidh tú le cuid A ar an dlúthdhiosca.

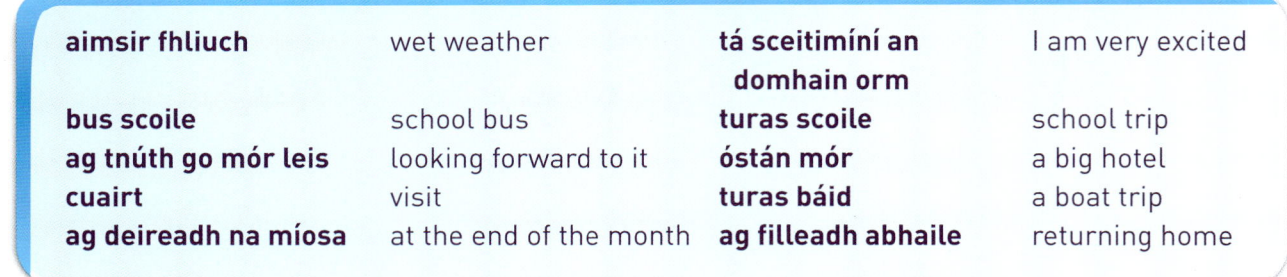

aimsir fhliuch	wet weather	tá sceitimíní an domhain orm	I am very excited
bus scoile	school bus	turas scoile	school trip
ag tnúth go mór leis	looking forward to it	óstán mór	a big hotel
cuairt	visit	turas báid	a boat trip
ag deireadh na míosa	at the end of the month	ag filleadh abhaile	returning home

Cuid B

Le foghlaim!

Cloisfidh tú na focail seo a leanas nuair a éistfidh tú le cuid B ar an dlúthdhiosca.

an tAire Oideachais	the Minister for Education	oíche mhór cheoil	a big night of music
pobalscoil	community school	i láthair	present
scoilbhliain	school year	costas	cost
gach áis nua-aimseartha	every modern facility	úsáidfear an t-airgead	the money will be used
saor in aisce	free	lucht féachana	audience
bialann na scoile	the school restaurant	praghas speisialta	special price

Cuid C

Le foghlaim!

Cloisfidh tú na focail seo a leanas nuair a éistfidh tú le cuid C ar an dlúthdhiosca.

an Crannchur Náisiúnta	the National Lottery	caighdeán	standard
ag ceiliúradh	celebrating	fiaclóir	dentist
bialann ghalánta	posh restaurant	ag feitheamh	waiting
ríomhaire nua	a new computer	carrchlós	car park
troscán	furniture	glao	call
scannán	film	róthuirseach	too tired

Aonad 11 An Chluastuiscint

Cuid A

Cloisfidh tú giota cainte ó bheirt sa chuid seo. Cloisfidh tú na giotaí **faoi dhó**.
Éist go cúramach leo agus líon isteach an t-eolas atá á lorg sna greillí thíos.

1 An Chéad Chainteoir

Ainm	Dáithí Ó hUigín
Cá bhfuil Dáithí?	
Cén t-am a éiríonn siad ar maidin?	
Céard a bheidh ar siúl sa halla anocht?	

2 An Dara Cainteoir

Ainm	Lísa Ní Thuama
Cá bhfuil Lísa ag dul?	
Cá bhfanfaidh siad?	
Cathain a bheidh siad ag filleadh abhaile?	

Cuid B

Cloisfidh tú fógra agus píosa nuachta sa chuid seo. Cloisfidh tú gach ceann díobh **faoi dhó**. Éist go cúramach leo.

1 Fógra

a) Cén pictiúr a théann leis an bhfógra seo? ☐
b) Cén t-am a bheidh lón ar fáil? ☐

    (a) a haon a chlog   **(b)** ceathrú tar éis a haon   **(c)** leathuair tar éis a haon   **(d)** a dó a chlog

2 Píosa Nuachta

a) Cén pictiúr a théann leis an bpíosa nuachta seo? ☐
b) Cé a bheidh ann mar fhear an tí? ☐

    (a) Hector   **(b)** Seán Bán Breathnach   **(c)** Dáithí Ó Sé   **(d)** Ryan Tubridy

Iontas 2

Cuid C

Cloisfidh tú dhá chomhrá sa chuid seo. Cloisfidh tú gach comhrá díobh faoi dhó. Cloisfidh tú an comhrá ó thosach deireadh an chéad uair. Ansin cloisfidh tú é ina dhá mhír an dara huair.

1 Comhrá a hAon

An Chéad Mhír

(a) €50,000 (b) €250,000 (c) €200,000 (d) €100,000

a) Cén nuacht a bhí ag Antaine? ☐

An Dara Mír

b) Cén fáth a mbeidh Niamh agus Rónán ag teacht chuig teach Úna? ☐

- **(a)** chun éisteacht le ceol
- **(b)** chun féachaint ar scannán
- **(c)** chun peil a imirt
- **(d)** chun dinnéar a ithe

2 Comhrá a Dó

An Chéad Mhír

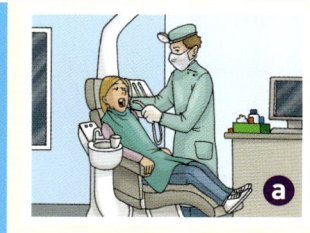

a) Cá mbeidh Aifric ag dul ar a leathuair tar éis a deich? ☐

An Dara Mír

b) Cén fáth nach raibh a cuid obair bhaile déanta ag Aifric inné? ☐

- **(a)** Bhí scrúdú mata aici.
- **(b)** Bhí scrúdú tiomána aici.
- **(c)** Bhí scrúdú pianó aici.
- **(d)** Bhí scrúdú eolaíochta aici.

Aonad 11 An Chluastuiscint

Triail a Cúig CD 2 Rian 42–50

Nótaí
Foghlaim na nótaí thíos le cuidiú leat sa Chluastuiscint.

Cuid A

Le foghlaim!

Cloisfidh tú na focail seo a leanas nuair a éistfidh tú le cuid A ar an dlúthdhiosca.

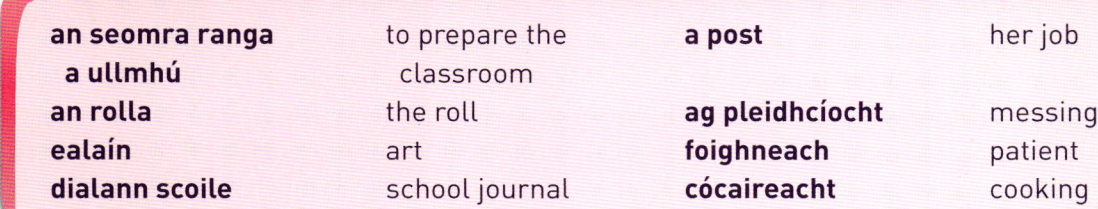

an seomra ranga a ullmhú	to prepare the classroom	**a post**	her job
an rolla	the roll	**ag pleidhcíocht**	messing
ealaín	art	**foighneach**	patient
dialann scoile	school journal	**cócaireacht**	cooking

Cuid B

Le foghlaim!

Cloisfidh tú na focail seo a leanas nuair a éistfidh tú le cuid B ar an dlúthdhiosca.

bialann	restaurant	**ar iarraidh**	missing
biachlár	menu	**ag rothaíocht**	cycling
sicín agus rís	chicken and rice	**geansaí spraoi**	sweatshirt
saor in aisce	free	**dúghorm**	navy
cáca úll	apple cake	**mála droma**	rucksack
ócáid speisialta	special occasion	**gruaig dhubh chatach ghearr**	short, black curly hair

Cuid C

Le foghlaim!

Cloisfidh tú na focail seo a leanas nuair a éistfidh tú le cuid C ar an dlúthdhiosca.

ag seoladh ríomhphoist	sending an email	**cuireadh moill ar an eitleán**	the plane was delayed
tuairisc scoile	school report	**crannchur na scoile**	school draw
deifir	hurry	**amharclann**	theatre
náire	shame	**as láthair**	absent
níos mó staidéir	more study	**an-daor**	very expensive
ríomhaire	computer	**bus scoile**	school bus

Iontas 2

Cuid A

Cloisfidh tú giota cainte ó bheirt sa chuid seo. Cloisfidh tú na giotaí **faoi dhó**.
Éist go cúramach leo agus líon isteach an t-eolas atá á lorg sna greillí thíos.

1 An Chéad Chainteoir

Ainm	*Eimear Ní Mhainín*
Cén post atá ag Eimear?	
Ainmnigh ábhar amháin a dhéanann siad tar éis lóin.	
Cén t-am a théann na daltaí abhaile gach tráthnóna?	

2 An Dara Cainteoir

Ainm	*Ruairí Ó Néill*
Cá bhfuil Ruairí ag dul?	
Ainmnigh ábhar amháin a mhúineann a Mham.	
Cén post atá ag a Dhaid?	

Cuid B

Cloisfidh tú fógra agus píosa nuachta sa chuid seo. Cloisfidh tú gach ceann díobh **faoi dhó**. Éist go cúramach leo.

1 Fógra

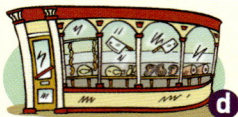

a) Cén pictiúr a théann leis an bhfógra seo?
b) Céard a bheidh ar fáil gach tráthnóna ar thrí euro?

  (a) bricfeasta gaelach   **(b)** tae nó caife le cáca úll
  (c) tae nó caife le císte cáise   **(d)** tae nó caife le harán donn

2 Píosa Nuachta

a) Cén pictiúr a théann leis an bpíosa nuachta seo?
b) Céard í uimhir fóin na nGardaí?

  (a) 086 837 4651   **(b)** 086 837 3982   **(c)** 086 948 5763   **(d)** 076 837 4654

Cuid C

Cloisfidh tú **dhá** chomhrá sa chuid seo. Cloisfidh tú gach comhrá díobh **faoi dhó**. Cloisfidh tú an comhrá ó thosach deireadh an chéad uair. Ansin cloisfidh tú é ina **dhá** mhír an dara huair.

1 Comhrá a hAon

An Chéad Mhír

a) Céard a tháinig sa phost inniu?

An Dara Mír

b) Cén grád a fuair Tomás san eolaíocht?

    (a) B   **(b)** C   **(c)** D   **(d)** E

2 Comhrá a Dó

An Chéad Mhír

a) Cá raibh Tristan inniu?

An Dara Mír

b) Cén scrúdú a bheidh ag Tristan?

    (a) scrúdú tíreolaíochta   **(b)** scrúdú Béarla   **(c)** scrúdú Gaeilge   **(d)** scrúdú staire

12 Aonad a Dó Dhéag
Filíocht agus Prós

Filíocht	'Na Blátha Craige' le Liam Ó Flaitheartaigh	319
Prós	'Díoltas an Mhada Rua' le Seán Ó Dálaigh	322

Filíocht

Na Blátha Craige
le Liam Ó Flaitheartaigh

A dúirt mé leis na blátha:
　'Nach **suarach**[1] an áit a fuair sibh
　Le bheith ag déanamh aeir,
　Teannta[2] suas anseo le **bruach na haille**,[3]
　Gan fúibh ach an chloch ghlas
　Agus **salachar na n-éan**,[4]
　Áit bhradach,[5] lán le ceo
　Agus **farraige cháite**:[6]
　Ní **scairteann**[7] grian anseo
　Ó Luan go Satharn
　Le gliondar a chur oraibh.'
A dúirt na blátha craige:
　'Is cuma linn, a stór,
　Táimid **faoi dhraíocht**[8]
　Ag ceol na farraige.'

Cabhair!

[1] horrible
[2] hemmed in
[3] edge of the cliff
[4] bird droppings
[5] dirty place
[6] surging sea
[7] shine
[8] spellbound

Iontas 2

Scéal an dáin

Tá an file ag caint leis na bláthanna a fhásann ar bhruach na haille. Dar leis an bhfile ní áit dheas í an áit sin. Tá an áit fuar agus fliuch, lán le ceo. Tá na bláthanna ag fás ar an taobh dorcha den aill agus mar sin ní thaitníonn an ghrian orthu. Níl aon rud ann ach cac na n-éan. Tá trua ag an bhfile do na bláthanna mar go gceapann sé go bhfuil an áit an-ghránna. Deir na bláthanna leis go bhfuil áilleacht i ngach áit agus go gcuireann fuaim na farraige áthas orthu. Níl siad míshona in aon chor agus taispeánann siad don fhile go bhfuil áilleacht i ngach áit.

Cabhair!

ar bhruach na haille	the edge of the cliff
ceo	fog
cac na n-éan	bird droppings

Cleachtadh don scrúdú

1 Freagair na ceisteanna seo.
a) Cá bhfuil na plandaí ag fás?
b) Cad a deir an file faoin aimsir a bhíonn san áit?
c) Cad atá le rá ag an bhfile faoi na héin?
d) Cén fáth a mbíonn an áit tais (*damp*)?
e) Cén fáth a dtaitníonn an áit leis na bláthanna?

2 Líon na bearnaí thíos.
a) Ceapann an file go bhfuil an áit a bhfásann na bláthanna _____ agus _____.
b) Ní chuireann an áit _____ ar chroí an fhile in aon chor.
c) Ceapann an file go bhfuil an áit salach toisc go bhfuil _____ na n-éan ann.
d) Is _____ leis na bláthanna an áit ina gcónaíonn siad.
e) Toisc go bhfuil na bláthanna ag fás in aice na farraige tá an áit _____.
f) Tá na bláthanna ag fás ar _____ na haille.
g) Tá na bláthanna cráige faoi _____ ag ceol na farraige.

salachar, gliondar, dhraíocht, bhruach, aoibhinn, suarach, bradach, tais

Aonad 12 Filíocht agus Prós

Téama an dáin

> an dúlra; áilleacht na farraige

Baineann an dán seo leis an dúlra, le bláthanna a fhásann in aice na farraige. Is fuath leis an bhfile an áit mar go bhfuil sí salach agus dorcha:

> *Áit bhradach, lán le ceo*

Úsáideann an file íomhánna ón dúlra chun pictiúir réalaíocha a thabhairt dúinn. Tá siad ag fás ar chreig (*crag*) fhuar thais. Ceapann an file go bhfuil an áit salach agus gránna toisc go mbíonn cac na n-éan ann:

> *Gan fúibh ach an chloch ghlas*
> *Agus salachar na n-éan*

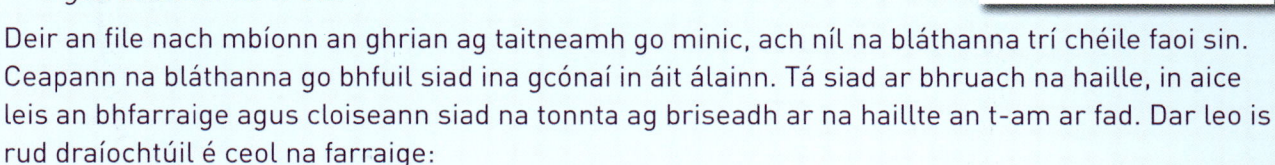

Deir an file nach mbíonn an ghrian ag taitneamh go minic, ach níl na bláthanna trí chéile faoi sin. Ceapann na bláthanna go bhfuil siad ina gcónaí in áit álainn. Tá siad ar bhruach na haille, in aice leis an bhfarraige agus cloiseann siad na tonnta ag briseadh ar na haillte an t-am ar fad. Dar leo is rud draíochtúil é ceol na farraige:

> *Táimid faoi dhraíocht*
> *Ag ceol na farraige.*

Cleachtadh don scrúdú

> **i)** Ainmnigh dán Gaeilge (a ndearna tú staidéar air i rith do chúrsa) a bhfuil do rogha **ceann amháin** de *na mothúcháin* seo thíos ann. Ní mór teideal an dáin, mar aon le hainm an fhile a scríobh síos go soiléir.
> **a)** áthas **b)** fearg **c)** imní **d)** bród
>
> **ii)** Tabhair cuntas **gairid** ar a bhfuil sa dán sin faoin *mothúchán* atá roghnaithe agat agus ar an gcaoi a gcuireann an file an *mothúchán* sin os ár gcomhair.

Freagra samplach

Rinne mé staidéar ar an dán '**Na Blátha Craige**' le **Liam Ó Flaitheartaigh**. Tá áthas le fáil sa dán seo. Tá na bláthanna cráige ag fás thuas ar aill in aice na farraige. Ní thaitníonn an áit sin leis an bhfile in aon chor agus tá trua aige do na bláthanna. Tá an file ag gearán faoin áit. Ceapann sé go bhfuil an áit salach agus tais:

> *Agus salachar na n-éan,*
> *Áit bhradach, lán le ceo*

Dar leis an bhfile tá an áit dorcha freisin toisc nach mbíonn an ghrian ag taitneamh ansin riamh:

> *Ní scairteann grian anseo*
> *Ó Luan go Satharn*

Baineann an file úsáid as pearsantú (*personification*) sa dán. Tá na bláthanna ag labhairt leis. Deir siad go bhfuil dul amú ar an bhfile. Tá áthas an domhain ar na bláthanna ansin mar go gcloiseann siad an fharraige gach lá. Úsáideann siad na focail 'ceol na farraige' agus 'faoi dhraíocht'. Cuireann na focail sin in iúl an grá atá ag na bláthanna don áit sin.

Taispeánann na bláthanna don fhile go bhfuil áilleacht agus áthas le fáil i ngach áit:

> *Táimid faoi dhraíocht*
> *Ag ceol na farraige.*

Iontas 2

Prós

Díoltas an Mhada Rua
le Seán Ó Dálaigh

Aonad 12 Filíocht agus Prós

Seanfhocal is ea – chomh glic le mada rua. Agus **i dteannta** é a bheith glic bíonn sé **díoltasach**. Thaispeáin sé d'fhear ó Dhún Chaoin go raibh sé díoltasach mar b'air féin a d'imir sé an **díoltas**.

as well as
vengeful
revenge

Iascaire ba ea an fear seo. Bhí féar bó de thalamh aige, ach ar an iascach is mó a mhaireadh sé. Choimeádadh sé aon bhó amháin i gcónaí chun **braon bainne** a bheith aige sa séasúr a **liathfadh an braon tae** dó nuair a bhíodh sé ar an bhfarraige ag iascach. Bhíodh an-chuid **cearc** agus **lachan** agus **géanna** ag a bhean.

drop of milk
would colour the tea
hen • duck • geese

Thug sé an bhó leis abhaile ón ngort luath go maith maidin. **Chrúigh** a bhean í **láithreach baill**. Sháigh siad ansin chun **cuigeann** a dhéanamh agus nuair a bhí sí déanta acu d'imigh sé air chun an chnoic go gcríochnódh sé leis an móin a bhí ann aige á **cnuchairt**. Nuair a bhí sé trí nó ceathair de pháirceanna suas ón tigh **bhí saothar air**, agus bhí **brath allais** tríd amach mar fuair sé beagán **dua** ón gcuigeann a dhéanamh. Shuigh sé síos tamall dó féin i mbun a shuaimhnis agus bhí sé ag féachaint amach ar an bhfarraige mar bhí sí chomh ciúin le linn abhann.

milked immediately • butter

stacking • he was out of breath • sweating • difficulty

Pé casadh súl a thug sé síos ar pháirc a bhí faoina bhun chonaic sé **fámaire mada rua** agus é ag léim thall is abhus in aice le coill mhór ard sceach a bhí ann. D'fhair sé an mhada rua go maith ach níor thug sé é féin le feiscint in aon chor dó.

whatever way he looked • a big fox

Níorbh fhada dó gur chuala sé cúpla **scréach** uafásach timpeall na sceach agus ba ghearr go bhfaca sé an mada rua ag cur de suas ar a shuaimhneas chun an chnoic, agus a fhámaire breá **giorria** marbh ina bhéal aige. Is amhlaidh a bhraith an mada rua an giorria ina chodladh istigh sa choill sceach, agus níor dhein sé ach na **sceacha a chorraí** lena **lapa** agus ansan nuair a léim an giorria bocht amach as na toir sceach, **ghreamaigh** an mada rua ar **sciúch** é, agus mhairbh sé láithreach baill é.

scream

hare
bushes
move • paw
caught • throat

Nuair a chonaic fear na móna an mada rua ag cur de suas chun an chnoic agus fámaire giorria ina bhéal aige, dúirt sé ina aigne féin gurbh ait agus gur lánait an cúrsa é – fámaire giorria a bheith le n-ithe ag an mada rua agus gan aon ghiorria aige féin.

Bhí **claí** mór ard trasna ar bharr na páirce, ach bhí **bearna** i gceann den chlaí. Bhí an bhearna díreach faoi bhun na háite a raibh an fear ina shuí ann. D'éalaigh sé leis síos go dtí an bhearna, agus **dhein sé cnuchaire de féin** chun ná féicfeadh an mada rua é.

wall • gap

he crouched down

Nuair a tháinig an mada rua go dtí béal na bearna **phreab an fear de gheit** ina shuí, agus chuir sé béic uafásach as, agus dhein sé **glam** ag rá: 'Hula! hula! hula!'

jumped up suddenly
shout

Bhain sé an oiread sin de phreab as an mada rua gur **scaoil sé uaidh** an giorria agus thug sé féin, **i ndeireadh an anama**, suas fén gcnoc.

he released him
as fast as he could

Ach ní fada suas a chuaigh sé nuair a shuigh sé síos ar a chosa deiridh, agus d'fhéach sé **le fána**, agus chonaic sé an fear agus an giorria greamaithe aige.

downwards

Thóg an fear an giorria chun dul abhaile leis. Nuair a ghluais sé anuas le fána an chnoic agus an giorria aige bhí an mada rua á thabhairt fé ndeara, agus d'fhan sé **ag faire air riamh is choíche** go dtí go bhfaca sé ag bualadh doras a thí féin isteach é. D'imigh an mada rua an cnoc amach ansan.

watching him • for a long time / until

Iontas 2

glance	D'fhéachadh fear an ghiorria anois is arís, nuair a bhí sé ag tabhairt an ghiorria abhaile leis, chun go mbeadh a fhios aige ar fhág an mada rua an áit a raibh sé ina stad ann, agus chíodh sé ann i gcónaí é. Fiú amháin nuair a bhí sé ag déanamh ar an doras thug sé **sracfhéachaint** suas ar an áit, agus chonaic sé sa phaiste céanna é.
simply • trick	Bhain sé preab as a bhean nuair a bhuail sé chuici an doras isteach, agus seibíneach mór de ghiorria aige, ach nuair a d'inis sé di conas a fuair sé an giorria chomh **sonaoideach** agus an **bob** a bhuail sé ar an mada rua bhí sí ag briseadh a croí ag gáire. Dúirt sé léi nár thóg an mada rua an dá shúil de féin go dtí gur chuir sé an doras isteach de.
	Chuaigh sé amach go dtí an doras ansan féachaint an raibh an mada rua ann ach ní raibh. B'ait leis ar fad cad ina thaobh ar fhair an mada rua é féin riamh is choíche go dtí gur bhuail sé an doras isteach. Ní raibh an mada rua gan a réasún féin a bheith aige leis an bhfear a fhaire.
why confused/wondering	Chuaigh an fear suas ar an gcnoc ansan. Chnucharaigh sé deireadh a chuid móna, agus ansan shín sé siar go breá dó féin ar feadh tamaill in airde ar dhroim portaigh. Ach ní fhéadfadh sé é a chaitheamh amach as a cheann in aon chor cad ina thaobh ar fhair an mada rua é féin go dtí gur chuaigh sé isteach don tigh; agus nuair a bhí an t-eolas faighte aige, **cad ina thaobh** ar bhailigh sé leis ansan? Ach ní raibh sé i bhfad **ina mhearbhall**. Níorbh fhada dó gur chuir an mada rua in iúl dó cad ina thaobh.
cooked	Nuair a bhí sé tamall sínte siar ar an bportach d'éirigh sé ina shuí, agus tháinig sé abhaile. Bhí an giorria **beirithe** ag a bhean roimhe agus d'itheadar araon a leordhóthain de.
bream (fish)	Chuaigh sé ag iascadh **deargán** ansan tráthnóna, agus nuair a tháinig sé abhaile tar éis na hoíche, bhí leathchéad deargán aige. Nuair a bhí a shuipéar caite aige, thosnaigh sé féin agus a bhean ar na deargáin a ghlanadh, agus iad a chur ar
salt	**salann**, agus bhí sé cuíosach deireanach siar san oíche san am ar chuaigh siad a chodladh.
good piece	Bhí **smut maith** den mhaidin caite sarar éiríodar mar bhíodar leathmharbh ag na deargáin aréir roimhe sin.
he almost fainted • horror • feathers	Ach nuair a d'oscail an fear an doras **ní mór ná gur thit sé as a sheasamh** le **huafás**. Ní raibh aon ní le feiscint aige ach **clúmh is cleití**! Clúmh géanna, clúmh lachan agus clúmh cearc! Níor fhág an mada rua gé ná lacha ná cearc beo ag a bhean!
in the whole world	Bhí a fhios aige go maith ansan gur chun díoltais a dhéanamh air i dtaobh an ghiorria a bhaint de a mhairbh an mada rua a raibh de chearca agus de lachain agus de ghéanna **sa tslánchruinne** ag a bhean.

Aonad 12 Filíocht agus Prós

Staidéar ar an scéal

Baineann an scéal seo le tréith láidir in ainmhí agus is é sin díoltas. Mharaigh an mada rua giorria a bhí ina chodladh agus bhí an t-iascaire míshásta go raibh giorria ag an mada rua ach nach raibh aon cheann aige féin. Mar sin d'imir sé cleas air. Chuaigh sé i bhfolach faoi chlaí agus léim sé amach go tobann agus bhain sé geit as an mada rua. Bhí eagla ar an mada rua agus theith sé lena anam agus d'fhág sé an giorria ina dhiaidh. Thóg an t-iascaire an giorria agus bhí sé lánsásta leis féin. Cheap sé gur bhuail sé bob ar an mada rua.

Nuair a bhí an t-iascaire ag dul abhaile bhí an mada rua ag faire air an t-am ar fad. D'fhair sé air riamh is choíche go ndeachaigh sé isteach ina theach. Bhí imní ar an iascaire ach bhí béile breá giorria aige agus ag a bhean. Chuaigh sé amach ag iascach ina dhiaidh sin. Bhí sé féin agus a bhean chéile déanach ag dul a chodladh an oíche sin mar nuair a tháinig an t-iascaire abhaile ón iascach ghlan siad na héisc agus chuir siad ar salann iad.

Nuair a d'éirigh an t-iascaire an mhaidin dar gcionn bhí uafás an domhain air. Nuair a d'oscail sé an doras bhí clúmh agus cleití i ngach áit. Tháinig an mada rua i rith na hoíche agus mharaigh sé na cearca, na lachain agus na géanna ar fad a bhí ag bean an iascaire. Bhain sé díoltas amach ar an iascaire toisc gur ghoid sé an giorria uaidh.

Cleachtadh don scrúdú

1 Freagair na ceisteanna seo a leanas.
   a) Cad a bhí ag bean an iascaire?
   b) Cad a chonaic an t-iascaire agus é amuigh?
   c) Cén bob a bhuail an t-iascaire ar an mada rua?
   d) Cén fáth a raibh an t-iascaire míshuaimhneach (*uneasy*) agus é ag dul abhaile?
   e) Cén obair a rinne an t-iascaire agus a bhean an oíche sin?
   f) Cad a bhí le feiceáil nuair a d'éirigh an t-iascaire ar maidin?

2 Líon na bearnaí thíos.
   a) Deir an seanfhocal 'chomh _____ le mada rua' agus tá sé go hiomlán ceart.
   b) Mharaigh an sionnach na _____ ar fad a bhí ag bean an iascaire.
   c) Bhí an mada rua ag faire an iascaire _____ go ndeachaigh sé isteach go dtí a theach.
   d) Bhain an mada rua _____ amach ar an iascaire.
   e) _____ an mada rua gach éan a bhí ag bean an iascaire.

   díoltas; cearca, lachain agus géanna; mharaigh; riamh is choíche; glic

Iontas 2

Cleachtadh don scrúdú

i) Maidir le do rogha **ceann amháin** de *na téamaí* seo a leanas ainmnigh gearrscéal Gaeilge *nó* úrscéal Gaeilge *nó* dráma Gaeilge (a ndearna tú staidéar air i rith do chúrsa) a bhfuil *an téama* sin i gceist ann. <u>Ní mór teideal an tsaothair sin, mar aon le hainm an údair, a scríobh síos go soiléir.</u>

　a) díoltas　　b) saol na tuaithe
　c) duine (nó ainmhí) le tréith láidir
　d) brón

ii) Tabhair cuntas **gairid** ar a bhfuil sa saothar sin faoin *téama* atá roghnaithe agat.

Freagra samplach

Rinne mé staidéar ar an scéal '**Díoltas an Mhada Rua**' le **Seán Ó Dálaigh**.

Tá brón le feiceáil sa scéal seo. Bhí iascaire agus a bhean chéile ina gcónaí i nDún Chaoin. Ní raibh siad saibhir. Bhí feirm bheag acu le bó amháin agus bhí cearca, lachain agus géanna ag an mbean.

Lá amháin nuair a bhí an t-iascaire amuigh ag obair leis an móin chonaic sé mada rua ag marú giorria. Chuaigh sé i bhfolach faoin gclaí agus phreab sé amach nuair a tháinig an mada rua leis an ngiorria ina bhéal. Leis an ngeit a baineadh as an mada rua, scaoil sé leis an ngiorria agus rug an t-iascaire air. Bhí sé féin agus a bhean chéile an-sásta leis an ngiorria agus bhí béile breá acu an lá sin. Bhí siad ag gáire faoin mada rua.

Bhí an mada rua an-ghlic, áfach, agus bhí fearg air gur ghoid an t-iascaire an giorria uaidh. D'fhair sé ar an iascaire riamh is choíche nuair a bhí sé ag dul abhaile. Nuair a dhúisigh an fear ar maidin thuig sé an fáth a raibh an mada rua ag faire air an t-am ar fad. Tháinig sé i rith na hoíche agus mharaigh sé na cearca, na lachain agus na géanna ar fad a bhí ag bean an iascaire. Bhí brón an domhain ar an bhfear agus ar an mbean nuair a thuig siad gur bhain an mada rua díoltas amach orthu.